第二言語習得の普遍性と個別性
学習メカニズム・個人差から教授法へ

Universality and Individuality in Second Language Acquisition:
Learning Mechanisms, Individual Differences, and Second Language Pedagogy

小柳かおる Kaoru Koyanagi
向山陽子 Yoko Mukoyama

くろしお出版

まえがき

　本書は，第二言語習得(Second Language Acquisition, 以下 SLA)の概論程度の知識がすでにある方を対象に，拙著(小柳かおる・峯布由紀『認知的アプローチから見た第二言語習得：日本語の文法習得と教室指導の効果』)の続編を意図して執筆したものである。前著では，主として，教室指導の SLA に対するインパクトや，その背後にある学習者の普遍的な認知のメカニズムに関する先行研究を概観した。本書では，そこで扱うことができなかった学習者の個人差の問題を中心に扱っている。認知的なメカニズムは明らかにされつつあるが，そこには学習者の年齢，知性，言語適性，動機づけ，言語不安，性格などさまざまな個人差が絡み合っている。日本語学習者は高校や大学など臨界期／敏感期を過ぎた年齢で学習を始めることが多いが，そのような大人の SLA で特に重要とされるのが言語適性と動機づけである。これらの個人差要因を中心に先行研究の理論や研究成果を検討している。

　近年，応用言語学や SLA には，言語習得を「複雑適応系(Complex Adaptive System)」[1] としてとらえようとする動き(N. Ellis & Larsen-Freeman, 2009など)がある。複雑適応系というのは，もともと生態系の進化から株式市場や政党の成り立ちなどの社会的組織にいたる社会現象までをも説明しようとする科学理論であった。このネーミングは，社会の体系が，相互に関連があるさまざまな要素が相互接続して構成されるという意味で「複雑」であり，過去の経験が将来の行動を形成するという意味で「適応的」であるということから来ている。言語の構造は，経験，社会的インターアクションと認知的メカニズムの相互関係から出現したものだと見なす(Beckner et al., 2009; Hiver & Al-Hoorie, 2016参照)。SLA は複雑なプロセスであることはもちろんだが，そこにさまざまな要因が相互作用，相互接続し合って，個々人の習得の成果としての学習者の言語が出現している。

　図1は，筆者が SLA のさまざまな要因の相互作用を説明する際に使用してきた図式を，さらに拡大させたものである。教室指導は，学習者の認知的メカニズムに効率よく訴えかけるべきもので，そのメカニズムを通して学習の成果

---

[1] 複雑適応系の代わりに，Complex Dynamic System, Dynamic System と呼ばれることもある。

がパフォーマンスとなって現れる。しかし，同じ指導をしても学習項目が異なると，同じような成果が出るわけではない。そこには言語形式の性質も指導の効果に影響を及ぼす。例えば，学習者の文法的発達段階が適切であったかや言語形式の難易度により，指導の効果が大きいもの，小さいものがある。それから，同じような教室指導を受けても，学習者がみな同様に第二言語を習得していくわけではない。学習者それぞれが有している基本的な認知能力や性格，学習意欲により，学習成果にも差異が生じる。個人差のさまざまな要因間にも相互作用があるはずである。例えば，言語適性があまりなくて，教室であまりいい思いをしていない学習者は，言語不安がますます高まるという可能性がある。言語適性が高いと，常に高いパフォーマンスができるので，さらに学習意欲や動機が高まることもあるだろう。

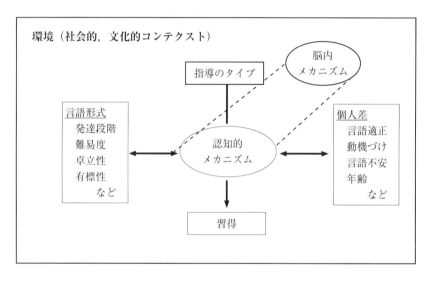

図1　教室指導の効果と諸要因との相互作用
（小柳，2016a に基づき加筆修正）

　SLA 研究は，習得に関わるそれぞれの要因を追求することはもちろんだが，同時に要因間の相互作用を調べることで，次第に習得の全体像が浮かび上がってくると思われる。前著とそれに続く本書で，できるだけ SLA（特に教室習得研究）の全体像を明らかにしようと試みた。これらの 2 冊ではほとんど扱っていな

いが，認知的メカニズムの背後には脳内メカニズムも存在する。また，認知的アプローチのSLA研究ではあまり触れることがないが，このような習得のプロセスは，社会的，文化的なコンテクストの中で進んでいる。前著と合わせて読んでいただき，SLAの全体像をより深く理解する一助になれば幸いである。本書の出版に際し，くろしお出版の池上達昭氏に大変お世話になった。紙面をお借りして，心より御礼申し上げたい。

本書の構成

　本書は，普遍的な認知のメカニズムと相互作用するSLAの個人差要因の問題を中心に扱っている。第1章では，SLAのプロセス，メカニズムの普遍性についてまとめている。前著でもSLAの認知的メカニズムについては詳細に概観したが，それを踏まえた上で，より最新の動向を含めて論じた。大人のSLAに重要な個人差要因は，言語適性と動機づけとされるが，第2, 3章で言語適性を，第4章では動機づけを扱った。言語適性については，第2章で適性研究の歴史的背景から，SLAに必要な言語適性とは何かというスタンスで先行研究を概観し，第3章で教室指導との相互作用という観点から論じてまとめたものである。第4章では，近年発展が著しい動機づけ研究について，理論的な変遷を追っている。さらに，第5章では，SLAのこれまでの成果をできるだけ反映させようとSLAの研究者達が提唱している「タスク・ベースの教授法」の理論的枠組みや現在の研究課題の論点をまとめている。この教授法は，80年代以降のインターアクション研究，教室指導の効果の研究の成果が反映されたもので，学習者の認知的メカニズムの制約や個人差要因までをも含んだ枠組みが提案されている。

2017年11月
小柳かおる

本書は，以下のように分担して執筆した。
小柳かおる＝まえがき，1, 2, 4, 5章担当
向山陽子＝3章担当

目　次

まえがき………………………………………………………………………iii

第1章　第二言語習得（SLA）の普遍性
1. 言語発達を支える認知的基盤………………………………………1
    1.1 SLAのプロセス……………………………………………………1
    1.2 言語処理／言語学習のメカニズム………………………………4
        1.2.1 記憶のコンポーネント　4
        1.2.2 言語学習における記憶のプロセス　6
    1.3 用法基盤的アプローチの習得観…………………………………8
        1.3.1 言語習得の基礎となる認知能力　9
        1.3.2 インプットの頻度と統計学習　11
2. 再検討：明示的学習 vs. 暗示的学習………………………………15
    2.1 定義の問題…………………………………………………………15
    2.2 測定方法の問題……………………………………………………17
    2.3 明示的学習の限界…………………………………………………21
    2.4 暗示的学習の限界…………………………………………………23
    2.5 インターフェースの問題…………………………………………25

第2章　個人差要因：言語適性
1. 第二言語習得の個別性………………………………………………29
2. 言語適性研究の始まり………………………………………………32
3. 言語適性テストの再概念化への動き………………………………34
    3.1 予測的妥当性の再検証……………………………………………34
    3.2 外国語学習障害と言語適性………………………………………37
    3.3 言語適性と年齢……………………………………………………39
    3.4 言語適性と学習経験………………………………………………42
    3.5 暗示的学習における言語適性……………………………………44
4. 言語処理から見た言語適性…………………………………………47
    4.1 言語発達段階と言語適性…………………………………………47
    4.2 言語処理における基本的認知能力………………………………51

4.2.1　音韻処理能力　51
　4.2.1.1　音韻的短期記憶　51
　4.2.1.2　音韻意識　56
　4.2.1.3　呼称速度　59
4.2.2　作動記憶　61
　4.2.2.1　作動記憶の容量　62
　4.2.2.2　注意制御機能　68
4.2.3　言語分析能力　71
4.3　SLA のプロセスと言語適性……………………………………75
5. 言語適性研究のさらなる広がり………………………………………77
5.1　最終到達度の予測………………………………………………79
5.2　適性処遇交互作用………………………………………………82

第3章　言語適性と教室指導

1. 言語適性と教室指導の相互作用……………………………………85
1.1　適性処遇交互作用………………………………………………85
1.2　適性と指導方法の相互作用……………………………………90
1.3　適性研究の研究デザイン………………………………………96
1.4　適性と指導・学習条件の相互作用に関する実証研究………98
　1.4.1　明示的条件・暗示的条件における適性の関与　99
　1.4.2　付随的条件における適性の関与　103
　1.4.3　フィードバックにおける適性の関与　105
2. 言語適性と第二言語習得過程の相互作用…………………………110
2.1　言語適性の構成要素……………………………………………111
2.2　適性と言語処理段階の相互作用………………………………114
2.3　適性と運用能力の発達段階の相互作用………………………116
2.4　言語習得に成功する2種類のタイプの学習者…………………118
2.5　適性と第二言語習得過程の相互作用に関連する実証研究…118
　2.5.1　言語処理の段階と関連する適性　119
　2.5.2　適性の運用能力の発達段階への関与　122
　2.5.3　適性プロフィールと学習成功へのルート　137
3. まとめ…………………………………………………………………140

第4章　個人差要因：動機づけ

1. L2学習における動機づけ……………………………………………145
2. 社会心理学的アプローチ……………………………………………145
   2.1 社会教育的モデル……………………………………………146
   2.2 カナダにおける実証研究……………………………………149
   2.3 多文化の境遇 vs. 単一文化の境遇…………………………151
   2.4 社会教育的モデルの研究成果………………………………154
3. 教育心理学的アプローチ……………………………………………157
   3.1 内発的／外発的動機づけ……………………………………157
   3.2 自己決定理論によるL2研究…………………………………160
4. プロセス志向のアプローチ…………………………………………166
   4.1 タスクの動機づけ……………………………………………166
   4.2 プロセスモデル………………………………………………172
   4.3 教師の動機づけストラテジー………………………………175
5. 自己調整システムとしての動機づけ………………………………179
   5.1 L2動機づけの自己システム…………………………………179
   5.2 L2自己に関わる実証研究……………………………………183
      5.2.1 研究の地域的な広がり　183
      5.2.2 動機づけによる学習者のタイプ　185
      5.2.3 自己システムとその他の個人差要因　188
6. 動機づけと言語適性，L2熟達度……………………………………191
7. 情意と認知の接点……………………………………………………193

第5章　SLA研究とタスク・ベースの教授法（TBLT）

1. SLA研究と外国語教授法……………………………………………197
2. 教授法に関わるSLA研究の歴史的背景……………………………198
   2.1 TBLTにおけるタスクの定義…………………………………198
   2.2 インターアクション仮説の検証……………………………200
   2.3 教室指導の効果とFocus on Form……………………………203
   2.4 TBLTを支えるSLA研究の知見………………………………206
3. SLAにおけるタスク研究の理論的枠組み…………………………207
   3.1 Skehanの「容量制限仮説」…………………………………208
   3.2 Robinsonの「認知仮説」……………………………………210

4. TBLTに関わるSLAのさらなる研究課題……………………214
4.1 タスクの認知的複雑さと言語産出…………………………214
- 4.1.1 モノローグのタスク　215
- 4.1.2 モノローグ vs. ダイアローグ　217
- 4.1.3 インターアクションの意義　218
- 4.1.4 モダリティの違い（口頭 vs. 筆記）　220
- 4.1.5 タスクの認知的複雑さと言語習得　222

4.2 タスクの実施手順：プランニング………………………223
- 4.2.1 タスクの繰り返し　224
- 4.2.2 方略的プランニング　227
- 4.2.3 オンライン・プランニング　230

4.3 タスク遂行における Focus on Form……………………232
4.4 タスクの難易度と個人差……………………………………236
- 4.4.1 情意変数　236
- 4.4.2 能力変数　238

5. 今後の課題………………………………………………………241
5.1 タスクの認知的複雑さの構成概念の妥当性………………241
5.2 タスクによる言語運用の測定方法…………………………244

引用文献………………………………………………………………249
索　引…………………………………………………………………280

第1章

第二言語習得(SLA)の普遍性

1. 言語発達を支える認知的基盤

1.1 SLAのプロセス

　第二言語習得(Second Language Acquisition：以下SLA)研究には，立場の異なるさまざまなアプローチや理論が存在するが，習得のプロセスに何が起きているかということに関しては，Gass(1988, 1997, 1998など)が早くから統合したモデルを提案していた。教室習得研究の分野で共通理解となっている，このモデルに基づき，SLAのプロセスを記述しておく。Gassがモデル化した図式は，図1-1(3ページ)の通りである。このSLAのプロセスは，1回の言語接触経験で上から下までの段階をすべて経て完結するのではなくて，このプロセスが何度も何度も繰り返されて，累加的に習得が進むと考えられている。

　習得が起きるには，まずインプットを受ける必要がある。学習者が受けるインプットにはさまざまな情報が含まれているが，ある言語形式に注意が向けられると，それが「気づき(noticing)」になる。Gass(1997)は，「認識されたインプット(apperceived input)」という語を用いている。「気づき仮説(Noticing Hypothesis)」(Schmidt, 1990)が提案された際には，「言語化できるレベルのアウェアネスが必要」とされたために，いかにも規則に気づくことが重要だとい

うような誤解が広まったが，後年，気づきとは，形態素やフレーズなど言語のある側面に選択的に注意が向けられることだと再概念化(Schmidt, 2001)されている。気づきに影響する要因は，過去の言語体験などの先行する知識や，インプットに特定の言語形式が現れる頻度も影響する。また，学習者自身の動機づけや認知的レディネスなども，気づきが起きるかどうかに関わる(Skehan, 1998)とされている。習得にはインプットが必須だが，気づきが習得の第一歩となる。また，この段階は，特定の言語形式に学習者が気づきやすくするために，インプットを操作するなどの教育的介入が可能だ(Doughty, 2001)と考えられている。

　認知的に知覚されたインプットは，その言語形式の意味を見いだすために，対話相手との意味交渉の段階を経る。確認チェックや理解チェック，明確化要求などの会話的調整を引き出し，相手から言い換えなどの修正を促すことにより，その意味が理解できる。SLAとは言語形式と意味／機能のマッピングのプロセスなので，言語形式とそれが意味するところの関係を把握していくことは重要である。こうして，気づいて理解されたインプットが，インテイクとなる。インテイクは，SLAに必要な言語データととらえることができる。

　学習者は言語形式と意味／機能の関係について，自分なりの仮説を立てている。そのベースとなる知識は，第一言語(first language: L1)や(存在するとすれば) 普遍文法(Universal Grammar)の知識，及び発達途上の第二言語(second language: L2)の知識である。その仮説が正しいかどうかを検証するために，コミュニケーションにおける会話のやりとりが必要で，インテイクを仮説検証のプロセスととらえる見方(Chaudron, 1985)もある。仮説検証には，目標言語で何ができるかという肯定証拠(positive evidence)と，目標言語で何ができないかという否定証拠(negative evidence)を必要としている。L1話者が使っているというのは有益な肯定証拠であるが，学習者には気づかれにくいものもある。否定証拠の典型的なものは，誤りの訂正を含む否定的フィードバックである。L1話者が使っていないというのも間接的な否定証拠ではあるが，使っていないということに気づくのはそれほどたやすくない。仮説に基づいて使ってみた自らのアウトプットとL1話者の発話パターンを比べること，いわゆる認知比較(cognitive comparison)のプロセスもインテイクの段階で起きる。

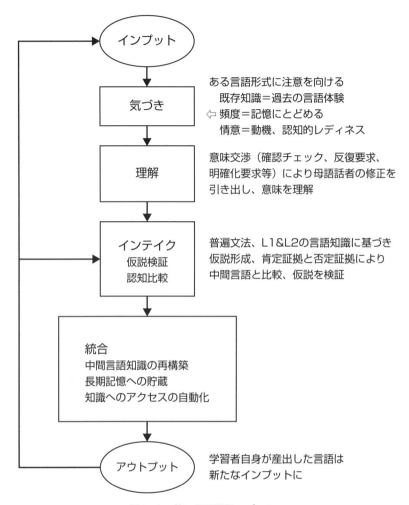

図1-1　第二言語習得のプロセス
(Gass, 1997; Gass & Selinker, 2001に基づく。小柳, 2004a 訳)

　気づきやインテイクの段階を経た言語情報は，記憶に内在化され，長期記憶に統合される。そして，統合された言語情報は，L2知識，つまり中間言語の知識としてその後の言語運用に用いられる。長期記憶への統合のプロセスで重要なのが，中間言語知識の再構築(restructuring)と自動化(automatization)である(McLaughlin, 1990)。認知的に見ると，言語使用に効率よく取り出せる形に整え，さらに，その知識へのアクセスが流暢になって初めて，言語運用レベルで

1．言語発達を支える認知的基盤　　3

特定の言語形式が習得されたと言える。学習者がアウトプットを何度も繰り返すことで，長期記憶からの検索のプロセスが強化され，迅速な検索が可能になる。ある言語形式が，認知的に長期記憶に統合されるプロセスは，学習者の頭の中で自動的に起きていて，直接教育的介入をすることはできないが，気づきの段階に働きかけることで間接的に統合の段階にもインパクトを与えることができる(Doughty, 2001)と考えられている。

1.2　言語処理／言語学習のメカニズム
1.2.1　記憶のコンポーネント

　前節で示した習得のプロセスからもわかるように，現行のSLA理論では，言語は意味あるコンテクストでインターアクションを通して用いられる中で習得が進むことが前提となっている。よって，学習者が発したアウトプットは，実際の会話のやりとりの中で伝達ニーズを満たすための言語運用であると同時に，習得の成果が表出したものだという二つの側面でとらえることができる。習得のプロセスは，言語処理，すなわち言語運用の理解・産出の認知的なメカニズムの中でとらえられ，一連の認知的な情報処理の場として，記憶の働きとも関連づけて解釈されるようになっている（詳細は，小柳（2005, 2016b）を参照されたい）。

　記憶は，従来，情報を一時的に貯蔵する短期記憶(short-term memory: STM)と，半永久的に情報を貯蔵する長期記憶(long-term memory: LTM)とに分けられてきた。長期記憶の分類に関しては諸説あるが，記憶の知識の形態から，ことばで記述できる情報の記憶を「宣言的記憶(declarative knowledge)」，物事の手順やスキルに関する情報の記憶を「手続き的記憶(procedural knowledge)」として二つに分けることがある。宣言的記憶は，さらに，ことばの概念などの記憶である「意味記憶(semantic memory)」と，個人的な過去の経験に関する記憶である「エピソード記憶(episodic memory)」に分類される。言語に関しては，言語処理スキル全体は手続き的記憶に支えられて運用される。また，頭の中には，単語の見出し語や音韻形式などの情報を備えた心的辞書(mental lexicon)があるが，それは宣言的記憶だとされる。すなわち，言語処理の際には，宣言的記憶と手続き的記憶の両方を使っているということになる。

　さらに，近年の記憶理論では，STMとLTMに作動記憶(working-memory: WM)が加わっている。WMは，単に情報を一時的に保持する受け身的なSTMとは異なり，情報の処理と保持を同時に行う能動的な記憶である。また，処理

に関連する既知情報を LTM から呼び出して活性化させることで，未知情報と既知情報を結びつけるという役割を担っている。よって，WM は言語処理や言語学習の認知的な作業場だ(Doughty, 2001)と考えられている。WM のモデルにもいくつかの提案がなされている(Baddeley & Logie(1999)参照)が，WM 研究の第一人者としてしばしば引用される Baddeley(2000)のモデル(図 1-2)を用いて，WM の働きを記しておきたい。

　WM は，「中央実行系(central executive)」，及び，「音韻ループ(phonological loop)」，「視空間記銘メモ(visuo-spatial sketch pad)」，「エピソードバッファー(episode buffer)」の四つのサブコンポーネントから成る。中央実行系は，課題の進捗状況をチェックして時間管理をしながら，どこに注意を配分するかを制御したり，不要な情報が活性化するのを抑制したりする働きがある。音韻ループは，音韻的に符号化された言語情報を一時的に保持したり，音韻情報の減衰を阻止するためにリハーサル(心的復唱)を行ったりするところである。視空間記銘メモは，視覚的，空間的な非言語情報について，音韻ループと同様の役割を担っている。エピソードバッファーは，Baddeley(2000)が後から追加したサブコンポーネントで，LTM から取り出した情報の活性化状態を保持したり，異なる情報源からの表象を統合して保持する機能があると考えられている。このような記憶の働きが SLA のプロセスとどのように関わるかを次のセクションで考察する。

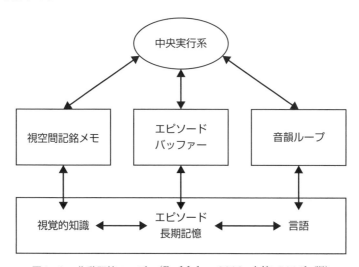

図 1-2　作動記憶のモデル(Baddeley, 2000: 小柳, 2016b 訳)

1．言語発達を支える認知的基盤　5

1.2.2　言語学習における記憶のプロセス

　聴覚(音声)または視覚(文字)から入ってきた言語情報は，そのままでは頭の中で処理することはできない。それで，脳内での情報処理を可能にするコードに変換する必要がある。それがインプットの「符号化(encoding)」である。音声情報は，心的レベルの知識構造である音韻の表象としてコード化される。文字情報も，いったん音韻情報に変換して音声言語と同様のプロセスをたどる。そこで，インプット中の未知情報と，LTM から呼び出した既知情報の認知比較がなされ，両者が合致する場合は通常の言語処理となる。しかし，何らかの矛盾点が見いだされた場合は，そこに焦点的注意が向けられ，未知情報が検出され，認知的な意味での言語学習が始まる(Robinson, 2003)と考えられている。

　焦点的注意を向けた情報を頭の中に内在化していくためには，音韻ループでリハーサルを行う必要がある。私たちは忘れないように声を出して復唱しようとすることがあるが，必ずしも声に出さなくても，頭の中でリハーサルが生じている。リハーサルには，「精緻化リハーサル(elaborative rehearsal)」と「維持リハーサル(maintenance rehearsal)」の二つのタイプがある。前者は概念駆動型の学習，いわゆるメタ言語的知識から始まるような明示的学習(explicit learning)において生じるもので，概念に基づき項目同士を結びつけたり，イメージ化したりするようなタイプのリハーサルが起きる。後者は，データ駆動型，すなわち，用例に多く遭遇するタイプのいわゆる暗示的学習(implicit learning)において生じるもので，項目を忘れないように繰り返すタイプのリハーサルである。SLA ではアウェアネスの定義がしばしば物議を醸してきたが，記憶から見ると，リハーサルをする過程でアウェアネスも生じる(Robinson, 2003)と考えられている。また，この二つのタイプの学習は，二者択一ではなく，二つを両極として連続体をなすもので，課題が認知的に何を要求するかにより，連続体の中でどちらのタイプの学習が優勢かが決まる。よって，明示的学習も暗示的学習も，基本的には同一の記憶のメカニズムが働いているとされる(Robinson(2003)の議論を参照)。SLA のプロセスにおける「気づき」を記憶のシステムから見ると，「STM(WM)上において学習のターゲットを検出し，アウェアネスを伴うリハーサルを行う」(Robinson, 1995a, 2003)ことである。

　そして，リハーサルが一定量，すなわち閾値(threshold level)を超えると，情報は LTM に統合される。その段階で重要になる記憶のプロセスが「チャンキング(chunking)」である。個々の記憶の編成ユニットのことを「チャンク(chunk)」といい，チャンキングとは，個々の情報をより大きい情報に統合し

ていくプロセスのことをさす(Newell, 1990)。SLA や言語学では，形式発話(formulaic utterances, formulaic expressions, formulaic sequences, formulaic language など)に注目が集まっているが，認知的な記憶の表象としてのチャンクが頭の中にもあるのである。N. Ellis(1996)は，言語学習は，語彙と談話の二つのタイプのシークエンス学習から成るとしている。語彙のシークエンス学習とは，音素の配列や韻律構造から音韻的特徴を学ぶプロセスである。談話のシークエンス学習とは，句やコロケーションなどの語彙的ユニットの並びから構文の規則性を抽出するプロセスである。つまり，言語学習とは，チャンクから何らかの規則性を抽出し，次第に大きなチャンクでパターン認知をして理解したり，まとまりで呼び出して産出したりできるようになるプロセスである。大きなチャンクで言語処理ができるようになるので，流暢さの源とも考えられている。チャンキングは中間言語知識の「再構築」のプロセスであり，「自動化」のプロセスでもある。N. Ellis(2001)はまた，言語の創造性は，チャンクとチャンクの今までにない組み合わせが起きると見れば，説明がつくとしている。このような記憶のプロセスを図式化したものが図 1-3 (次ページ)である。

　言語使用においては，LTM にアクセスして，パフォーマンスに関連する情報を検索する必要がある。前述のチャンクに相当する適切な神経回路が一度に検索される(Lee, 2004)ので，スキルの自動化につながるのである。Logan(1988)の事例理論(Instance Theory)が SLA にも応用される(Robinson, 1997, 2003など)ようになっているが，この理論では，LTM から検索するのは規則ではなく，過去の事例(instance)と見る。それは，共起するイベントの流れをひとまとまりにしたもので，スキルの習得初期段階は，アルゴリズム(＝情報処理の手順)に基づきパフォーマンスがなされる。スキルが上達すると，次第にアルゴリズム検索から凡例(exemplar)検索に移行し，一度の検索で関連する複数のアルゴリズムが一度に呼び出される。つまり，言語学習では，ある伝達場面のニーズを満たすための発話行為に必要な表現や語彙が一緒に連なって LTM から検索され，WM 上で活性化状態にあるということだろう。このような学習は，コンテクストに依存するということが鍵となるが，同じような状況を再び経験する際には，パフォーマンスに必要な情報がすぐに取り出せるので，とても効率がよいと言える。近年は，チャンク学習で習得をとらえる理論も提案されており，それを次のセクションで論じることにする。

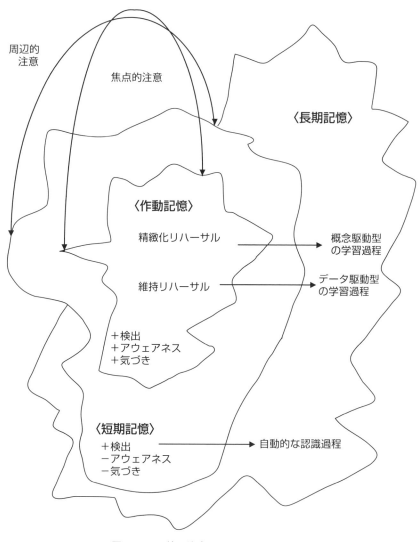

図1-3 記憶，注意，アウェアネスの関係
(Robinson, 2003に基づく：小柳, 2016b 訳)

1.3 用法基盤的アプローチの習得観

　インプットから始まるボトムアップの言語処理のプロセスを重視し，チャンク学習による暗示的学習のメカニズムで習得をとらえる理論の総称を「用法基

盤的[1]（Usage-Based）アプローチ」という（N. Ellis & Wulff, 2015）。言語使用の経験から言語形式や文法規則が現れる（"emerge"）という意味で、「創発主義（Emergentism）」と総称されることもある（Mitchell, Myles, & Madsen, 2013）。これらの理論では、抽象レベルの心的な知識構造である表象は、言語形式と意味／機能の構成体[2]（constructions）から成ると見なし、意図的な言語学習ではなく、環境における刺激から構成体のパターンを暗示的に見いだしていくのが習得だと見ている。その意味で、「構成主義（Constructionist）」（Goldberg & Casenhiser, 2008）と呼ばれることもある。言語形式のパターンと意味／機能という直接的には関連性のないものの結びつき（＝連合）を学ぶという点で、このようなタイプの言語学習は、心理学でいう「連合学習（associative learning）」の範疇でとらえられる（用法基盤的アプローチについては、小柳（2016c）も参照されたい）。

　このアプローチでは、基本的にはL1にもL2にも同様の認知的な学習メカニズムが習得に関わっていると考える。その意味では、言語のみに機能する脳内のアーキテクチャー（例えば「言語習得装置（Language Acquisition Device）」（Chomsky, 1965））が存在するという生得的な習得観とは、真っ向から対立する理論でもある。Tomasello（1999）は、時間や空間など世界をヒトがどう認識するかということに普遍性があるので、進化の長い歴史から見るとつい最近、分化していったさまざまな言語の特徴に共通性、普遍性が見られるのは当然のことで、言語自体に普遍性があるのではないとしている。

1.3.1　言語習得の基礎となる認知能力

　近年、Tomasello（1992, 1999, 2003, 2008など）は、認知言語学、第一言語習得、霊長類とヒトを比較する比較認知科学など幅広い分野にまたがり、理論を展開している。チンパンジーとの比較から、第一言語習得に重要な基盤として、Tomasello（1999）は、他者の伝達意図の理解とパターン発見の能力をあげている。伝達意図の理解に必要なのが「共同注意（joint attention）」という行為であ

---

1)　本稿では usage-based の略語として「用法基盤」を用いた。日本語の文献では「使用基盤」「使用依拠」などと訳されることもある。言語教育では一般に "usage" を「用法」、use を「使用」と訳す。教室習得において「使用」は紛らわしいので「用法」と用いることにした。

2)　Constructions は「構文」と訳されることも多いが、文法論でいういわゆる構文のみならず、語彙から談話構造までを含んでいる概念である。よって、本書では「構成体」とした。

る。これは，日常生活の場面の中でおもちゃなどの事物に親と子の双方が視線を向けて，興味の対象を共有することで会話を構築していくプロセスである。この共同注意の行為は，ヒトに最も近い霊長類には見られない，ヒト固有の能力だという。また，ことばやコミュニケーション能力に発達の遅れが見られる自閉症児は，乳幼児期の共同注意の発達も，健常児と比べると遅れる傾向があるという。

　この共同注意には発達段階がある。ことばを話し始める前段階の親と子のコミュニケーションは，親が子どもと視線を合わせたり，子どもが親の視線に追従したりすることから始まる。そして，今度は子どもが主導して視線を合わせるようになる。次の段階では，親が指や手で指し示す事物にも視線が向けられるようになる。やがて，子どもは自ら，指さしや手さしで自分の興味の対象である事物を指し示し，親の注意をそこに向けさせることができるようになる。親，子，事物の三項関係を築く共同注意の行為により，ことばを用いるコンテクストが生まれるのである。そのような場面で子どもに向けられる親のことばは，習得への大切なインプットとなっている。そこに行動が伴うと，出来事とことばを結びつけることもできるようになる。

　共同注意の行為は，生後9～15か月に発達し，その時期が，子どもが単語や一語文を話し始める時期と一致している。Tomasello(1999)は，共同注意の行為が現れる時期を，画期的な発達の節目として「9か月革命」とすら呼んでいる。共同注意の行為により子どもの言語習得が本格的に始まる。共同注意のプロセスを通して，他者も意思を持った存在であることを理解し，自分に向けられたことばの伝達意図が理解できるようになるのである。Tomasello(1999)は，言語習得とは，子どもが自らの所属する文化共同体において，祖先がどのように他者と注意を共有してきたか，他者の注意をどのように操作してきたかをことばを通して学ぶプロセスだとして，その基礎となる共同注意を重視している。また，Tomasello(2003)は，共同注意の発達を通じて促進される伝達意図の理解が，ヒトのコミュニケーション能力の基盤となる社会的認知スキルだと見ている。

　伝達意図の理解に加えてもう一つの重要な認知スキルが，パターン発見能力である。さまざまなインプットが注がれる中で，そこに何らかのパターンを見いだすことが言語学習につながるのである。乳児の視覚的なパターンの発見能力は，かなり早い段階から発達することが知られている。例えば，山口(2003)は，生後2週間の乳児でも母親の顔だけは識別できるようになることを報告し

ている。聴覚に関しても，ことばを話し始める前から，母語の韻律構造のパターンを抽出することができるようになっており，それが後の文法パターンを見いだす学習スキルにもつながっている(Tomasello, 2003)。韻律構造が識別できるようになると，耳に入ってくる音の連なりから，言語の単位を取り出せるようになる。これを「分節化(segmentation)」といい，生後12〜18か月頃に始まる。分節化して取り出した言語のシークエンス(並び)は，記憶でいうチャンクの単位でもある。習得初期の構成体は，語彙が中心で，構成体(語彙)の内部構造の分析がさらに進み，より明晰な韻律構造の表象が形成される。

　Lieven & Tomasello(2008)は，言語習得における心的表象には，全体的な構成体，一部が代替可能な構成体スロット，構成体の項目間及び構成体間の分布パターンの3種類があるとしている。単語や句などを全体的にとらえた構成体を形成するだけでなく，構成体の中の一部を他の項目で代替できるスロットを発達させ，新たな項目をそのスロットに配置できるようになると，文法学習が進む。例えば，「ブーブー，ちょうだい」「くつ，ちょうだい」というような構成体が形成されると，「X ちょうだい」というパターンが抽出され，X が代替可能なスロットとなる。さまざまな項目で使えるということは，全体的な構成体の内部構造が分析され，構文の型(=スキーマ)が抽出されたと見なされる。すなわち，言語形式と意味／機能のマッピングが行われた証拠とも言える。これらの構成体はすべてが相互作用し，よりスキーマ化した構成体が構築され，一般化されていく。このようにして，パターン発見能力により言語習得が促進されるのである。

1.3.2　インプットの頻度と統計学習

　暗示的学習という意味での習得は，インプットから得られた用例に依拠した言語学習が起こり，用例の蓄積の中から何らかの規則性やパターンが抽出されるプロセスである。Tomasello(1992)は，子どもの L1 の習得過程を観察して，「動詞－島仮説(verb island hypothesis)」を提示している。これは，英語の動詞の用法に関して，最初はそれぞれの動詞に固有の用法が現れ，孤立した島を形成しているように見えるが，次第に部分的な共通性が見いだされ，やがて，ある時点で全体的に統合され，規則性を帯びるというものである。日本語についても，岩立(1997)が動詞の語順について同様の主張をしている。

　文法学習は，全体的な構成体が，より汎用的なスキーマ化した構成体に変化していくプロセスであり，その手がかりになるのがインプットの頻度である。

頻度を計算しながら，高度な統計学習が頭の中で起きているといってよい。L1 の子どもが使う構成体は，子どもに向けられた言語の使用頻度と相関が高いとされている。厳密には，頻度といっても「トークン頻度(token frequency)」と「タイプ頻度(type frequency)」の2種類がある。トークン頻度は，一つのユニット(子音，音節，語，句，決まり文句，文など)が現れた回数をさし，ユニットを一つのかたまりとして定着させる役割がある。もう一つのタイプ頻度は，パターンで示される個別項目の数で，生産的なスキーマとして定着させるのに役立つとされる(Lieven & Tomasello (2008)を参照)。

　Bybee(2008)は，トークン頻度の効果として，繰り返しにより言語形式の記憶表象を強化するという保護効果(Conserving Effect)をあげている。例えば，L1やL2の習得は，いったん過去形("went")が使えていたのに一時的に過剰般化("goed")が見られ，やがて，また過剰般化した誤用は消滅するというU字型曲線の発達をすることが知られている。しかし，不規則動詞は頻度が高いので，一時的にgoedになったとしても，wentの形式を高い頻度で経験する中で，記憶の表象が強化されていく。すなわち，高頻度の形式の表象は強固なので，他の形式との類推に基づく再形成には影響されにくい。また，高頻度のシークエンスはそのまま丸暗記され，その内部構造を連想せずに使用されることが多く，シークエンス自体の自律性も高いと言える。

　一方，タイプ頻度の効果としては，多数の項目に適用できる構成体の構造が，新しい項目にも適用可能になり，スロットに異なる項目を適用する経験が増えると，構成体の解析が可能になることがあげられる(Bybee, 2008; Lieven & Tomasello, 2008)。スロットに異なる項目を用いた特定のタイプの構成体に多く遭遇しているうちに，構文のスキーマが形成される。例えば，「give＋名詞句＋名詞句」「send＋名詞句＋名詞句」のような構成体に多く遭遇すると，次第に二重目的語の構文が習得されるのである。スキーマが確立すると，それまで経験したことがない形式に生産的にパターンを適用できるようになり，言語習得が促進される。

　頻度の効果については，SLAのプライミング効果を調べた研究によっても示されている。プライミングとは，先行して受けた刺激(プライム)の影響により，後続の刺激(ターゲット)に対する反応が変化することをさす。覚えようという意識がなくても，先行する経験がその後の問題解決に促進的効果をもたらすことがある。それがプライミング効果で，SLAでは言語産出においても言語理解においても生じるとされる。McDonough等（McDonough, 2006;

McDonough & Chaikitmongkol, 2010; McDonough & Kim, 2009; McDonough & Mackey, 2006, 2009など)は，リキャストを学習者に与えて疑問文の発達を調べた実験で，学習者が直後にリキャストを繰り返しても，次に同様の構文を生成する際には元に戻ってしまい，習得につながらなかったことを示している。一方，リキャスト直後に学習者の修正アウトプットがない場合の方が，その後に疑問文を生成する際に，リキャストされた構文の構造が生成されていたとしている。すなわち，プライミングが起きていたのである。英語の疑問文には発達段階があるとされるが，McDonough & Mackey(2006)は，学習者の現行の発達段階より上のリキャストされた疑問文構造を用いて，リキャストされた疑問詞，動詞とは異なる語彙に使用が広がったことにより，習得が促進されたと論じている。上述のBybee等の主張通り，生産的に新たな構造が使用されるには，トークン頻度よりタイプ頻度が重要だということが示されたのである(プライミングについては，小柳(2016d)も参照されたい)。

このように，学習者の頭の中では，構成体の生起の頻度や分布パターンの計算という非常に高度な統計学習が進行している。Walk & Conway(2015)は，「暗示的統計学習(imlicit statistical learning)」について，言語学習は，自動的，非意図的で，多くは意識的なアウェアネスを伴わないという意味で「暗示的」であり，また，言語ユニット間の複雑な確率的連合から成り立っているという意味で「統計的」であると述べている。このようなタイプの学習は，言語に限らず，日常生活の出来事を構成する一連の動作の流れを学ぶといったシークエンス学習に向くという(**1.2.2**で述べたように，N. Ellis(1996)は，言語学習を語彙と談話のシークエンス学習と見ている)。実は，従来，認知心理学においては「暗示的学習」と「統計学習」は別々に研究されてきた(Onnis, 2012)という。Onnisは，暗示的学習の実験パラダイムでは，課題をこなす中で付随的に学習が起きることを重視してきたが，統計学習の実験パラダイムのように，提示するインプット中の特定の言語形式の頻度や，その言語形式が生起する言語的環境の分布的特徴が操作されていなかったという問題点を指摘している。暗示的学習に，統計学習のパラダイムを取り込めば，実際の言語使用場面により近づけたコンテクストの中で，学習効果の検証が可能になると考えられる。

L1の大人を対象にした実証研究として，例えば，Conway, Bauernschmidt, Huang, & Pisoni(2010)が，暗示的統計学習に関する実験を行っている。聴覚による知覚課題で，参加者には文の前半から文の最後の単語が予測できる文(e.g., Her entry should win first *prize*.)と予測しにくい文(e.g., The arm is riding on the *beach*.)を，最後の単語の前まで聞いて，最後の単語が何かを判断させた。課題に用いられたのは，母語話者のコーパスから選択されたものである。もう一つの課題は，非言語的な視覚による統計学習の課題で，画面上の四種類の色の四角形が照らされる順番を見て，それを再現するものであった。前半は規則性のある順序で，後半は規則性のないものを見せられた。その結果，非言語的な統計学習のスコアがよかった学習者ほど，言語課題においても言語的コンテクストをうまく利用でき，言語課題のスコアもよかったことが明らかになった。この二つの相関は，読解や文法のテストのスコアとの相関よりずっと高く，また，作動記憶や知性で説明できるものではなかったとしている。つまり，言語のシークエンス学習は，統計学習のメカニズムとの関連が高いことが示されたのである。

　しかしながら，Walk & Conway(2015)は，L2におけるシークエンス学習及び統計学習についてはほとんど研究されておらず，今後の重要な研究テーマだとしている。例外として，大人のL2学習者のパターン発見の学習を検証した研究[3]がある。McDonough & Trofimovich(2016)は，タイの大学生を対象に，未習言語のエスペラント語の形態素・統語的特徴を伴う他動詞の学習の実験と，既習のなじみのある英語(L2)の非プロトタイプの二重目的の構文(行為の受容者が無生の名詞)(例：John built the table a leg.)の学習の実験を行った。参加者は，これらの二つのどちらかの実験に参加し，通常のクラスの中で，プロトタイプの二重目的の構文を学習したクラスを統制群として，実験群と比較している。この研究では，統計学習の能力を測る非隣接の依存関係を特定する聴覚課題と，言語処理に重要だとされるWMの実行機能を測る数字の逆唱課題が用いられ，さらに，学習のターゲットの文法項目を含む文を聞いて絵を選択する学習効果を測るテストが実施された。その結果，シークエンスからパターンを学ぶプロセスにおいては，WMではなく，統計学習の能力の方が，学習効果の測定テストとの有意な相関が見られたことが明らかになった。統制群は，プロトタイプの二重目的の学習課題のパフォーマンスとWMの相関は見られたが，学習効果を測るテストと相関が見られたのは統計学習能力の方であった。

　結論を出すには時期尚早ではあるが，L1の子どもと同様，L2を学ぶ大人にもシークエンスからパターンを抽出する能力が備わっており，根底には統計学習のメカニズムが関わっていると言える。McDonough & Trofimovich(2016)

---

[3]　他にもシークエンス学習における大人の子どもを比較したGranena(2013b)の研究がある。本書第2章の**3.5**で触れている。

は，パターン抽出の学習が，言語構造の性質に左右されるのか，どのようなタイプの学習（明示的／暗示的／付随的学習）が有効か，などさらなる研究が必要だとしている。統計学習のメカニズムは普遍的なものだが，同時に個人差も生み出しているようである。少なくとも現段階で教育的示唆として考えられることとして，Omnis(2012)は，インプットの質を高める試みである「インプット強化(input enhancement)」(Sharwood Smith, 1991)において，単にある特定の言語形式が知覚的に際立つように，テキストの目標言語形式の部分を強調したりするだけでなく，言語形式の頻度や分布的特徴を操作したインプットを与えれば，統計学習が促進するのではないかとしている。

2. 再検討：明示的学習 vs. 暗示的学習

　前にも述べたように，用法基盤的アプローチから見た習得は，L1もL2も同様に，一般的な認知の学習メカニズムが機能していると見る。ただし，L2の場合は，伝達意図の理解やパターン発見というような基本的な認知能力の発達はすでに遂げている段階で開始されることが多いという違いがある。また，基本的な世界に対する認識も，L2ではすでに確立されている場合が多い。よって，L2においては学習環境や学習への動機づけは全く異なるが，L1，L2とも言語学習は，意識的な努力ではなく，暗示的学習に依存しているという共通点がある(Mitchell, Myles, & Marsden, 2013)と考えられている。しかしながら，臨界期が過ぎた大人のSLAに暗示的学習がどこまで可能かは常に議論になるところである。繰り返し議論されるSLAにおける明示的学習 vs. 暗示的学習の問題について，研究動向をまとめておきたい。

2.1　定義の問題

　SLAにおける明示性，暗示性の概念に関わる論争は，Krashen(1977, 1980)のモニター理論で使われた「明示的知識(explicit knowledge)」と「暗示的知識(implicit knowledge)」の区別に端を発していると言えるだろう。それ以降，「明示的／暗示的」という語は，「知識」や「学習」「記憶」[4]「フィードバック」など教室習得のさまざまな概念とともに用いられてきた。明示的知識と暗示的知識は，情報の根底にある規則性に関するアウェアネスの有無，及び，それら

---

[4]　記憶については明示的記憶／暗示的記憶ではなく，「顕在記憶／潜在記憶」という用語が心理学分野ですでに定着している。

の規則性を言語化できるかどうかによって区別したものである(Hulstijn, 2005)。よって，明示的知識は宣言的知識(declarative knowledge)と，暗示的知識は手続き的知識(procedural knowledge)とほぼ同義語のように用いられることが多い。言語処理全般が暗示的知識に支えられて行われることは，SLAでも広く認識されるようになったが，問題は暗示的知識にたどり着く道筋である。近年，SLAでしばしば適用されるようになった認知心理学の「転移適切性処理の原理(Principle of transfer appropriate processing)」(Morris, Bransford, & Frank, 1977)によると，暗示的／手続き的知識は暗示的学習によって促進されるということになる。しかし，認知心理学でも，暗示的学習に関心が向けられるようになったのは比較的最近のこと(Berry, 1998)だという。

　用語については，教師側からの視点で実験上操作する明示的，暗示的指導(instruction)との区別も明確にしておかなくてはならない。Norris & Ortega (2000)及びDoughty(2003)は，構成概念の操作上の定義として，「明示的指導」とは，「(宣言的／メタ言語的)規則説明をする，または言語形式に注意を向け規則にたどり着くように指示する」としている。「暗示的指導」は，「規則説明をしない，もしくは言語形式に注意を向けるように指示しない」とされている。実際には教師が明示的に教えても，規則が難しすぎて，学習者にとっては暗示的学習になることもあり得るし，反対に，教師が暗示的な指導を意図していても，易しい規則なら，学習者が自ら規則を発見して，その時点から明示的学習になることもあり得る(教室指導の効果に関するSLA研究については，小柳(2016d)を参照されたい)。よって，教師が意図した指導のタイプと，学習者の学習のタイプが一致しないこともあるのである。

　明示的学習及び暗示的学習の定義に関する議論も，さまざまな研究者が行っている(例えば，DeKeyser, 2003; N. Ellis, 1994a, 2005, 2015; R. Ellis, 2009a, 2015; Hustijn, 2002, 2005など)。SLAにおける明示的学習／暗示的学習の研究の草分け的なN. Ellis(1994a, 2015)の論文では，暗示的学習とは，「自然に，単純に，意識的な操作なく起きるプロセスによって，複雑な刺激環境の根底にある構造に関する知識を習得すること」と定義している。インプット中に構造が現れる頻度に基づき，語や談話(句や文)のシークエンスを内在化するチャンク学習を伴うようなタイプの学習である。一方，N. Ellisは，明示的学習を「構造を求めて個人が仮説を立てそれを試す，より意識的な操作」と定義している。明示的学習は言語の構造に関する規則の形成を伴う。

　明示的学習 vs. 暗示的学習の対比の問題は，学習者の認知的な学習メカニズ

ムを解明する上で，論争の絶えない古くて新しい研究課題とも言える(小柳(2016b)を参照)。実際，このテーマの論文が集められた編集本(N. Ellis, 1994b; R. Ellis, Loewen, Elder, Erlam, Philp, & Reinders, 2009; Rebuschat, 2015; Sanz & Leow, 2011)やジャーナルの特集号(*Studies in Second Language Acquisition*, 2005, 27/ 2 , 2015, 37/2)の出版が後を絶たない。本章の**1.3**で用法基盤的アプローチの言語習得観を扱ったように，習得／学習／処理を暗示的メカニズムでとらえる理論が注目を集めており，暗示的知識に至るプロセスを追求することは，大人のSLAにおいて特に重要だと考えられる。

2.2　測定方法の問題

　明示的学習と暗示的学習の違いを明確にするためには，その効果をどう測定するかを十分に検討する必要がある。教室指導の効果の先行研究を総括したNorris & Ortega(2000)やDoughty(2003)では，暗示的指導の効果を明示的指導に有利なテストで測定していたことや，暗示的指導の効果を探った研究自体が少ないことを問題点としてあげていた。また，明示的／暗示的な指導が学習者にとって明示的／暗示的学習になっていたのかを確認する必要性も説いていた(Doughty, 2003)。暗示的学習の効果を測定するにあたり，認知心理学では，学習後にアウェアネスを報告した被験者を，暗示的学習のグループのデータから排除して分析するというようなことまでしている。主として，明示的学習では明示的知識が，暗示的学習では暗示的知識が発達すると考えられるが，近年は，SLAにおける明示的／暗示的学習の効果のより厳密で洗練された測定方法が提案されるようになっている。

　R. Ellis(2005, 2009b, 2015など)は，同僚等とともに，明示的／暗示的知識の測定方法について，その妥当性の検証を重ねてきた(R. Ellis et al., 2009など)。その中で，明示的／暗示的知識の構成概念や，SLAで一般にしばしば使用される測定方法の妥当性の検証を行っている。R. Ellis(2005)は，見解の相違が存在する明示的／暗示的学習の定義に比べ，明示的／暗示的知識についてはある程度見解の一致を見ているとしている。二つのタイプの知識の操作上の定義は，表 1 - 1 に示す通り，七つの規準からまとめられる。

表1-1　L2暗示的／明示的知識の構成概念の操作上の定義
(R. Ellis, 2005, p.152：小柳訳)

規準	暗示的知識	明示的知識
アウェアネスの程度	感覚(feel)による反応	規則を用いた反応
利用可能な時間	時間的プレッシャーあり	時間的プレッシャーなし
注意の焦点	主要な注意は意味	主要な注意は言語形式
体系性	一貫性のある反応	可変的な反応
確信度	反応の確信度は高い	反応の確信度は低い
メタ言語的知識	メタ言語的知識は不要	メタ言語的知識を奨励
学習可能性	早期の学習に有利	後期のFFIに有利

(FFI = form-focused instruction)

一点目のアウェアネスの程度というのは，学習者が自身の言語知識にどれほど気づいているかということで，課題に感覚的に反応したか，あるいは規則を使って反応したかを両極に，二者択一ではなく連続体をなすものと考えられている。二点目に，時間的なプレッシャーがあるかどうかも構成概念に含まれる。時間的なプレッシャーがない状況ではモニターが働く時間的猶予があり，明示的知識を用いる可能性が高い。三点目は，パフォーマンスにおける注意の焦点で，暗示的知識の使用時には意味に焦点があり，明示的知識の使用時には言語形式に焦点がある。四点目は反応に一貫性があるかどうかということで，暗示的知識を用いるタスクでは，明示的知識に依拠するタスクより，学習者は一貫性のある反応をするとされる。五点目の，学習者のタスクの反応に対する自信，つまり確信度は，暗示的知識の方が高いと推定される。六点目は，メタ言語的知識の利用であるが，明示的知識に関連づけてとらえられる。暗示的知識は，手続き的なもので，メタ言語的知識を必要としないが，明示的知識はメタ言語的であることが推奨されている。七点目は，学習可能性から見た知識の違いで，幼少期にL2学習を始める場合は，暗示的知識に頼る傾向が強いが，青年期，大人になってからは，教室指導により明示的知識を発達させる可能性が高いと考えられる。

　R. Ellis (2005) はこのような構成概念に基づき，5種類のテストを用意し，20名の母語話者と91人のL2学習者のパフォーマンスを比較し，構成概念の妥当性と，二つの知識の測定方法を検討したのである。テストには英語の文法構造17項目が含まれていた。5種類のテストで構成されるテスト・バッテリーのうち，一つ目のテストは，模倣 (imitation) テストである。このテストでは，

ビリーフに関する叙述文(文法的,非文法的文を含む)が口頭で示され,まず,意味に焦点を向けさせるため,その文に同意するかどうかを答え,それから正しい英語で文をリピートするというものである。二つ目は口頭のナラティブ・テストで,一つの物語を2度読み,3分以内でその物語を再生するというものである。三つ目は時間制限ありの文法性判断テスト(grammaticality judgment test: GJT)で,コンピュータの画面で68文(文法的な文と非文法的な文が半分ずつ)を見せられ,正しいか正しくないかをボタンを押して反応するものである。四つ目は時間制限なしのGJTで,文法性を判断した上で,判断の確信度を0-100％尺度で判定し,規則を使ったか感覚的に反応したかを答えるものである。五つ目はメタ言語的知識のテストで,前半は,ターゲットの17項目の文法構造の非文法的な文を見せられ,それぞれの誤りの原因を最も適切に説明する規則を四肢選択で選ぶものである。後半は,短いテキストを読み,テキストから21の文法的特徴の例を見つけるものと,文のセットの中から品詞を特定するもので構成されている。明示的/暗示的知識の構成概念とテストの特徴を照らし合わせると,表1-2のようになる。

表1-2　テスト設計上の特徴(R. Ellis, 2005, p.157; 小柳訳,一部改定)

規準	模倣	口頭ナラティブ	時間制限付GJT	時間制限無GJT	メタ言語的
アウェアネスの程度	感覚	感覚	感覚	規則	規則
時間的プレッシャー	あり	あり	あり	なし	なし
注意の焦点	意味	意味	言語形式	言語形式	言語形式
メタ言語的知識	No	No	No	Yes	Yes

テスト・バッテリーのうち模倣テスト,口頭ナラティブ,時間制限付きのGJTは暗示的知識を,時間制限のないGJTとメタ言語的テストは明示的知識を測定するものと見なしている。心理測定法の手法を用い,相関分析や因子分析などを行った。母語話者とL2学習者を比較すると,母語話者は暗示的知識を測る模倣と口頭ナラティブ,時間制限ありのGJTの三つのテストでスコアが上回っていた。また,時間制限なしのGJT(文法的,非文法的な文の両方共)でも,前者三つのテストよりL2学習者との差異は小さいものの,母語話者の方が上回っていたことが明らかになった。それ以外の明示的テストでは,母語話者もL2学習者も同様のパフォーマンスが見られた。因子分析の結果からは,予測通り,暗示的知識を測る三つのテストと,明示的知識を測る二つのテストは,

二つの異なる構成概念であることが示された。また，R. Ellis は，暗示的知識の方が負荷量の重い因子であることから，言語知識は一義的には暗示的知識から成るもので，明示的知識は二義的なものだとしている。さらに興味深い結果として，時間制限なしの GJT において，文法的な文の判断は暗示的知識に基づいたもので，非文法的な文の判断は明示的知識を引き出すものだとして区別する必要性が指摘されている。ただ，この研究で用いられた模倣テストやメタ言語的テストなど，言語教育において通常は使用されないテストであり，今後の SLA 研究は，学習効果をどのように測定するかを十分に検討して使用する必要があるだろう。例えば，自然言語の学習効果を見るなら自発的な言語産出を直接調べるのが好ましいが，模倣テストが暗示的知識を測るテストとして信頼性が高いテストであるなら，学習者のパフォーマンス・データを比較的短時間で収集できるという利点がある。

　暗示的知識の構成概念にはアウェアネスを伴わないということが含まれるが，アウェアネス自体をどう測るかは長年の議論の的である。過去には，アウェアネスを測るために言語報告が用いられることが多かったが，学習者が経験を言語化する能力には個人差があること，言語化できない性質のアウェアネスがあること(Robinson, 2003)や，学習者の言語報告には一貫性が見られない(Jourdenais, 2001)などの問題点が指摘されていた。その後の研究(Hama & Leow, 2010; Rebuschat, Hamrick, Sachs, Rietenberg, & Ziegler, 2013; Wiiliams, 2005など)でも，アウェアネスの測定方法の違いから，アウェアネスなしの学習が可能かどうかという問題について，一貫性のある結果が得られていない。

　そこで，Rebuschat, Hamrick, Riestenberg, Sachs, & Ziegler(2015)は，三つの異なるアウェアネスの測定方法を用いて，付随的学習条件下の人工言語の学習の実験を行っている。アウェアネスの測定方法は，全員にテストの各反応の後に確信度と判断の理由を述べる主観的な方法が用いられた。それに加え，一つ目の実験群は同時的な言語報告(思考表出プロトコール)を，二つ目の実験群は回顧的言語報告(事後インタビュー)を行い，三つ目の実験群は報告なしで学習を行った。この研究では，どの実験群にも学習効果が認められ，付随的な学習でも明示的，暗示的，両方の知識が発達していたことが明らかになっている。しかし，同時的言語報告と回顧的言語報告では，アウェアネスに一貫性が見られず，言語報告なしの実験群が，規則の一般化に最も成功していたことが明らかになった。つまり，同時にせよ事後にせよ，言語報告をすることが本来の学

習のパフォーマンスを変えてしまった可能性がある。また，主観的な測定から，暗示的／明示的知識の両方が発達していたことが報告されている。この研究は，アウェアネスの測定方法が結果に影響を及ぼすことが改めて示されたことになる。

　近年は，明示的／暗示的学習の議論に，より洗練された高度な技術も導入されている。例えば，脳機能を調べる非侵襲的な方法が発達し，明示的学習あるいは暗示的学習をして，その学習効果を測定する課題を行う際に，学習者の脳画像を撮影するようなことも行われるようになった(磁気共鳴機能画像法(fMRI)：Morgan-Short, Deng, Brill-Schetz, Wong, & Wong, 2015; 事象関連電位(ERP)：Morgan-Short, Sanz, Steinhauer, & Ullman, 2010; Morgan-Short, Faretta-Stutenberg, & Barlett-Hsu, 2015; Tokowicz & MacWhinney, 2005など)。SLA研究者のだれもが脳機能の画像診断装置に容易にアクセスできるわけではないが，心理学やSLAでは心理的実在性，すなわち，仮定的な心理のモデルや概念が本当に存在するものかという問題を解決する一助になると思われる。また，L2読解研究などに用いられてきた眼球運動(eye-movement)計測装置も，SLA研究に導入されるようになっている。学習者の眼球運動を記録すると，テキストのインプット強化された箇所(Winke, 2013)や，見慣れない言語形式(Godfroid & Uggen, 2013)に学習者が注視する傾向があることが見いだされている。Godfroid & Winke(2015)は，眼球運動の計測が明示的／暗示的学習にも応用可能だと論じている。用法基盤的アプローチからみた暗示的学習は統計的なチャンク学習でもあるが，実際，頻度の高い単語，句，形式発話の注視時間は短くなる傾向があるという(N. Ellis, 2015参照)。眼球運動を記録するアイトラッキング装置は，SLA研究者にも扱いやすいものになっているというが，Godfroid & Winkeは，装置はあくまで手段であり，研究課題の設定や研究デザインを工夫することが重要であると述べている。

2.3　明示的学習の限界

　言語処理が暗示的(手続き的)知識に依拠してなされるものだとすると，L2でも暗示的学習を推奨して直接，暗示的知識を発達させた方がいいように思われる。しかし，言語教師には，文法説明をして文法を理解させることが重要だという考え方もまだ根強い。確かに大人のL2学習者には，文法規則を与える方が習得が早いという考え方もあるだろう。よって，明示的学習により学習者にどんな恩恵があるのか，または弊害があるのかを，経験的な感覚に頼らず科学的

に解明し，理解しておくことが重要である。90年代に行われた SLA 研究(de Graaff, 1997; DeKeyser, 1994, 1995; Robinson, 1997a など)では，規則提示は簡単な規則については少なくとも指導直後の効果は見られるが，複雑な規則については有効ではないという結果が得られている。簡単な規則なら教えなくても学習者が自ら発見する可能性もあるし，複雑な規則なら学習者を混乱させるだけで，結果的に暗示的学習と同じ状況になることも考えられる。また，言語形式の難しさ，規則の難しさをどうやって決めるかというのも SLA の大きな問題であった(Hulstijn & de Graaff, 1994)。

より最近でも，規則を提示する明示的指導とメタ言語的知識の関係を調べるような研究(Akakura, 2012; Hu, 2011; Roehr & Gánem-Guitérrez, 2009: Zietek, & Roehr, 2011など)はなされていて，明示的指導により L2学習者が明示的知識のみならず，暗示的知識を測るとされる模倣テストにも効果があるとする研究もある。また，Roehr & Gánem-Guitérrez(2009)は，特に形式重視の指導を長く受けてきた学習者ほどメタ言語的レベルが高く，メタ言語的知識は，言語適性や作動記憶とは分離可能なものとしている。しかし，そうなると，言語処理において作動記憶の役割が重要とされる中で，メタ言語的知識はやはり，言語処理とは異なる知識を発達させているということになる。

Roehr-Brackin(2015)は，用法基盤的な項目，用例ベースの習得において，明示的学習の難しさを，スキーマ性(schematicity)，概念的複雑さ(conceptual complexity)，メタ言語的専門性(technicality of metalanguage)，真理値(truth value)の四つのパラメータから分析している。スキーマ性とは，メタ言語的記述がスキーマ，または特定の言語的構成体を網羅しているかどうかという程度のことで，スキーマ性が高ければ，明示的学習は容易になる。概念的複雑さというのは，メタ言語的記述に含まれる要素の数で，要素の数が多いほど明示的学習は複雑で難しくなる。メタ言語的専門性とは，メタ言語の記述に使われるメタ言語の相対的な親密性と抽象性のことで，専門性が低いほど明示的学習は易しい。真理値とは，メタ言語的記述が例外なく適用される程度のことで，真理値が高いほど明示的学習は易しい。したがって，明示的学習が成功するかは，かなり限定的な規則に限られると言える。また，メタ言語的知識を提供する指導は，伝達的な文脈から離れる傾向があり，習得に必要な言語形式と意味／機能のマッピングが促進されないことも留意すべきであろう。

2.4　暗示的学習の限界

　用法基盤的アプローチの習得観では，L1もL2も同様の暗示的学習メカニズムが習得に関わると考えられている。**1.3.2**でも述べたように，実際，L2学習者にも暗示的学習が起きていることが，プライミング効果として示されている。McDonough等の一連の研究(McDonough, 2006; McDonough & Chaikitmongkol, 2010; McDonough & Kim, 2006; McDonough & Mackey, 2006, 2008など)は，伝達重視のタスクの中で，インターアクションを通して，プライミングにより気づき，及び学習が促進したことを示している(小柳，2016d 参照)。つまり，思春期を過ぎた大人にも暗示的学習が可能だということである。転移適切性処理の原理によると，暗示的学習は暗示的知識の習得を促進し，すなわち，習得のゴールである言語処理の正確さや流暢さを生み出す源になると考えられる。しかし，すでにL1と認知能力を発達させた大人の習得が，L1と同様に進まないことも紛れもない事実である。よって，その限界がどこから来るのかを知っておくことは重要である。

　Doughty(2003)は，インプットがどのように処理されるかという問題には未解明な部分が多いとしていた。そんな中で用法基盤的アプローチが習得に重要なプロセスとするボトムアップのインプット処理の問題に，早くから取り組んできたのが「競合モデル(Competition Model)」(MacWhinney, 1987, 2001など)のSLA研究である。競合モデルは，L1もL2も統合して言語習得を説明するために，さらに「統合モデル(Unified Model)」が提案され(MacWhinney, 2005, 2008)，用法基盤的アプローチの傘下に位置づけられている。

　競合モデルでは，文を処理する際に，動作主や被動作主を特定する判断基準として，語順や屈折変化，名詞の有生性，格標示などのキュー(手がかり)が競合していて，目標言語でどのキューが重要かを見いだしていくプロセスを習得ととらえている。SLAにおいては，L1の処理ストラテジー，すなわち，L1で習得したキューは，L2に転移すると考えられる。実際，Rounds & Kanagy (1998)は，アメリカのイマージョンプログラムに通う幼稚園児から7年生までの生徒(L1英語)を対象にした競合モデルの日本語(L2)の文処理の実験を行い，年少者ほど日本語で重要な格標示(格助詞)のキューには気づきにくく，L1のキューである語順に頼る傾向が強かったことを報告している。統合モデルでは，L1もL2も同一のプロセスが関わるので，学習する言語に関わらず，包括的な習得モデルを構築しようとしている。競合は，音節，語彙，形態素，統語などあらゆるレベルで起きるとされる。

N. Ellis(2006, 2008)は，L2でも特に卓立性が低い，つまり，インプット中では見過ごされやすく，学習者に気づかれにくい言語形式の意味／機能との連合学習が，先行するL1の経験によりブロックされるとしている。N. Ellisは，先行するL1の経験のことを「学習された注意(learned attention)」と呼んでいる。N. Ellis & Sagarra(2010a, b, 2011)は，時制標示において語彙(副詞)のキューには信頼性があるというL1の知識が，L2の動詞の形態素の習得をブロックすることを実験で示している。例えば，英語では"yesterday"のような時の副詞は常に過去時制を示す，信頼性が高いキューである。一方，過去を表す形態素の -ed は，副詞や明らかな会話のコンテクストがあれば余剰的な情報であり，学習者は見落としがちである。英語の習得においてL1に過去時制の形態素を持たない中国語の話者は，過去時制の形態素を有するスペイン語話者よりも，ブロック傾向がより強く現れることが報告されている。つまり，L1でどこに選択的注意を向けるかがすでに学習されており，それがL2の習得を阻むのである。

　Cintrón-Valentín & N. Ellis(2015)は，英語の母語話者と中国語の母語話者(L2英語)に未習言語のラテン語で処遇を行う文処理の実験をしている。ラテン語は時の副詞と時制を表す動詞の形態素があり，主語の人称によっても形態素が変化する。この実験では，アイトラッキング装置を用い，言語学習の注意のプロセスをとらえる手段として，学習者の眼球運動を記録している。何らかの処遇を受ける三つの実験群と，処遇のない統制群が比較された。実験群 A は，文処理の試行の前に，動詞の時制を表す形態素(現在形と過去形)に関するメタ言語的記述が与えられた。実験群 B は事前の処遇はなかったが，文処理の際に視覚的インプット強化を施したテキストを読んだ。実験群 C は，形態素と人称の屈折変化によるキュー解釈において英語訳により正誤について判断しフィードバックを受ける事前訓練を受けた。その結果，英語話者も中国語話者も語彙(副詞)に頼る傾向が見られたが，中国語話者にその傾向がより強かったことが明らかになった。よって，通常の条件下では動詞の形態素より副詞の学習の方が先行すると言える。また，三つの実験群は統制群より動詞の形態素の学習に効果があったこともわかった。その中でも，キュー解釈の事前訓練を行った実験群 C が，副詞と動詞のバランスのよい学習が最も進んでいたという。よって，Cintrón-Valentín & N. Ellis は，学習初期段階に，キューを正しい解釈に結びつける訓練を集中的に行うことに意味があるのではないかとしている。アイトラッキングのデータからは，処遇を受けると形態素を注視する傾向が見られた。

この注視時間は，意識的なコントロールによる処理を反映したものだと解釈されている。

これらの研究は，L1からの影響でL2のインプット処理において選択的注意を向けにくい言語形式の連合学習に，教育的介入をする意義があることを示している。N. Ellis (2015) は，基本的には暗示的，帰納的な学習を促進させるべきであるが，暗示的なL2学習に限界があるところでは，意識的な処理を行う必要があるとしている。この点に関しては，L2に転移しやすいL1の処理ストラテジーに頼ることを回避させることを目的としたインプット処理指導 (processing instruction) (VanPatten, 1996等) が提案されてきた。しかし，Doughty (2004) が，インプット処理指導に関する先行研究で扱った目標言語形式が，必ずしも処理上の問題から選択されていないという問題点を指摘していた。統合モデルの研究は，インプット処理指導で扱うべき言語形式を示唆している。暗示的学習にも限界があり，そこをどう補っていくかはいっそうの検証が必要である。

2.5 インターフェースの問題

Krashen (1985) のノン・インターフェース仮説以来の，明示性／暗示性の議論は，定義や測定方法の問題もあり，未だ議論が絶えない。近年の脳科学からの知見 (川人・銅谷・春野, 2002, N. Ellis, 2009; Schumann, 2004など) によると，L1とL2の学習メカニズムは，脳の活性化領域から見ても，同一のメカニズムが関わっているとされている。すなわち，SLAにおいても暗示的学習が主要な学習メカニズムだと言える。また, 宣言的 (明示的) 知識が手続き的 (暗示的) 知識に転換されるわけではなく，それぞれ異なる活性化領域，神経回路が形成されている (Crowell, 2004; Hulstijn, 2002; Lee, 2004; Paradis, 2004, 2009; Ullman, 2004, 2005など) ようである。よって，精密さに欠けるものの，大雑把に言うと，Krashenの主張のように，伝統的な文法学習によって得られる明示的知識と，L1話者のようにコミュニケーションにおいてインプットを十分受けることにより発達する暗示的知識にはインターフェースはないように見える。しかし，この議論も，SLAにおいて明示的／暗示的知識をどう定義するか，明示的／暗示的学習をどうとらえるかという問題と大きく関わっている (小柳 (2005) も参照されたい)。また，用法基盤的アプローチのように，言語知識 (competence) と言語運用 (performance) を区別しない習得モデルが台頭する中，インターフェースを論じること自体，もはや有効ではないという考え方 (Sharwood Smith,

2013)もある。

　誰しも習得のゴールが正確で流暢に言語運用ができるようになることであるということに異論はないだろう。また，そのようなスキルが暗示的学習によって形成されることも明らかになっている。よって，オプションとして明示的知識を使うかどうか，使うとしたら，どのように使えば効率的かということが焦点になる。N. Ellis(2005, 2015)は，用法基盤的アプローチの習得を提唱しながらも，暗示的学習の限界を補うため，音，語彙，形態素，統語など言語のあらゆる側面で，明示的学習によりSLAを促進させることも手段の一つだと見ていて，メタ言語的知識の使用も認めている。Hulstijn(2002)は，宣言的知識と手続き的知識にインターフェースがないことを認識しつつも，メタ言語的知識の使用はオプションだとしている。ただし，教育文法に記述されるような詳細な規則の説明ではなく，概念的な簡単な説明にとどめるべきだとしている。2.3 で論じたように，複雑な規則に関する文法説明はSLAのプロセスを阻害する可能性があり，気づきの可能性を高める(Tomlin & Villa, 1994)ような説明が求められる。

　小柳(2004b)は，以前，インプット強化により言語形式(「テイル」)を太字や色で強調したテキストを学習者に読ませた際に，気づきの可能性も高めるために事前に文法説明をしたグループとしなかったグループを比較したことがある。しかし，読解によって学習者に課された課題は内容理解であったので，インプット強化の効果は認められなかった[5]。自身の実験で結果が出なかった反省点の一つとして，文法説明によって提供した知識がタスク遂行に必要ではなかったことがあげられる。タスクに関して「タスクの文法必須性(task-essentialness)」という考え方(Loschky & Bley-Vroman, 1993)があり，特定の言語形式を用いなければタスクが達成できないようにタスクを設計すると，学習者の注意が言語形式に向かうとされている。これは文法説明にも言えることで，文法説明がタスク遂行に必須でなければ効果がないと考えられるが，そのようなタスクの活動はどうしてもメタ言語的な練習になりがちである。よって，どのようにして伝達的なコンテクストの中で明示的知識を提示するかは注意を要すると言える。

　VanPatten & Rothman(2015)は，普遍文法ベースの生成的アプローチの立

---

[5]　メタ分析から，視覚的インプット強化自体の効果量が小さいことも明らかになった(Lee & Huang, 2008)。しかし，インプット強化された箇所の注視時間は長くなることが報告されている(Winke, 2013)。

場から，脳内に形成される心的表象と規則の関係を論じている。心的表象は，心理レベルの抽象的な知識構造であるが，教育文法で記述されるような文法知識とは全く異なるものであることを強調した上で，心的表象はインプットと内的な解析／処理メカニズムとの相互作用によって形成されるものだとしている。そして，明示的学習とは，インプット処理において言語のある特徴に意識的な注意やアウェアネスを向けることで，伝達的なコンテクストにおいてなされるべきだとしている。つまり，メタ言語的な意味での明示的学習ではなく，学習していることに自覚があるという意味での明示的学習が有効ではないかとしているのである。また，VanPatten 等は，何が明示的学習で習得可能か，あるいは可能ではないかというような研究も必要だと述べている。

　さらに，N. Ellis(2015)も，SLA の初期にパターン認識をして言語形式と意味の連合を記憶に登録する段階は明示的学習で行い，それに続くインプット処理において，登録した構成体を暗示的学習のメカニズムに統合させていくという意味で，ダイナミックなインターフェースがあってもよいと見ている。語の音声形式や意味情報(文法的な意味も含む)を内包する心的辞書は宣言的知識であり，言語処理全体は手続き的知識に支えられている。よって，これらの二つの知識がどのように相互作用して習得，使用されるのか，さらなる検証が必要である。Hulstijn(2015)は，言語自体が複雑なシステムであるが，脳自体も複雑なメカニズムであり，宣言的／手続き的知識というような単純な二分法ではなく，より複雑なモデルを構築すべきだとしている。本章では，すべてが解明されたとは言えないが，言語習得の普遍的な側面，特に，学習者に共通する学習メカニズムについての SLA 研究の成果を扱った。この普遍的なメカニズムに影響を及ぼすのが学習者の個人差である。思春期を過ぎた大人の SLA には特に影響が大きいとされる言語適性と動機づけについて次章(2〜4章)で概観する。

第2章

個人差要因：言語適性

1. 第二言語習得の個別性

　第二言語習得(SLA)研究は、人間が生得的に有する言語知識とはどんなものか、言語習得にどのようなプロセスやメカニズムが存在するかという普遍性を追求する研究と、学習者個人の要因に目を向ける個別性を追求する研究とが共存しつつ発展してきた。しかし、普遍文法や習得における認知的メカニズムの普遍性を検証する研究の興隆に比べると、個人差に関する研究は相対的に遅れをとってきた(初期の研究のまとめは、Skehan(1989)を参照のこと)。しかし、SLAにおける個別性の問題は、第一言語習得(FLA)以上に重要であり、もっと追求する価値があると思われる。FLAでは、先天的な障害があるなど特別なケースを除き、ほぼ全員が流暢な母語の使い手になれる。SLAがFLAと決定的に異なるのは、最終的な到達度の目標を母語話者並みとすると、ほとんどの場合は失敗に終わるということである。また、同じ環境で同じ教室指導を受けていても、第二言語(L2)の熟達度には学習者間に大きな差が見られる。よって、SLA研究では、このような学習者の多様性を理論的に説明する必要があるのである[1]。

---

[1]　本章は、小柳(2012a)に基づき内容をアップデートし、大幅に加筆修正したものである。

大人のL2学習は，課題の認知的要求度により注意や記憶といった認知資源に負担が生じ，情報処理の容量や効率に制約が伴う。それぞれの学習者が自らの認知能力を駆使して言語学習課題に取り組むそのやり方は，当然，学習効果にも影響を及ぼすことになる。年齢，言語適性，動機づけ，性格，学習スタイルなどの個人差の問題は，SLAにおける研究課題ではあったが，長い間，コースの成績や熟達度との相関関係を見る以上の研究の進展がほとんど見られなかった(Segalowitz, 1997; Skehan, 1989, 1991のレビュー参照)。また，商業的にも学習者は皆同じと見なして，だれにでも使える教科書を大量生産する方が商業的にも都合がよいという背景もあった(Skehan, 1989)ようである。

　ところが，近年は，言語習得のプロセスの中で個人差がどう関わるのか，学習者の認知的メカニズムに関連づけて検証する必要があると考えられるようになってきた(Segalowitz, 1997; Skehan, 1998, 2002; Robinson, 2002aなど)。第1章で論じたように，SLAには普遍性のある認知的メカニズムが存在する(小柳(2005, 2016b)も参照されたい)。インプットからアウトプットに至るプロセスの認知的な側面からSLAを見ると，情報を取り込み，内在化し，長期記憶に統合し，さらに，その情報を検索するというSLAの言語処理に関わる記憶の役割が重要になる[2]。しかしながら，私たちの日常経験からしても，記憶力に個人差が大きいというのは周知の事実である。つまり，記憶は普遍的なメカニズムであると同時に，個人差をも内包しているのである。本章及び次章では，大きな個人差要因の一つである言語適性の問題を扱う。言語適性がどのような構成要素から成り，SLAのプロセスにどのように関わるのかを探ることは，逆をたどれば，その構成要素が普遍的なメカニズムにおいても重要な役割を果たしているということであり，SLAの認知的メカニズムの普遍性の研究へのフィードバックにもなると考える。

　「よい言語学習者」にはどんな特徴があるのか，また，言語学習が不得手な学習者をどうやって良い学習者に近づけるのかというアプローチの研究は，今までにも行われてきた(Griffihs, 2008; Nation & McLaughlin, 1986; Obler, 1989; Ranta, 2008; Rubin, 1975など)。Skehan(1998)は，例外的にSLAに成功した学習者に関する五つの事例研究を検討して，知能テストの成績はばらつきがあり，必ずしもSLAの成功と結びついていなかったものの，例外的な成功を収

---

[2]　学習時間が少なくて，訓練を十分に受けていない教師により，伝統的な文法訳読法に近い外国語教育が行われているポーランドの中等教育の調査では，記憶よりむしろ帰納学習能力が重要だという結果が出ている(Rysiewicz, 2008)。

めた学習者(exceptional learners)に共通して見られた特徴は，記憶力のよさであったとしている。そのような学習者は，短時間に新たな言語コードを覚えたり，パターン分析の学習をしたりすることが得意で，言語素材を覚えた後，時間を経ても，それらの言語素材を保持することに優れていたということである。

　Biedroń & Szczepaniak(2009)は，例外的な成功者の研究は該当者が少ないのでグループとして調査するのが難しく，また事例研究も言語学習の開始年齢や学習期間，調査時の年齢などが異なるので比較しにくいとしながらも，優れた外国語学習者の認知的なプロフィールを明らかにしようと試みている。10か国語を学び，調査当時はポーランド語と日本語を学習中だった21歳の大学生の言語適性や学習スタイルなどを調べた。その結果，現代言語適性テスト(MLAT)の言語分析能力，記憶や音韻処理能力が優れていたことが明らかになった。また，第一言語(L1)の能力も高く，IQ(知性)の言語的推論も優れていた。IQ は L2学習の成功とあまり関係がないとされるが，課題の推論の要求度が高まると重要になるのではないかとしている。学習スタイルや学習ストラテジーは多種多様で，ポーランド語の熟達度との関連は不明であった。この研究においても，言語学習に向いているかという潜在能力である言語適性が言語学習の成功の鍵であったことがわかる。

　一方，Ortega(2009)は，SLA の事例研究ではないが，ある大学教授の回想録(Watson, 1995)を，SLA に成功しなかった学習者の事例として紹介している。Watson 氏は19歳でフランス語を始め，大学では哲学を専攻し，同じ分野で博士号まで得ている大学教授である。仕事ではフランス語を訳すこともあった。回想録には，フランスで行われる学会に招待されたことを機に55歳の時にフランス語を話せるようになろうと一念発起し，パリで半年間，週3時間の個人レッスンを受けたり，語学学校にも通った経験が綴られている。ベストセラー作家でもあり趣味で写真撮影をたしなむなど，知的レベルの高い大学教授ではあったが，それだけの時間と努力を費やしてもフランス語を話せるようにはならなかったという。Watson 氏のケースはフランス語の学び直しの年齢が高かったということもあるだろうが，知性とは異なる何らかの言語適性に弱みがあったであろうことは想像がつく。Ortega(2009)は，言語適性と熟達度やコースの成績の相関を見た研究では，おおよそ0.4から0.6の相関があり，すなわち，16～36% の説明力があるとしている。言語適性は特に臨界期を過ぎた年齢で言語学習を始める学習者にとっては，L2の学習開始年齢に次いで最も重要な個人差である(Doughty, 2014)。よって，大人の SLA を見る上で，言語適性の

影響は非常に重要だと言える。

2. 言語適性研究の始まり

　Schumann(2004a)は，脳は親の遺伝子を受け継ぐと同時に，自らの才能に合った環境を選択，創造していくので，脳の違いはすなわち言語適性の違いにつながるとしている。言語適性は，言語学習に適した特別の才能のようなもので，言語学習の成否というより，習得のスピード(rate)を予測するものとしてとらえられている(Carroll, 1981, 1990; Skehan, 1989, 1998; Sparks & Ganschow, 2001のレビュー参照)。言語適性テストの開発は，短期間に効率よく外国語を学ばせるために，言語習得の潜在能力が高い軍隊要員を選抜するという戦時中のニーズに端を発していた。よって，当時の研究の関心は，もっぱら言語学習の成否を予測することにあった(Skehan, 1989)。その中で，現代言語適性テスト(MLAT)(Carroll & Sapon, 1959)と外国語学習適性テスト(PLAB: Pimsleur Language Aptitude Test)(Pimsleur, 1966)は，かなりの年月を経ているものの，現在に至るまで最も利用されてきた適性テストである。

　MLATは，テスト項目とコース到達度との相関分析や因子分析を行い，コース到達度と相関が高くない項目は排除し，また項目間で相関が高いものは余剰項目として一方を削除するという心理測定法の手順を踏み開発された(Carroll, 1973, 1981)[3]。そして，MLATは，外国語学習の成否を予測する最良のテストだと考える研究者(Sparks & Ganschow, 2001など)もいる。ただし，言語適性テストは，コース開始時から教師が学習者の能力にバイアスを抱いてしまうという批判から，教育現場ではあまり活用されなくなり，今ではむしろSLAの研究手段として使用されることの方が多い。MLATは(1)音素的な音を分割して覚えることができる音声符合化能力(phonetic coding ability)，(2)文中の特定の語の機能を見つけ出すことができる文法的感受性(grammatical sensitivity)，(3)音と意味を連想して覚えることができる丸暗記学習能力(rote learning ability)，(4)新しい材料から言語的なパターンや規則を推測できる帰納的言語学習能力(inductive language learning ability)の四つの構成要素から成る

---

[3]　日本語教育においてもMLATなどを参考に日本語習得適性テストが開発され，筑波大学や名古屋大学で使用されていたことが報告されている(大坪，1995；日本語教育学会，1991)。日本語独自のものとして漢字学習を想定した図形認識などの文字習得適性テストが含まれている。

とされる[4]。

　MLATは最も広く使われてきた言語適性テストであるが，MLATのさまざまな問題点も指摘されている。例えば，開発者のCarroll(1990)自身も認めているが，MLATは，文法訳読法やオーディオリンガル全盛の時代に開発され，現在の多様化した教授法や，実践的運用能力，伝達能力が重視される今の言語能力の構成概念の変化に十分に対応できていないとされる。また，初期の言語適性研究は，言語学習経験や情意的要因などの変数を言語適性と切り離せていないという批判(Skehan, 1989)もあった[5]。また，言語適性テストは言語学習プログラムへの選抜目的で開発されたという経緯があるため，初期の言語習得は予測できても，コース修了後も仕事や勉学など生活における実践の中でさらに伸び続ける言語能力について，長期的な展望による予測ができないという問題もあった(Carroll, 1990; Robinson, 2005a)。すなわち，将来，コース終了後も，どの学習者が最終的に言語能力の高いレベルに到達できるかという潜在能力を見いだすことができなかったのである。

　MLATやPLABの開発後，際立った理論的発展もなくしばらくは下火になっていた言語適性研究だが，再び関心を集めている背景には認知的アプローチのSLA研究の動向がある(小柳・峯, 2016; Doughty, 2003; Norris & Ortega, 2000のレビューを参照)。80年代以降，指導の効果を探る実証研究が盛んに行われてきたが，そのような研究ではグループ全体のテストの平均点の伸びをもって効果があったと見なす。一部の学習者に成績の大きな伸びがあれば，統計上，グループの平均点は大きく上昇する。よって，改善があまり認められない学習者が存在したとしても，そのような個人差は覆い隠されてしまうという問題があった(Robinson, 2001, 2002a)。実際，指導の効果に関する実証研究では，何らかの指導を受けた実験群の事後テストにおいて，指導を受けなかった統制群と比較すると標準偏差の数値が大きくなる傾向があり，これは，すなわち，指導の恩恵を受けた学習者のグループの方が，指導を受けなかった学習者のグループより，グループ内の個人差が大きく影響したことを示唆している(Doughty, 2003)。そんな中，SLAにおける認知過程に関する議論や考察が進み，ある特定の指導

---

[4]　四つの構成要素は，Caroll & Sapon(1959)がMLATで測定していると主張するものだが，実際には五つのサブテストの中に帰納的学習能力に対応するテストはないとの批判(例　Skehan, 1998)もある。PLABには帰納的学習能力のサブテストがある。MLATは大人を対象としているが，PLABの対象は少し若く，高校生のために開発されたという違いがある。

[5]　PLABはむしろ動機づけも適性の一部としてとらえている。

2. 言語適性研究の始まり　　33

技術がSLAにインパクトがあったことの理由が理論的に説明できるようになった。習得を情報処理の一形態である言語処理の枠組みでとらえるようになり，言語処理のメカニズムの中で記憶などの心理的特性がどのように作用するか，さらに習得にどんな影響をもたらすかという問題についても理解が深まってきたのである。言語処理に関わる注意や記憶といった心理的特性は，個人差につながる基本的な認知能力を伴い，それらは新たな言語適性だと考えられる。そこで，次節では，言語適性の再概念化に向けた動向を概観することにする。

3. 言語適性テストの再概念化への動き
3.1 予測的妥当性の再検証

Krashen(1981)は，言語適性テストは従来型の文法学習(Krashenが定義する意味での「学習」)の成否しか予測できないと批判していた。しかし，言語適性テストは教育現場ではあまり使われなくなったものの，研究ツールとして使用され，MLATの一部は今でも予測的妥当性があることが示されている。例えば，Harley & Hart(1997)は，フランス語のイマージョン・プログラムを年少(小学校1年次)で始めた学習者と年長(中学校1年次)で始めた学習者を比較した。言語適性を測るため，MLATの一部である音と意味の連合記憶を測る単語対のテストと，PLABの一部である言語分析能力のテスト，及びWechslerの記憶テストの一部であるテキストの内容を記憶にとどめる能力を測るテキスト記憶(text memory)のテストが用いられた。その結果，二つのグループには微妙な違いがあり，年少で始めた学習者には記憶がL2の熟達度の予測要因で，一方，年長で始めた学習者には言語分析能力が予測要因として重要であったとしている。いずれの場合も，言語適性はイマージョンという意味重視の教室指導においても何らかの予測的妥当性があったということである。

この研究では，学習者が受けた指導のタイプが結果に影響していた可能性も指摘されている。Harley & Hartによると，年長者のイマージョンの教室は，自然習得に近い環境というより言語形式の指導に陥る傾向があるという。故に，言語分析能力がイマージョンを遅く始めた年長の学習者の成功を予測できたのかもしれない。また，Ross, Yoshinaga, & Sasaki(2002)は，年齢と学習環境が言語適性と相互作用するとしている。Ross等は，普遍文法のパラダイムにおいて習得と言語適性の関係を調べている。そして，子どものSLAは，遊びの中にインプットがあり，その中で暗示的，帰納的学習が進みやすいとしている。

一方，大人のSLAは，受けるインプットの量が限られており，明示的，演繹的学習に頼る傾向が強い。よって，大人の学習者においては，言語適性の中の言語分析能力との相関は当然高くなるのではないかとしている。その後，Harley & Hart(2002)は，さらに，フランス語のイマージョンの経験がない英語を母語とする高校生が3か月間，自然習得環境に置かれた際の，言語適性とL2の熟達度の関係を調べている。この研究でも，年長の学習者の自然習得において言語分析能力が最良の予測要因であることを確認している。すなわち，意味を処理することに注意の焦点があるFocus on Meaningの言語処理モードが働くイマージョンや自然習得環境の習得においても，言語適性テストは部分的に予測的妥当性があるということである。

　また，DeKeyser(2000)は，臨界期仮説の研究として有名なJohnson & Newport(1989)の追検証を行った中で，言語適性との関係も調べている。57人のハンガリー人の米国移住者について，到着年齢，文法性判断テストとMLATの一部(文法的感受性を測るサブテスト)との関係が調べられている。その結果，文法的感受性は，思春期以降に移住した大人のL2の文法熟達度の重要な予測要因であったが，子どもの時に移住した場合にはあてはまらないことが示された。よって，DeKeyserの研究は，臨界期以降は少なくともMLATの一部は今でも言語適性テストとして有効であることを示している。移住者であるから，教室指導というよりも，生活の中で長年Focus on Meaningの処理モードで英語を用いてきた結果だと思われる。したがって，Harley & Hartの研究と合わせて考えると，言語分析能力は従来型の文法指導から恩恵を受けるための言語適性というよりは，大人になってからの文法指導のない自然習得環境でL2を習得する際に，よりいっそう重要だと言える。

　その他にも異なる学習条件の比較により，言語適性との関連を示した研究がある。Robinson(1997b)が暗示的学習(＝用例の記憶)条件において，また，de Graaff(1997)が，人工言語eXperantoとスペイン語の明示的，暗示的学習の両学習条件において文法的感受性との関連を見いだしている。さらに，Robinson (2002b)は，Krashen(1981)の主張に異議を唱え，Reber, Walkenfield, & Hernstadt(1991)の追検証を行っている。Reber等は，Krashenと同様，暗示的学習条件(＝明示的な説明なし)の参加者は，Weschsler知能検査で測った知性の影響を受けなかったとしている。Robinsonは，Reberの操作上の定義に倣い，異なる言語学習条件を比較した。明示的学習では，最初に規則が教えられ，その規則を適用する練習を行い，暗示的学習では，用例に多く出会いそ

れを記憶するように学習を設計している。実験においては，日本人大学生にアルファベット配列による人工文法の学習を課した。学習者の個人差は，Weschsler 知能検査の日本語版と，Sasaki(1996)が開発した MLAT と PLAB の一部からなる言語適性テスト，及び作動記憶(working memory：WM)の容量を測る L1 と L2 のリーディング・スパンテストにより測定された。その結果，暗示的学習と知能テストの間には負の相関が見られた。つまり暗示的学習は何らかの個人差の影響があったということである。さらに興味深いのは，昨今 SLA において WM が重要だと言われている中で，明示的学習，暗示的学習の双方において，WM と言語適性とは相関関係が見られなかったことである。Robinson は，過去の研究(Robinson, 1997a)において同様の学習条件を比較した際に，明示的学習は文法訳読法に，暗示的学習はオーディオリンガルに近いものと見なしていた。従来の言語能力の概念においては，WM のような言語処理に関わる能動的な記憶は重要でなかったという可能性もある。

この Robinson の研究の中では，さらに，未習言語のサモア語の普遍文法の一部とされる文法項目について，コンピュータ学習により意味を理解しながら文を処理する課題を与え，後に内容質問に答えさせるという付随的(incidental)学習条件についても検証がなされている。学習効果を聴解文法性判断テストと言語産出テストで見る限り，被験者の WM が学習成果の強い予測要因であったことが示された。また，WM の影響は，学習直後より 1 週間後及び半年後に，また言語産出においてより顕著であったことがわかった。これらの結果から，学習条件が異なれば求められる言語適性の構成要素は異なることが示唆される。また，付随的学習条件は，意味を処理することを優先するという点で，内容中心またはタスク・ベースの教授法に近く，やはり，従来の言語適性テストにはない新たな構成要素が必要だと言える。情報の保持と処理を同時に行いながら情報処理のプロセスを制御すると考えられる WM は，その候補の一つであろう。これらの研究から判断すると，言語適性は従来の文法学習のみならず，自然習得環境や意味重視の教授法においても重要であることは疑いない。また，言語処理として言語運用をとらえると，L1 と L2 で言語処理の異なるメカニズムが存在するとは考え難い(川人・銅谷・春野, 2002; N. Ellis, 1996; Robinson, 2003; Schumann, 2004など)。よって，言語処理に関わる基本的認知能力とは何かをもっと探る必要がある。次項以降では，言語適性と年齢や学習経験との関係などの諸問題を検討し，論点を整理しておく。

3.2　外国語学習障害と言語適性

　北米では，小中学校から大学に至るまで，学習障害と認定されると特別な配慮がなされることが一般的であり，その支援体制は日本よりずっと整備されている。小中学校の教科学習の学習障害のみならず，大学生の外国語学習障害(foreign language learning disability)の事例も報告されるようになった。その診断にも言語適性テストのMLATが使われている。Ganschow & Sparks (2001)やSparks & Ganschow(2001)は，北米における外国語学習障害に関する初期の一連の研究(Ganschow & Sparks, 1991, 1995; Ganschow, Sparks, Patton, & Javorsky, 1991; Sparks & Ganschow, 1991, 1993; Sparks, Ganschow, Javorsky, 1993; Sparks, Ganschow, & Patton, 1995など)を概観し，音韻，綴り字，統語の領域でL1の能力が低いと，MLATで測った外国語学習の適性も低く，またL1の能力が低いと外国語の能力も低いという結論を導き出している。ただし，L1の能力が低いと言っても，学業では平均以上の成績をあげていることも多く，高校までは問題が露呈せずに過ごし，大学で必修の外国語を履修して初めて音韻などの問題が表面化するケースも多いという。こうして，外国語以外の教科は何ら問題がないのに外国語科目だけ単位が取れないという大学生の外国語学習障害の存在が明らかにされたのである。

　Sparks(1995)やGrigorenko(2002)は，L1のディスレクシアとL2の学習障害は同じ問題を共有していて，非効率的な音韻処理は，SLAにおいて影響がいっそう大きくなり，音の識別や聴解に負の影響をもたらし，さらに統語や読解，口頭能力に至るまでL2の発達に影響を及ぼし続けるとしている(スコットランドにも同様の報告あり。Crombie, 1997, 2000参照)。この外国語学習障害による外国語能力の個人差は，動機や不安といった情意的要因によっては説明できなかったとしている(Sparks, Ganschow, & Javorsky, 1993; Sparks et al. 2011)。また，Sparks(1995)は，音韻処理に関わる認知能力と，一般的な学習で問われる知能とは無関係だとしている。なぜなら，外国語学習障害の学習者と障害のない学習者の間に，他教科の成績で見る限り，知能において何の違いも見られなかったからである。したがって，Sparks & Ganschow(2001)は，MLATは今でも予測的妥当性があるが，さらにL1能力の測定も適性テストに含むべきだとしている。音韻に関しては教育的介入を行ったが，一時的な効果しか見いだせず，時が経過すると外国語学習障害のある学習者の言語運用は，障害のない学習者と顕著な差が出るようである(Ganschow & Sparks, 1995; Sparks et al., 1997)。よって，彼らは「言語的符号化相違仮説(Linguistic Coding

Differences Hypothesis）」を提示し，L1の音韻，綴り字，統語などの言語スキルが外国語学習の基礎になり個人差につながるとしている。

　L1能力の何がL2学習に影響を及ぼすのかをさらに検証するため，Sparks等（Sparks et al., 2006, 2008, 2009, 2011）は，アメリカ中西部の公立校の子どもから，6歳時のL1（英語）の言語能力と，15歳時の言語適性，及び2年間の外国語学習を終えた16歳時のL2（スペイン語・フランス語・ドイツ語）の熟達度との関係を縦断的に調べている。L1については，英語の読解，聴解，綴り字，語彙や，認知スキル（知能）の標準化されたテストが用いられた。言語適性はMLATにより測定された。また，L2の熟達度はACTFLのガイドラインに基づき3言語で並行した4技能のテストが開発された。その結果，L2の熟達度における個人差は，単語・非単語の音読課題やテキスト理解から成るL1の読みのテストにより説明することができ，これらの要因は言語適性にも寄与していることが示された。ここでも，知能とL2学習の関係は見いだせず，L1のリテラシースキル，特に音韻処理能力がL2のリテラシースキルのみならず口頭能力の発達にも影響を及ぼすことが確認された。

　L1とL2の関係を調べた研究は欧米語間のものが多いが，L1がヘブライ語，L2が英語のイスラエルの小学生の調査（Kahn-Horwitz, Shimron, & Sparks, 2006）においても，L1の単語認知や音韻意識の発達レベルがL2のリテラシースキルに影響を及ぼしていることが示されている。Sparks等の外国語学習障害の一連の研究の他にも，Tarone & Bigelow（2005）が，L1リテラシーと習得に関する文献調査を行い，L1のリテラシーの発達がその後のL2の口頭の言語処理に重要であることを指摘している。また，Ravid & Tolchinsky（2002）は，L1で文字学習を始めることにより，それまで発話の意味にしか興味がなかった子どもが，言語の内的構造などにも注意を向けるようになり，言語に対する分析的な認識も深まるのではないかと述べている。よって，L1のリテラシースキルは音韻処理能力の発達を促し，L2スキルのあらゆる側面への影響が大きいと考えられる。

　以上のようなことを鑑みると，L1もL2も言語学習の根底に，言語処理の核となる共通の基本的認知能力が存在すると考えられる。そして，L1においては個人差が小さくて，その影響は表面化しないことも多いが，L2では基本的認知能力の影響が出やすく，L1健常児の中でも個人差が拡大すると考えられる（図2-1参照）。学習障害であるディスレクシアは，先天的な脳の異常などを原因とする場合が多いが，環境的な要因で後天的にもディスレクシアになり得ると

されている。幼少時の海外移住などにより，後天的にL1でディスレクシアと同様の問題を抱え，L2学習にも影響が出ることもあると考えられる。

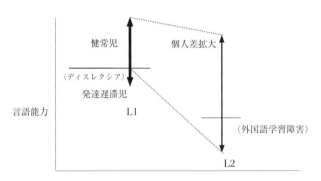

図2-1　L1とL2の個人差（小柳，2012a）

3.3　言語適性と年齢

既存の言語適性テストは，言語学習経験や情意的要因を弁別できていないという批判（Skehan, 1989）があったことは前に述べたが，言語適性が生得的で人生において不変のものなのか，あるいは言語学習の経験を積めば，時間とともに改善されるものなのかという問題には，研究者間でも異なる見解が存在する。前節の外国語学習障害の研究によると，言語適性はL1とも関連があり，少なくとも人生の早い段階で固定されたもののように思える。同じく前述のHarley & Hart(1997)も，言語適性を個人内で固定されたものだととらえていた。MLAT開発者のCarroll(1973)も，外国語の適性はむしろL1能力の残留したものではないかとしていた。事実，Skehan(1986, 1989)は，イギリスで行われたブリストル言語プロジェクト（Wells, 1981, 1985）の成果を基に，3歳半の時点のL1の統語発達段階（形態素の豊かさ，名詞節の複雑さなど）と13〜14歳時の外国語の適性テストに0.40程度の相関が見られたことを示している。そして，言語適性とL1発達段階の相関は，言語適性とL2の到達度の相関よりむしろ高かったとしている。つまり，生得的に，あるいは生後早い段階で固定された，L1にもL2にも共通の基本的な認知能力が存在することが示唆されるのである。

3.1で言及したDeKeyser(2000)は，SLAの臨界期が存在し，年齢が若ければ言語適性の影響は受けないが，思春期以降になると言語適性が重要であるとの主張をしていた。しかし，Ortega(2009)は，DeKeyserの15歳以下の参加者

のデータは，一人を除き言語適性も文法性判断テストもスコアが狭い範囲内に集中しているために統計上の相関が出なかったのではないかと疑問を呈している。また，Bialystok(2002)も，DeKeyser のデータはある時点で学習が止まった，あるいは学習曲線が急激に変化したという事実は示されていないので，臨界期を証明したことにはならないと主張している。

　このような論争がある中で，Abrahamsson & Hyltenstam(2008, 2009)は，臨界期仮説の実証研究では "nativelike" と "near-native" が混同されているという問題点を指摘した上で，DeKeyser(2000)の再検証を行っている。彼らは，参加者を絞る段階で厳密なスクリーニングを実施した。まず，ストックホルム在住の自称 nativelike というスウェーデン語の L2 話者(L1はスペイン語)195人の発話と母語話者の発話の録音テープを，語学の専門家ではない一般の母語話者10人に順不同で聞かせ，母語話者がどうかを判断させた。そして，母語話者と判定された L2 話者104人の中から，学習背景などのバランスを考慮して42人を選び，本調査の参加者としている。参加者は，MLAT に基づいたスウェーデン語版の言語適性テストと文法性判断テストを受けた。DeKeyser(2000)の調査で用いた文法性判断テストの項目は易しすぎて参加者間の差異が出なかったのではないかと指摘し，この調査では，複雑な構文を含めて言語的に難易度が高いテストにしている。

　その結果，Abrahamsson & Hyltenstam(2008) では，near-native と判定された L2 話者の中で，到着年齢が12歳以上のグループ(11人)は全員が平均以上の言語適性を示したが，11歳以下のグループ(31人)は言語適性テストの成績は広範囲に分布していることがわかった。つまり，年齢が低ければ言語適性に関わらず言語を習得できたが，年齢が高くて near-native レベルに到達するにはやはり言語適性が重要だったということである。しかし，文法性判断テストの成績は，11歳以下では42％が，12歳以上では64％が母語話者の平均を下回っていた。通常の発話では母語話者と判別がつかない L2 話者でも，直観的な文法知識は，やはり母語話者より劣っていたのである。また，到着年齢が11歳以下でも，言語適性が高いほど文法性判断テストの成績も高い傾向にあった(12歳以上のグループは，人数が少ないこともあり相関は見いだせていない)。母語話者においては，言語適性と文法性判断テストの相関は見られなかった。Abrahamsson & Hyltenstam(2009)は，発話の音響的分析などを用いて，より詳細に言語的特徴を調べているが，厳密に発音を音響的に分析すると，やはり nativelike とは言い難かったのである。よって，L2の熟達度のゴールとして

nativelike はほとんど不可能だとしている。

　また，言語適性を習得ではなく，言語喪失(language attrition)の観点から見た研究もある。Bylund, Abrahamsson, & Hyltenstam(2010)は，L2コミュニティに移住しL1環境から離れた場合の，L1喪失の程度と言語適性との関連性を調べている。調査参加者はスペイン語がL1でスウェーデン語がL2のスウェーデンへの移住者25人である。L2の学習開始時期は1～11歳(平均5.72歳)で，スウェーデンの居住歴は12～34年(平均24.6年)に及び，全員がスペイン語の母語話者に近い(near native)話者であった。チリ在住のスペイン語(L1)話者15人を統制群とした。言語能力は聴覚呈示のスペイン語の文法性判断テストにより，また，言語適性はMLATを基に開発されたSwansea言語適性テストにより測定された。その結果，文法性判断テストで測ったL1の言語能力と，L2学習開始年齢や居住年数との相関は見られなかったが，言語適性とは正の相関が見られた。よって，思春期前に移住した場合でも，言語適性が高ければL1の維持も可能で，L2の習得もうまくいくとしている。しかし，言語適性が低ければ，L2開始年齢が低い場合でも，L1，L2共，言語適性の影響を受ける可能性が高くなり，L1を維持するには，移住後もL1との接触を維持することが重要になると述べている。

　このような研究を総括すると，SLAは年齢に関わらず言語適性の影響を少なからず受けると言える。また，言語適性はある程度，生得的なもの，あるいは人生の早い段階で固定され，不変である可能性が高いと推察される。ただ，最近は，これらの研究に使用された言語適性テストや言語能力の測定方法，測定領域などが結果に影響を及ぼした可能性も指摘されている。例えば，Granena(2014)は，年少でL2を始めた学習者に言語適性とL2最終到達度(ultimate attainment)に関連があるかを調べている。先行研究では，文法的な直観を測るとされる文法性判断テストがしばしば使用された。しかし，DeKeyser(2000)やAbrahamsson & Hyltenstam(2008)は，参加者に時間制限を設けていないので，明示的知識の使用を誘発した可能性を指摘している。それで，Granena(2014)は，3歳以降にスペイン語(L2)学習を開始した継起的バイリンガル(L1中国語)50人に，コンピュータによる音声呈示で時間制限ありの文法性判断テストと時間制限なしの文法性判断テストの両方を実施した。調査対象の項目は，文法的一致に関する項目三つ(性・数・主語―動詞)と，意味的に難しい項目三つ(接続法，アスペクト，受け身)であった。統制群としてスペイン語(L1)話者のグループも同様のテストを受けた。言語適性については，LLAMA

(Maera, 2005)という，MLATをベース開発されたが，特定の言語に依存せずに言語適性を測ることができるテストを使用している。その結果，時間制限なしの文法性判断テスト，つまり明示的知識の使用が可能なテストでは，言語適性との有意な相関が見られ，特に文法的一致との相関が高く，屈折形態素の習得は年齢の影響を受けやすいとしている。年少でL2を始めた学習者であっても，統制群と比較すると文法性判断テストのスコアはずっと低かったという。一方，時間制限ありの文法性判断テストでは言語適性との相関は見られなかった。よって，前者のように，言語能力を測るテストが学習者の明示的知識の使用を引き出すような課題の場合は，言語適性との関連が見られたということである。

　Granena & Long(2013)は，中国語(L1)話者で，スペイン在住の平均が13.71年のバイリンガル65人のデータを集めた。参加者には，文法性判断テスト以外にもオラルのナラティブや語順タスクや文法的性の付与などの課題を課し，音声，語彙，コロケーション，形態素，統語について分析している。その結果，言語適性は語彙やコロケーションとの相関はあるが，形態素や統語との相関は見られなかった。Granena(2013a)も同様の結果を得ている。ただし，Granena & Long 自身もテストに天井効果があったことを認めている。これらの言語適性と年齢の関係を調べた研究は，最終到達度の操作上の定義や言語能力及び言語適性の測り方も異なるので，結果を一般化するのは時期尚早であろう。しかしながら，年少者でも，大人と同等ではないにしろ，言語領域によっては言語適性から何らかの影響を受けている可能性が高い。

3.4　言語適性と学習経験

　言語適性は生得的なもの，少なくとも人生の早い段階で固定されるという見解がある一方で，対照的に，言語適性は言語学習経験とともに改善されるとする見解も存在する。確かに，一般人の知恵として，言語を多く学べば学ぶほど，一つの言語を習得するのに要する時間は短縮されると言われるし，何か国語もマスターして外国語の天才と呼ばれる人もいる。知性研究の第一人者のSternberg (1983, 1984, 2002など)は，一般知性の研究から言語適性にも研究を発展させ，言語適性は経験を通して変化し得るものだとしている。Sternbergの定義によると，知性とはインストラクションからどれだけ恩恵を受けられるかという潜在能力をさし，言語適性もやはり，言語学習からどれだけ恩恵を受けられるかという潜在能力によって示される。Sternberg 等は，言語学習の潜在能力を測定するために，CANAL-FT(Cognitive Ability for Novelty in Acquisition of

Language as applied to Foreign Language Test)というテストを開発し，新たな言語適性の枠組みを提案している(Grigorenko, Sternberg, & Ehrman, 2000; Sternberg & Grigorenko, 2002)。このテストでは，学習者は実際に未知の人工言語 Ursulu の学習を体験し，その中からどれほど学べたかで適性が評価される。過去の言語学習経験が異なれば，未知の言語に対する学習能力も異なる可能性がある[6]。

言語習得とは専門性を発達させる一つの形態で，新奇性や曖昧性に対処できる能力，つまり知性の経験的側面を必要とするものだという前提の下に CANAL-FT は開発された。よって，学習する言語の数が増えれば，経験知が生かされ，言語適性も変化するものだと考えられた。Sternberg 等は，知識習得過程を言語学習に応用し，以下の五つの過程をテストでも測定しようとしたのである。テストの中では，①コンテクストにおける新奇の造語の意味学習，②パッセージの意味理解，③対連合学習，④文の推測，⑤言語規則学習の五つの要素が測定された。Grigorenko, Sternberg, & Ehrman(2000)は，CANAL-FT のテストの妥当性を検討し，外国語を多く学んでいるほど CANAL-FT の成績が高かったが，従来の言語適性テストである MLAT とは無関係だったと主張している。

知識習得過程
 1) 選択的符号化(selective encoding)：
  入ってくるデータの中から重要な情報を選択する
 2) 偶然的符号化(accidental encoding)：
  文脈を理解するための二次的情報を符号化する
 3) 選択的比較(selective comparison)：
  既知情報が遂行すべき課題に適切かどうかを判断する
 4) 選択的転移(selective transfer)：
  学習または推論した規則を新しいコンテクストや課題に適用する
 5) 選択的結合(selective combination)：
  それぞれの情報を統合して新たな知識構造を作り出す
        (Sternberg & Grigorenko, 2002)

---

6) CANAL-FT は，テスト内容を詳細に説明した論文や書籍はあるが，残念ながら，テスト自体は一般公開されなかった。そのため，その後の研究上の進展があまり見られなかったという指摘がある(Dörnyei & Ryan, 2015)。

CANAL-FTの言語適性テストとしての妥当性については，Thompson (2013)によって再検証されている。参加者は，家庭でブラジルのポルトガル語 (L1)を使用し，ブラジルの大学で英語を履修する学生79人であった。79人中 39人は英語をL2として学び，40人は英語がL3であり，英語以外の外国語の学習経験をすでに有していた。この研究で「マルチリンガル」の操作上の定義は， L1以外の言語を学んだ経験があることと，その経験が英語を学ぶのに役立っていると肯定的に自覚していた（Perceived Positive Language Interaction: PPLI）という二つの条件を満たすことであった。この調査では，外国語学習経験はあっても，その経験を肯定的にとらえていない参加者はL2学習者と判断された。言語適性はCANAL-FTで測定され，英語のL2学習者とL3学習者の比較がなされた。また，参加者のうち29人には半構造化インタビューも行い，量的データの解釈を補っている。その結果，L3学習者の方がCANAL-FTのスコアが有意に高く，L2接触の量が限られた外国語学習環境でも，学習経験は言語適性に影響を及ぼしていることが明らかになった。また，PPLIの特徴を備えていることは言語適性があることの証であり，逆に言うと，PPLIがないと本当のマルチリンガルとは言えないのではないかとしている。外国語を多く学ぶと言語適性も改善されるのかという問いは，今までSLA研究で厳密に検証されてこなかったが，おそらく，外国語を多く学べば，言語学習のコツ，つまりメタ認知的なストラテジーが改善されるのかもしれない。今後の研究では，言語適性の中でもどのような構成要素が生得的で変えることが難しいものなのか，もしくは，どのような構成要素が学習経験により改善されるのか，さまざまな角度から検討する必要があるだろう。

3.5　暗示的学習における言語適性

　SLAにおいて言語適性の影響をどの程度受けるかは，移住者のL2の研究を見る限り，思春期あたりの言語習得の敏感期[7]（sensitive period）を境に変化が生まれるようである。しかし，移住者の研究では，調査結果に必ずしも一貫性が見られない。例えば，前述のDeKeyser(2000)，DeKeyser et al.(2010)は，思春期までは言語適性の影響を受けないが，それを過ぎると言語適性の役割，特に言語分析能力が重要だとしていた。一方，Abrahamsson & Hyletenstam

---

[7]　SLAはある時期からピタリと習得が止まるわけではなく，言語領域においても習得可能な時期は異なるとされ，「臨界期(critical period)」という意味合いの強い用語の代わりに「敏感期(sensitive period)」という語が好まれるようになっている。

(2008)は，思春期前でも，難易度の高い項目を含む文法性判断テストや発話の音響的分析などにより厳密に言語能力を測ると，思春期前でも言語適性の影響を受けるとしていた。また，Granena(2013a)やGranena & Long(2013)のように，適性との関係を見いだせなかった研究もある。研究結果の不一致は，3.3でも述べたように，それぞれの研究で使用された言語適性テストや，言語の熟達度を測るテストの種類や方法が異なることが一因であることが指摘されている。移住者は，教室学習をする機会もあるが，長年居住しているので，自然習得環境において，むしろ暗示的学習をしている時間が長い。自然習得環境では，規則の提示から始まる明示的，演繹的学習を伴わない暗示的学習であるからこそ，自ら音や形態素，統語のパターンを見いだしていける能力が必要なのだと考えられる。さらに，教室習得であっても，近年SLAから提唱されているタスク・ベースの教授法は，暗示的な帰納学習を促進することを重視しており，暗示的学習の言語適性の構成要素を明らかにする意義がある。

　近年は，その暗示的学習を支える言語適性を直接測ろうとする研究も登場している。第1章でも概観したように，明示的学習 vs. 暗示的学習の対比はSLAにおいて議論の絶えない問題である。Woltz(2013)は，これまでの知性や言語適性を測るテストは明示的学習に有利に働く構成要素から成り，暗示的学習の成否を予測するには不十分だとしている。言語適性に限らず，認知心理学では，複雑な認知スキルの習得には暗示的学習が有利だとされ，それを支える適性に関心が集まっている(Cherry & Stadler, 1995; Jiménez, 2002; Kaufman et al., 2010; Pretz, Totz, & Kaufman, 2010など)。暗示的学習は，意識的なアウェアネスの外で起こり，学習したという自覚がなくても，規則性があり，誤りのないパフォーマンスにつながるものである。記憶素材の再生や認識(recognition)テストで測定できるのは，明示的学習に関連する宣言的記憶であるが，暗示的学習に関わる非宣言的記憶(または潜在記憶)は，プライミング(＝先行刺激の処理が後続刺激の処理に学習促進効果をもたらすこと)でしばしば測定される。また，暗示的学習のプロセスは，与えられた認知課題において試行を繰り返す中で，課題に対する反応時間や誤答率の減少曲線で示されることが多い。

　Granena(2013b)は，暗示的学習の典型的な形態であるシークエンス学習のパラダイムを取り入れ，SLAにおいて暗示的学習に必要な基本的認知能力とは何かを探っている。SLAにおけるシークエンス学習能力とは，暗示的な言語学習と処理に適切だと推定される知的な適性のことで，厳密に言うと「暗示的な帰納的推論を通してインプットからパターンを習得する能力」のことである

(Granena, 2013b)。SLAを項目ベースの連合学習でとらえる用法基盤モデルでは，L2学習をシークエンス学習ととらえ，音声言語のインプットからパターンを学ぶことを重視している（N. Ellis, 1996, 2002; 小柳, 2016b, c）。Speciale, N. Ellis, & Bywater（2004）は，音声的シークエンス学習の能力が，L2の語彙習得の予測変数であることを報告している。この能力は一度しか聞いたことがない音のシークエンスと後から聞かされた音のシークエンスの間の一致・不一致を判断するという方法で測定される。音韻的短期記憶を測る非単語反復課題は，貯蔵の容量を示しているが，音声的シークエンスの学習能力の方が語彙習得に重要だったとしている。よって，シークエンス学習の能力は，暗示的学習に必要な新たな言語適性だと考えられる。

　Granena（2013b）の研究では，中国語（L1）とスペイン語（L2）の継起的バイリンガルに電話インタビューを行い，母語話者のスピーチだと判定された100人が参加者に選ばれた。参加者は全員18歳以上で，スペイン滞在歴が5年以上あった。そのうち，半分が3～6歳時にL2学習を開始し，L2環境でスペイン語をほぼ自然習得していた。残る半分は16歳以上でL2環境に移住し，教室学習を経験しつつも，大半は自然習得環境で過ごしていた。調査には，統制群として20人のスペイン語の母語話者も参加している。シークエンス学習能力は二つのタイプのテストで測定され，一つ目は音声言語からパターンを見つけ出す能力を測定するLLAMA（Maera, 2005）という言語適性のサブテスト（D）が用いられた。これは，音のシークエンスが既知か新奇かを見分ける認識テストで，形態素のバリエーションを見つけ出すことにつながるとされている。もう一つは，視覚的シークエンス学習で，認識テストの正答率と反応時間が測定された。これは，コンピュータ画面で形状のシークエンスを見せられ，視覚的キューの場所に対応するキーを押す課題である。認知心理学における確率的な連続的反応時間（probalistic serial reaction time）のパラダイムをベースにしたもので，コンピュータの画面上で，非言語的刺激が生起し得る位置を，キーで即座に反応し，パターンを見つけ出すプロセスを検証するものである。言語能力は，まず，単語モニタリング課題により，視覚的に呈示されたターゲットの単語をモニターしながら，目標言語構造が含まれた文を耳で理解する課題で，反応時間が測定された。これは，言語処理のオンライン測定において暗示的知識を間接的に測るもので，非文法的な文を聞いた場合は反応時間が長いと仮定された。このテストに引き続き行ったメタ言語的知識のテストは，参加者の自己ペースによるコンピュータ画面上の文法性判断テストで，誤りがあれば特定して文法

規則を記述することが求められた。言語能力測定の対象項目は3.3のGranena (2013a, 2014など) でも用いた，スペイン語の文法的一致に関するもの3項目と，意味的に難しいもの3項目であった。

その結果，音のシークエンス学習能力と早期L2学習者のメタ言語的テストの文法的一致に関する構造のスコアに有意な関連が見られ，Granenaは早期の学習者は，明示的学習に有利とされるメタ言語的テストでも暗示的知識により回答したのではないかと述べている。視覚的シークエンス学習能力については，学習開始時期が遅い学習者に，単語モニタリング課題における文法的一致に関する構造のテストスコアと有意な関連が見られた。また，シークエンス学習能力は，統制群であった母語話者のスコアには影響が見られなかったという。したがって，Granenaは，シークエンス学習能力は早期にL2学習を始める場合も遅く始める場合も，L2の最終到達度に影響を与えるのではないかとしている。よって，DeKeyser et al. (2010) とは異なる結果となり，Abrahamsson & Hylstenstam (2008) を支持したことになる (ただし，調べた対象の言語構造や適性，言語能力の測定方法は異なることは留意する必要がある)。

これらの研究から，子どもの言語習得においても，思春期以降の大人と影響の受け方は異なるが，何らかの言語適性の影響はあるということが示唆される。さらに，言語適性の影響を受けやすい言語形式と，影響を受けにくい言語形式があり，特に屈折形態素の習得は言語適性の影響を受けやすいことが示されたと言える。いずれにしても，SLA研究における暗示的学習に必要な言語適性の研究はまだ不十分で，さらなる検証が必要である。また，第1章の1.3.2で述べたように，暗示的学習に統計学習のメカニズムも取り込んで習得をとらえると，統計学習によるパターン発見の能力についても，根底に何らかの根本的な認知能力が関わっている可能性がある。学習条件により必要な言語適性の構成要素が異なるという議論については，5.1及び第3章でもさらに詳細に扱う。

4. 言語処理から見た言語適性

4.1 言語発達段階と言語適性

Skehan (1998) は，長期的にSLA過程を見た際に，発達段階に応じて言語適性の中のどんな構成要素がより重要であるかが変化すると見ている。Skehanのモデルによると，図2-2が示すように，習得初期には「音声符号化能力 (phonetic coding ability)」が重要で，習得が進むほど「記憶」の重要性の比重

が増し，また「言語分析能力(language analytic ability)」はどの段階でも一貫して重要だが，習得が進めば進むほどより重要になるとしている。Skehan(1986)は自らの過去の研究を基に，記憶か言語分析能力のどちらかが優れていれば，言語学習において成功する可能性が極めて高いと見ている。

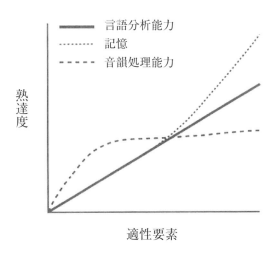

図 2-2　適性要素と熟達度の関係(Skehan, 1998, p. 217)

　向山(2013)は，日本語学校の学習者(L1中国語)を15か月にわたり調査し，このモデルを検証して，概ねSkehan(1998)を支持する実証結果を得ている。向山の研究では，音声符号化能力を非単語再生による音韻的短期記憶で，言語分析能力を日本語習得適性テストの一部で，記憶をリーディングスパンテストによる作動記憶(WM)の容量で測っている。向山(2013)は，さらに，日本語学校における中国語(L1)話者の日本語能力の発達過程において，音韻符号化能力と記憶のどちらかが弱くても，言語分析能力が高ければ弱点をある程度補って習得が進むことも示している(本書第3章で詳しく論じる)。
　一方，Serafini & Sanz(2016)は，向山とは定義が異なるが，WMの容量について異なる主張をしている。Serafini & Sanzは，アメリカでスペイン語学習者の初級，中級，上級の三つのグループから一学期に3回，3.5か月にわたりデータ収集を行うことで，横断的研究ながら，縦断的研究に近いデータを収集しようと試みている。この研究では，「WMの容量」の操作上の定義を「貯蔵と処理を同時に行う能力」とし，L1(英語)により，WMの実行機能を測る演

算スパン(operation span)テストと,音韻的短期記憶を測る数唱(digit span)テストが用いられた。スペイン語については,一学期に3回,文法17項目について暗示的知識を測るとされる口頭の模倣テストと,明示的知識を測るとされる時間制限なしの文法性判断テストの結果との関係を調べている。その結果,学習者の熟達度が低い場合は,音韻的短期記憶に優れている方が習得に促進的な効果が見られたが,熟達度が上がるにつれ,音韻的短期記憶との関連は減少したとしている。WMの実行機能については,明確な結果は出ていない。Serafini & Sanzの音韻的短期記憶は,向山(2013)に示されるように,音韻符号化能力ととらえるべきものに思われる。Skehanのモデルで,上級になるほどより重要とされる「記憶」を何で測定すべきかということも検討の余地がありそうだ。

表2-1 SLAの段階と適性の構成概念
(Dörnyei & Skehan, 2003, p. 597; 小柳訳)

SLAの段階	対応する適性の構成概念
分節化などのインプット処理ストラテジー	注意制御 作動記憶
気づき	音声符号化能力 作動記憶
パターンの同定	音声符号化能力 作動記憶 文法的感受性 帰納的言語学習能力
パターンの再構築と操作	文法的感受性 帰納的言語学習能力
パターンの制御	自動化 統合記憶
パターンの統合	チャンキング 検索記憶

Skehan(2002)は,この三つの構成要素を言語処理の異なる側面と関連づけている。音声符号化能力はインプット処理,特に聴覚処理段階に重要であるとしている。言語分析能力は,言語体系の心的表象を形成する中央処理段階に,また,記憶はそのような表象からの検索,つまりアウトプットや流暢さに関わるものだとしている。Skehanは,SLAのプロセスを情報処理のメカニズムととらえ,言語適性もそのメカニズムの中で関連づけようとしたのである。さ

らに Dörnyei & Skehan(2003)は，表 2 - 1 のように SLA の情報処理モデルに照らして，処理の段階に応じた言語適性の構成要素を提案している。

　Skehan の提案する枠組みは，情報処理の段階に応じた言語適性の構成要素を示した点で有意義だが，さらなる検討が必要であると思われる。例えば，Skehan(1998, 2002)は学習初期に重要だとされる音声符号化能力を，「インプットを処理して分節化[8](segmentation)を行い，リアルタイムで聴覚素材に対処する能力」だととらえている。しかし，音韻処理に関わる能力は，目標言語の音韻体系の音を知覚的に区別する能力や，音韻的要素を正しく構音する能力など，さまざまな下位スキルが含まれ，Skehan の定義は曖昧である。例えば，心理学分野で開発された音韻処理能力のテスト(Comprehensive Test of Phonological Processing: CTOPP)(Wagner, Torgesen, & Rashotte, 1999)では，測定すべき下位スキルとして以下の三つをあげている。

a）　音韻意識：音声言語の音構造へのアクセスやその認識
b）　音韻記憶：WM もしくは短期記憶への一時的な貯蔵のために情報を音韻的に符号化すること
c）　迅速呼称：長期記憶からの効率的な検索

Wagner 等によると，L1初期の発達段階では三つの要素が相互に作用しながら発達するが，言語発達とともに相関が弱まり，それぞれが独立した音韻処理能力だという。

　Skehan の「音声符号化能力」の定義は，確かに b)の音韻記憶に近いが，分節化を行うという意味では a)の音韻意識(phonological awareness)にも関連がありそうである。また，音韻記憶(phonological memory)はそもそも WM の一部である音韻ループの働きであり，「音声符号化能力」と「記憶」のどちらにも関連している。さらに，c)の迅速呼称(rapid naming)は，検索という意味でSkehan の定義する「記憶」に関わっているようにも思われる。また，言語分析能力は中央処理段階に重要だとしているが，情報処理を管理する働きのある WM のサブコンポーネントの中央実行系との関連は不明である。さらに，記憶の働きは検索のみではなく，記銘，貯蔵から検索に至るダイナミックなプロセ

8）　分節化(segmentation)とは，韻律的情報を基に語構造を分析して語の単位を認識するプロセスのことで，L1習得の初期に重要だとされている。スピーチの流れの中から認識できた単語が取り出せるようになると，単語内部の音韻構造の分析がさらに進む。

スであるが，Skehan の「記憶」の定義は検索のみに焦点が当たっている。よって，Skehan の提案する音声符号化能力，記憶，言語分析能力は確かに言語適性の大きな柱だと言えるが，それぞれを構成するものが何なのかをもっと明確にする必要があると考える。次項では，これらの言語適性の構成要素をさらに詳細に検討してみたい。

4.2 言語処理における基本的認知能力
4.2.1 音韻処理能力

一口に音韻処理能力といっても，その中にはさまざまな能力やスキルが含まれる。例えば，音素の並びを正しく構音する能力，音素の配列通りに口頭で再生する能力，目標言語の音韻体系の音を知覚的に識別する能力，目標言語に特徴的な音韻の規則性を抽出する能力，同一言語内の音韻的変異に対応する能力などである。前述の通り，CTOPP というテストでは，大きく分類すると，音韻記憶，音韻意識，迅速呼称という3種類の音韻処理能力を測っている。しかし，音韻記憶以外は SLA のコンテクストであまり論じられてこなかった。よって，教育心理学や認知心理学など周辺領域の関連文献にもあたりながら，音韻記憶のみならず，音韻意識や迅速呼称が SLA の個人差を生む言語適性になり得るかを検討する。

4.2.1.1 音韻的短期記憶

音韻処理能力の中で，SLA との関連で最も研究されてきたのは，音韻的短期記憶(phonological short-term memory: PSTM)である(N. Ellis, 1996のレビューを参照)。PSTM は WM のサブコンポーネントである音韻ループの働きに関わっている。音韻ループは，音韻ストアと構音リハーサルの二つのシステムから成り，前者は言語情報を短期間(約2秒)保持する貯蔵庫で，後者は音韻ストアの中身を2秒以上維持できるよう再活性化する役割がある。通常，PSTM は，聴覚的に呈示された非単語を即座に反復する課題により測定される。Baddeley, Gathercole, & Papagno(1998)は，L1の子ども及び大人，言語障害者の PSTM と語彙学習の関係を調べた研究を概観して，PSTM は新しい音韻素材の迅速かつ効率的な学習と関係が深く，語彙の習得に大きな役割を果たすとしている。Baddeley et al.(1998)は，子どもはリハーサル機能がまだ十分に発達していないため，L1では PSTM の貯蔵機能の方がより重要だとしている。L1における PSTM と語彙知識との相関は早くから証拠が蓄積されてき

た。さらに，読みに困難を示すディスレクシアはPSTMのスパンが小さく，統語発達が遅れることから，PSTMと統語発達との関連も指摘されている。実際，年少者のPSTMと文の長さによる文処理の正確さ(Willis & Gathercole, 2001)や，統語の発達(Marchman & Bates, 1994)，統語的に複雑な構文の生成(Adams & Gathercole, 1996, 2000)との関連を見いだした研究もある。よって，Baddeley et al.(1998)は，音韻ループが「言語学習装置(language learning device)」であり，言語習得における重要な役割を果たすと主張している。

　L2においても，PSTMと言語能力との関係に研究の関心が集まり，特に子どもの習得において，学習初期のPSTMは語彙の習得との相関が高いことが明らかになった(Masoura & Gathercole, 1999, 2005)。また，初期のPSTMは後の小学生のL2能力を予測できる(Duvfa & Voeten, 1999; Service, 1992: Service & Kohonen, 1995など)という実証もある。さらに，French(2006)は，小学生(L1フランス語)の英語(L2)集中コースにおいて，PSTMとコース終了時の文法知識との相関が高く，英語の語彙知識から来る要因を排除すると，PSTMが文法発達の説明変数になっていることを示している。L2においてもPSTMは，語彙，さらに文法の習得においても重要であることが示唆される。

　L2の大人においては，優れた言語の使い手はPSTMも優れているという事例がある。例えば，Papagno & Vallar(1995)によると，マルチリンガルはモノリンガルよりPSTMに優れ，L2の語彙学習にも優れているという。Christoffles, de Groot, & Kroll(2006)は，通訳はL2教師よりL1においてもL2においてもPSTMが優れているとしている。このような事例に加え，実験室研究においても，PSTMがL2の語彙習得(Atkis & Baddeley, 1998; Speciale, Ellis, & Bywater, 2004など)や文法の習得(Ellis & Schmidt, 1997; French & O'Brien, 2008; Mackey et al., 2002; Williams, 1999; Williams & Lovatt, 2003)を予測することが示されている。さらに，実験室研究のみならず，通常の教室学習者についてもO'Brien, Segalowitz, Colletine, & Freed(2006)やO'Brien, Segalowitz, Freed, & Colletine(2007)が調査を行い，PSTMと発話の関係を探っている。

　O'Brien et al.(2007)の調査対象は，北米の大学でスペイン語の履修2学期目の教室学習者43人で，そのうち18人が国内残留組，25人がスペインへの短期留学組であった。PSTMは連続的非単語認識(serial nonword recognition)課題で測っている。これは，口頭産出を求める従来の非単語反復課題と異なり，非単語をいくつか含んだ流れを二つ聞いて，単語の呈示順序が同一かどうかを判定するものである。この課題を用いたのは，長期記憶の語彙知識や音素配列

の知識などの影響を受けずに純粋なPSTMが測定できると考えたからである。参加者には，学期の始まりと終わり(授業開始後13週目)に連続的非単語認識課題とオーラルインタビューを実施した。発話はACTFL-OPIによるもので，テープの発話20〜30分のうち4分を抽出し，全体的な口頭能力として，抽出した4分内の単語数，最長の話順(turn)の単語数などを，また流暢さとして，話す速度(1分あたりの単語数)や，ポーズやフィラーがなく一気に話した時の発話の長さを算出した。その結果，留学組は2回目の測定時に口頭の流暢さのスコアが国内残留組より高くなり，PSTMと流暢さに高い相関があることが明らかになった。回帰分析の結果，流暢さの改善に最も説明力があったのは学習環境であったが，学習環境の影響を差し引くと，PSTMが重要な説明変数になることがわかった。つまり，大人の言語スキルの発達は，少なくともL2の熟達度がまだ低い場合，PSTMとの関連が大いにあったということである。

　O'Brien et al.(2006)は，O'Brien et al.(2007)と同一のデータを用いてO'Brien et al.(2007)とは異なる発話の側面とPSTMの関係を調べている。ここで分析したのは，産出語彙の数(異なり語数)やナラティブ能力(動詞の時制，3人称の形態素，過去分詞，現在分詞，現在完了と半過去など)と，14の屈折形態素の正用の数，従属節や等位節の頻度である。PSTMとの関係を分析すると，PSTMは自由形態素(機能語)や従属節の使用の説明変数であった。また，PSTMが低い学習者グループほどナラティブ能力との相関が高かった。一方，PSTMが高い学習者は，すでに文法能力を発達させているのでPSTMへの依存が低く，ナラティブ能力との関連が見られなかったのではないかとしている。また，PSTMが高い学習者は，表現を固まりで処理できるので，より複雑な発話が可能で，機能語も正確に使えていたことが示された。

　さらに，PSTMとコロケーションの産出との関係を調べた研究もある。母語話者の言語知識には文法知識にとどまらず，どんな単語が一緒によく使われるかという慣習的な知識，つまり「イディオム化能力(ideomaticity)」も含まれる。言語学習が進むと，L2学習者でもコロケーションを学んでいくと考えられるが，一定の年齢を過ぎると母語話者並みのコロケーションの習得は難しいとされている。Foster, Bolibaugh, & Kotula(2014)は，ロンドン在住の英語(L2)使用者40人と，ポーランド在住で，職場で英語を使用している40人とを比較している。その結果，12歳未満でL2学習を開始してロンドンに在住している参加者のみが，コロケーションに関して母語話者並みのレベルに到達していたことが明らかになった。12歳以降になると母語話者並みになるのは難しいが，

PSTM が，母語話者並みの単語の組み合わせを選択するコロケーション能力の唯一の予測変数であったという。よって，L2学習の開始が遅い場合は，優れた PSTM と L2イマージョン環境があることが，コロケーション能力の習得に必須だとしている。

　Bolibaugh & Foster(2013) も，同様の研究課題を扱い，ポーランド語(L1)話者で，13歳以降に英語学習を開始し，18歳以降にイギリスに移住した33人を30人の英語モノリンガルと比較している。全員が L2学習の開始時期が遅いグループの調査である。母語話者並みのコロケーションの選択能力は，テキストに埋め込まれた母語話者らしくない単語の選択を検出する課題で測り，PSTM は非単語反復課題で測定した。L2の学習開始年齢が遅い学習者は，イギリスに12年居住しても，語彙の選択能力において L1モノリンガルとは有意な差が見られたが，PSTM がコロケーションの語彙の選択能力に関する説明力が最も高かったことがわかった。PSTM は習得の初期に特に重要だとされるが，コロケーションの観点から見ると，PSTM は学習のスピードや最終到達度にも影響を及ぼし，L2学習全般に関わっていると言える。

　このように，PSTM は L2の語彙，統語，流暢さ，コロケーションなどの習得に影響を及ぼしているが，L1と異なり，L2の場合は，音韻ループの貯蔵機能ではなく，リハーサル機能がより重要だと考えられている。例えば，Ellis & Sinclair(1996)は，構音抑制によりリハーサルを阻止すると，L2の語彙学習も阻害されることを実証している。PSTM が語彙，さらに文法発達にも関連があることは，最近のコネクショニストや創発主義(emergentism)のインプット重視の用法基盤的アプローチの SLA 理論に照らし合わせると，理解できる(最近の動向は，小柳(2011, 2016b, c) 及び本書第1章を参照のこと)。Ellis(1996, 2001, 2012)は，PSTM の能力は，新しいチャンク(単語)の分節化を促進し，語幹や接辞などを見いだすプロセスに関わっているとしている。そして，リハーサルすればするほどチャンキングが進み，複数の単語のまとまった配列が抽出され，さらに統語の規則性も抽出されると見ている。チャンキングは，小さいチャンクをより大きいチャンクに統合していくプロセスなので，言語処理スキルの自動化にもつながる。チャンキングのメカニズムで SLA を見ると，文法は語彙習得の延長線上にあり，その習得のプロセスに PSTM が関与していると言える。ある特定の語の組み合わせに遭遇すればするほど，言語形式と意味の表象は強固になってコロケーションが形成されると考えられるので，チャンキング能力の個人差が言語学習に関わることになる。Dörnyei & Skehan(2003)

は，新しい言語適性として「チャンキング能力」や「統合記憶」をあげている（表2‐1参照）が，PSTMはそれらを含んだ言語適性の構成要素だと言える。

　近年，PSTMと文法学習との関係が，直接的なものなのか，あるいはL2の語彙知識の発達がまずありきで，語彙知識の影響を受けながら文法へもインパクトをもたらすのかということも研究課題となっている。PSTMのL2文法学習へのインパクトは，L2の語彙知識に左右されるとする研究（例えば，French, 2006; Service, 1992; Service & Kohonen, 1995）は多いが，文法への影響はL2の語彙知識からは独立したものだとする研究（French & O'Brien, 2008; Martin & Ellis, 2012）も少ないながら存在する。見解の相違が生じた理由として，文法知識をグローバルな正確さで測定した研究もあれば，特定の形態素や統語の知識を調べたものもあり，文法能力の測定方法が異なることがあげられる。そこで，Verhagen, Leseman, & Messer (2015) は，トルコ語 (L1) ／オランダ語 (L2) 話者で，平均月齢52か月の子ども36人と，比較対照群としてオランダ語 (L1) のモノリンガル34人のPSTMと語彙や文法との関係を検証している。PSTMは連続的単語再生課題と連続的非単語再生課題（オランダ語の音韻体系で生起する確率が高い非単語課題と，生起確率が低い非単語課題の2種類）で測り，参加者は1回に1項目から最大で7項目の単語を聞かされ，それを再生することが求められた。実在する単語の再生は，長期記憶の語彙の知識に依存しているが，非単語は語彙知識の影響を受けない課題として差別化したのである。文法知識については，絵本のストーリーの読み聞かせをした後に内容を再生させ，そのナラティブをオランダ語の主語と動詞の一致，助動詞，動詞の位置の3項目についてコード化した。その結果，単語再生と文法産出に有意な相関があり，語彙知識の影響を排除すると，単語再生が最も強い予測変数であることが明らかになった。非単語再生ではなく，最も言語に依存する単語再生が文法（拘束形態素，機能形態素，語順）のスコアに相関があり，一時的にL2素材を貯蔵する能力はL2の文法学習においても重要だということが明らかになった。

　では，L1で発揮されるPSTMの能力は，そのままL2に転移すると考えていいのだろうか。Williams (1999) は，L2のPSTMで新情報をとどめておく能力は，LTMの音韻知識に支えられているので，L2の場合はPSTMの能力とL2の語彙や音韻知識の発達とは相互作用があると見ている。L1と同等のPSTMの働きがL2でも発揮されるには，L2でもある程度の音韻知識を発達させている必要があるようだ。また，もう一つの疑問は，個々の言語それぞれの音声，音韻的な特徴によりPSTMの能力には言語の音韻体系による得手不得手があ

るかどうかである。Kovás & Racsmány(2008)は，音声・音韻的にL1(ハンガリー語)と親密度が高い非単語，L1と親密度が低い非単語，L1にはない子音配列の非単語，L1にはない子音を含む非単語を使って，PSTMを測る非単語再生課題の正確さを比較している。その結果，いずれの場合もPSTMの成績が落ちるのは，音韻的な親密度に関わらず，長さが6音節以上の場合であることが明らかになった。つまり，言語の音韻的な特徴に左右されるのではないということである。さらに，PSTMを縦断的に検証したFrench & O'Brien(2008)は，英語をL2として学ぶフランス語(L1)話者を対象に，5か月の英語の集中プログラムの最初と最後に英語(L2)とアラビア語(未習語)で非単語再生を行ったところ，アラビア語にはスコアの変化が見られなかったのに対し，学習中の英語には明らかな改善が見られた。しかし，学習開始時の英語とアラビア語の非単語再生の相関(.948)は極めて高いことがわかった。このような実証研究から，潜在的に言語学習に用いることができるPSTMは，言語に関わらず一定で，L1のPSTMはL2の習得を予測できることが示唆される。

4.2.1.2 音韻意識

　Skehan(1998)が習得初期に重要だとした音声符号化能力の定義は，PSTMに最も近いが，音韻処理に関わる能力はそれだけではない。L1では音韻意識の発達が読みの前提条件になることや，音韻意識の発達の遅れが読みの障害につながるとされている(飯高, 2006; 大石, 2001; Bruck, 1992; Hulme et al., 2002 など)。音韻意識とは「スピーチにおける単語の内的な音声構造に関する知識」(Hu, 2008)のことであり，また「スピーチの流れの中の個々の音韻ユニットを操作する能力」(Yopp, 1988)とも定義できる。音韻意識は，音素の混成，削除，抽出，分解などの課題により測定されるのが一般的である。3.2で述べたように，L1のリテラシーレベルは，L2のリテラシーのみならず口頭能力にも影響を及ぼすとされているが，Tarone & Bigelow(2004, 2005)は，L1における読みのボトムアップスキルとして不可欠な音韻意識が，後のメタ言語的アウェアネスの発達の基礎になるのではないかと論じており，L1の読解研究で主として議論されてきた音韻意識について，SLAにおいても検証する価値があると思われる。

　L1では，音韻意識は読解能力との関係について多くの研究がなされている。Hulme, Hatcher, Nation, Brown, Adams, & Stuart(2002)は，子どもの音韻処理の発達はより大きな単位からより小さい単位へと進み，より小さい音素単

位の認識は読みの学習とともに相互に発達するが，読解に入る小学校入学前後にすでに音韻意識を発達させていることが前提だとしている[9]。よって，音韻意識が初期の読解スキルの発達を予測でき，読解学習により音素レベルの音韻処理がさらに発達すると考えられる。また，Ravid & Tolchinsky(2002)は，音韻意識が読みの前提条件ではあるが，両者の関係は双方向で，読みを始めることでさらに音韻意識も発達，強化されるとしている。文字学習を始める前までは子どもは発話の意味にしか興味がないが，リテラシーの学習が始まると言語の内的構造についての明示的，分析的な認識が発達し始めるという。音韻処理能力の中でも PSTM は 3 ～ 5 歳時の語彙習得と関連性が高いが，それ以降は音韻意識が重要になり，その後の読解スキルの発達にも影響するという(Comeau, Cormier, Grandmaison, & Lacroix, 1999; Hu, 2003; Lindsey, Manis, & Bailey, 2003; Metsla, 1999など)。したがって，音韻処理能力の中でも，それぞれの構成要素は L1 の発達の過程で異なる影響を及ぼす可能性がある。

　SLA において個人差要因として音韻意識を扱った研究は少ないが，教育心理学の文献には L1 と L2 の関係を調べた研究がある。特に音韻的に親密度が低い(＝類似性が低い)新たな語彙の学習において，すなわち，L2 のように L1 と異なる音韻体系の言語を学ぶ場合には，音韻意識はより重要だと指摘されている(de Jung, Seveke, & van Veen, 2000など)。L1 の読解では，音韻意識の個人差が，擬似単語の音読課題で測定する単語認知(word recognition)に現れる。単語認知はボトムアップ処理の正確さや流暢さを示し，それが効率的な読みをも予測できる。よって，L1 の音韻意識が高い学習者は，L2 の音韻知識を発達させるのも早いのではないかと予測できる。そして，PSTM と同様，音韻意識は言語固有に発達するものではなく，L1 の音韻意識は L2 にも転移し，その根底には共通の音韻処理のプロセスがあると考えられている(Ciero & Royer, 1995; Comeau et al., 1999; Durgunoglu, Nagy, & Hancin-Bhatt, 1993; Lindsey, Manis, & Bailey, 2003など)。

　例えば，Durgunoglu, Nagy, & Hancin-Bhatt(1993)は，バイリンガルの小学一年生(L1スペイン語が優位，L2英語)で，教師が非流暢的な読み手と特定した27人に対して，L1スペイン語の音韻意識と L2 の熟達度の関係を探ってい

---

[9] 子どもの音韻的感受性は，語の認識で始まり，音節，onset/rime，そして音素へと発達するとされる(Anthony, Lonigan, Burgess, Driscoll, Phillips, & Cantor, 2002)。音韻論で onset/rime とは音節の内部構造を表すもので，onset とは語の最初の子音，rime とはそれ以下の母音とそれに続く子音(群)をさす。

る。調査の結果，L1の音韻意識は，L1及びL2の両方の単語認知と密接な関連性があることが明らかになった。Durgunoglu 等は，小学生が言語の構造的な組成がわかるようになると，音韻意識に見られるメタ言語的アウェアネスはL1からL2にも転移するとしている。よって，音韻意識は特定の言語に固有のものではなく，同様のタイプの処理が根底にはあるのではないかとしている。この研究では，音韻意識と口頭の熟達度との関係は見いだされなかった。Comeau et al.(1999)は，カナダの早期イマージョンプログラムの小学生(L1英語，L2フランス語)の音韻意識とL2の読みの関係を小学校時代にわたり縦断的に調べた。その結果，音韻意識が単語解読(word decoding)スキルで測ったL2の読みの強い予測変数であることが示されている。また，Wade-Woolley(1999)が，L2の読みの困難が音韻処理から来るものなのか，文字の問題なのかを検証している。L1がロシア語(正書法が英語に近い言語)の学習者と，L1が日本語(正書法が英語と全く異なる言語)の学習者の音韻処理能力とL2(英語)の読解能力の関係を調べたが，二つのグループの間にL2の単語認知課題での違いは見いだせなかった。したがって，L2の読みの困難は文字よりむしろ音韻意識から来るものであることが示唆される。

　では，音韻意識はL1とL2の読解のみならず，L2の発達にどう関わるのだろうか。この点について Hu(2003, 2008; Hu & Schuele, 2005)が，台湾の中国語(L1) 話者の音韻意識とL2(英語) の語彙学習との関係を調べている。Hu(2003)は，まず幼稚園児のL1の音韻処理能力を調べ，5歳ではPSTM が，5歳半では音韻意識がL2の語彙学習に重要であったことを示している。ただ，幼稚園児では音韻意識が発達途上の段階にあるため，Hu & Schuele(2005)とHu(2008)は，音韻意識が安定した小学3年生についても調査をしている。調査対象者148人に音韻意識のテストを行い，上位，下位25%に入った児童37人ずつを選んで比較した。その結果，L1の音韻意識はL2の語彙学習にも寄与し，その影響は1年後にも継続して及んでいたことが明らかになった。

　Hu 等は，音韻意識の問題は，音韻表象を指示対象に結びつけることの難しさではなく，新しい単語の音韻表象の構築が難しいことにあるとしている。単語を未分析のまま全体的な音韻表象としてとらえ，音声的文脈に依存して単語を認識するため，それを保持し再生するのが困難になる。その結果，インプットから音韻的規則性を抽出するのも遅くなり，なじみのない音韻体系を持つ新たな言語を学ぶ際には，音韻意識の弱さがいっそう問題になると考えられている。また，Hu(2008)の調査では，L1の音韻意識の弱さの影響はL2の語彙の理

解テストより産出テストに顕著に現れていた。よって，語彙や読解だけでなく，L2の文法発達，言語産出に音韻意識がどう関わっているかを研究する余地が残されていると思われる。

　3.2で言及したように，Tarone & Bigelow(2005)は，L1の音韻意識がL2の口頭産出にも関与している可能性を指摘しているが，実際に，Tarone & Bigelow(2004)は，アメリカにおけるソマリアからの移民を対象に調査を行い，L1でのリテラシー経験が乏しい非識字者は，L2の口頭スキルがなかなか発達しないことを示している。L1のリテラシースキルが十分発達しているということは，ボトムアップの音韻や綴り字の処理が発達しているということである。Bigelow et al. (2006)は，さらに，暗示的な否定フィードバックであるリキャストの気づきについて，ソマリアからの移民を対象に調べ，L1のリテラシーレベルが高いほど，音韻意識課題の成績がよく，また否定フィードバックの一つであるリキャストを受けた文を正確に再生できたことを明らかにしている。Bigelow等は，L1のリテラシースキルの習得により音韻意識が発達し，単語内部の音韻構造に敏感になることが，メタ言語的アウェアネスの発達を促し，さらにリキャストと自らの発話の違いに気づきやすくなると論じている。したがって，PSTMと並んで音韻意識もL2の口頭産出や文法習得に関わっている可能性が高い。

4.2.1.3　呼称速度

　呼称速度(naming speed)とは，長期記憶の音韻表象にアクセスする速さを示すものである。L1の読みにおいては，音韻意識か呼称速度のどちらかに問題があると読みに困難を抱えることが多く，両方に問題があると読みの困難度が増すことが知られている(飯高, 2006; Katz, Curtiss, & Tallal, 1992; Kirby, Parrila, & Pfeiffer, 2003; Wolf & Bowers, 1999など)。L1における読解は，小学校の最初の2年の読解には音韻意識が重要だが，学年が上がるとともに呼称速度の重要性が増すという(Kirby, Parrila, & Pfeiffer, 2003)。呼称速度は，文字または数字が数行にわたって配列されたものを声に出して読む課題で，その正確さと速さを算出することが多い。文字，数字の他に物や色の名前を言わせる場合もある。呼称速度は，音韻意識と同様，読みの基礎となる単語認知のパフォーマンスを予測する。また，PSTMや音韻意識と同様，呼称速度もL1からL2に転移する(Lindsey, Manis, & Bailey, 2003)と考えられている。Meschyan & Hernandez (2002)は，物の名前を言わせる呼称課題で測ったL1の呼称速度が，L2(スペイ

ン語)の語彙や文法,読解の成績に寄与したとしている。よって,L1の呼称速度もL2の個人差の説明変数になり得ると考えられる。

しかし,Geva, Yaghoub-Zadeh, & Schuster(2000)は,音韻処理スキルがL1からL2に転移するとはいえ,移民の子どもはL1を失いL2で初めてリテラシースキルを習得するケースも多く,L1の音韻処理スキルがL2の学習上の問題を予測できると必ずしも言えないのではないかと問題提起をしている。そこで,カナダのトロントの公立学校において,アジアから移住し,カナダ在住期間が4か月以上あり,英語をL2として学ぶ子どもと英語のモノリンガルを比較する研究を行った。PSTMや音韻意識,呼称速度などを調べ,読解との相関が高いとされる単語認知との関係を探ったところ,習得初期の音韻意識と呼称速度が単語認知の個人差を説明できたとしている。また,L2学習者には音韻意識が特に重要で,モノリンガルでは呼称速度がより重要な予測因子だったという。バイリンガル教育では,L2の口頭能力を十分伸ばしてから読解に入るという考え方もあるが,Geva(2000)は,L1発達が十分でないところにL2が入ってくる場合は,L1の音韻意識が発達していればL2の読解を始めてもよいとしている。音韻処理能力の発達順序としては,まず音韻意識が発達し,音韻意識が改善すれば,呼称速度も改善されると見ている。

さらに,Gholamain & Geva(1999)は,カナダのペルシャ語の継承語プログラムに在籍する小学1〜5年生(L1英語,L2ペルシャ語)70人を対象に,WMや呼称速度と読解の関係を調べた。独立変数はL1, L2の文字の呼称速度とWM, L2の口頭能力で,従属変数は,L1, L2の単語認知課題と書記素と音素の対応に関する知識を用いて非単語を解読する課題のスコアである。分析の結果,WMや呼称速度などの認知スキルと読解を支える下位スキルには有意な相関が見られた。さらに,重回帰分析を行ったところ,両方の言語のWMと呼称速度が英語(L1)及びペルシャ語(L2)の単語認知と非単語解読スキルの重要な予測因子であったが,L2の口頭能力はL2の単語認知や非単語解読スキルを予測できなかったことが示された。英語は書記素と文字の関係が不規則だが,ペルシャ語は規則性のある言語である。年少の学習者において,書記素と文字の対応が明白なペルシャ語で文字がいったん導入されると,ペルシャ語の解読スキルは英語のパフォーマンスにすぐに近づいたのだとしている。また,Nassaji & Geva(1999)も,上級の英語(L2)学習者(L1:ペルシャ語)である大学院生60人の調査で,大人の読解にはWMが重要であるが,それに加え,文字の呼称速度の読解への関与を見いだし,呼称速度は音韻処理効率の個人差を示すものだと

している。

　L1もL2も呼称速度と読解の関係に関する実証は蓄積されているが，SLAにおいて口頭能力や文法能力の発達との関連を探った研究はあまりない。しかし，3.2で扱った外国語学習障害の事例を見ると，音韻処理効率が悪いとL1ではその影響は読解にしか現れないが，L2では口頭能力などあらゆる言語能力の側面に影響を及ぼし続けるとされているので，呼称速度と読解以外のL2スキルとの関係を検討する価値があると思われる。Kail, Hall, & Caskey (1999)は，呼称速度が読解固有の音韻処理スキルの一部なのか，あるいは一般的な情報処理の効率を示すものなのかは不明だとしている。そこで，7～13歳の168人の参加者について，一般的な処理速度と呼称速度，読書経験と，読解力との関係を調べた。読書経験が多いと音韻表象へのアクセスが自動化されると考えられるが，多重回帰分析を行った結果，読書経験は呼称速度の説明変数にはならなかった。しかし，一般の処理速度の方が呼称速度を説明できたことから，呼称速度は認知処理を遂行するスピードの発達的変化と関連があるのではないかと論じている。

　実際，認知処理の速度を言語適性の一部と見ている研究者(Segalowitz, 1997; Robinson, 2002a)もいる。例えば，Robinson (2002a)は，学習者の言語適性の強み，弱みを含むプロフィールに合わせた指導技術とのマッチングの枠組みを提案する中で，WMのスピード(スパンテストにおいて反応するまでの時間)を一つの言語適性の構成要素としてあげている。また，Segalowitz (2000)やSegalowitz & Hustijn (2005)は，処理速度は言語処理の自動化へのスピードを予測し，言語運用の流暢さにつながるものだと見ている。L2の口頭能力まで視野に入れた場合，何で測定する処理速度が習得の個人差をもたらしているのか，さらなる検証が必要である。

4.2.2　作動記憶

　作動記憶(WM)は言語処理及び言語学習の認知的な作業場としてSLAにおいて重要な心理的特性である(最近のSLAに関わる記憶の理論については，(小柳(2005, 2016b)を参照)。オーディオリンガル全盛の時代に開発されたMLATでは，丸暗記するような機械的記憶(rote memory)が重視された。情報を一時的に保持する受身的な「短期記憶」と異なり，WMは情報の保持と処理を同時に行う能動的な記憶である。WMの音韻ループの働きは，音韻処理能力，特に音韻的短期記憶(PSTM)として言語適性の構成要素になっていることは前述

の通りである。Skehan(1998)のモデルの予測通り，音声符号化能力を PSTM で測ると，PSTM は L2 の熟達度の低い学習者層の個人差は説明できるが，L2 の熟達度の高い学習者層では関連が見いだされなかったという研究結果 (Hummel, 2009; 向山, 2013) が出ている。高い熟達度に達するには，高次の認知活動である読解でも予測的妥当性がある WM の容量など，情報処理を司る WM の中央実行系の働きがさらに重要になると考えられる。

4.2.2.1 作動記憶の容量

WM の容量は一般にリーディング・スパンテスト(Reading Span Test: RST) (Daneman & Carpenter, 1980)で測定される。これは，被験者が文を音読しながら，文中の指定の単語を覚え，後で再生するように求められるもので，通常，二文から五文条件まであり，それぞれの条件で 5 セットずつ行う。音読をするには意味処理がなされることが前提となっており，音読という情報のオンライン処理を行うと同時に，単語の暗記という情報の保持も行う二重課題なので，WM の容量を測ると考えられている。その他に，文を聞いて理解し，命題の真偽判断を行いながら単語を覚えるリスニング・スパンテスト(Listening Span Test: LST)や，計算式を暗算しながら単語や文字を覚える演算スパンテストが用いられることもある。読解との関係を調べるには RST が，発話との関係を調べるには LST が用いられることが多い。また，SLA の研究で，純粋に WM の容量を調べるために，言語に依存しない演算スパンテストが好まれる場合もある。

L1では，WM の容量が読解における個人差を説明できるとされている(苧阪 M, 1998; Carpenter, Miyake, & Just, 1994; Daneman & Carpenter, 1980など; Daneman & Merinkle, 1996にレビューあり)。読解は意味を理解するオンライン処理とスクリプトからの情報の一時的保持，長期記憶からの適切な情報の検索，及び知識構造の再構築を伴うプロセス(Kintsch, 1998)なので，WM が重要だと考えられる。L2においては，Harrington & Sawyer(1992)が，旧 TOEFL の成績との相関を調べ，数字スパンや単語スパンで測った短期記憶より，RST で測った WM の方が TOEFL の文法と読解のスコアと高い相関があったことを報告している。言語学習においても，言語を理解・産出するオンライン処理を行いながら，言語データとしてのインプットと長期記憶の概念的表象及び学習者のアウトプットを絶えず比較しているという点で，読解と同様に高次の認知処理が行われていると考えられる(Doughty, 2001参照)。Robinson(2002b,

2005b)は,被験者の未習言語であるサモア語の普遍文法の一部とされる文法項目について,意味を理解しながら文を処理するという付随的学習条件では,情報の保持と処理を同時に行う WM が,学習効果の強い予測因子であったことを示している。

　SLA における WM の重要性は認識されているが,WM の容量を L1 で測るか,L2 で測るかという問題が議論になったこともある。Harrington & Sawyer (1992) のように,初期の研究では L1 と L2 の両方の WM を測定していた。しかし,最近では,WM の容量は言語から独立したものなので,本来の潜在的な容量を測定するには L1 で測ればよいというのが SLA における共通認識になってきている。それを顕著に示したのが,苧阪等の研究(M. Osaka & N. Osaka, 1992; N. Osaka, M. Osaka, & Groner, 1993) である。この中で,バイリンガルの被験者は L1(ドイツ語)と L2(フランス語)の RST に高い相関があったため,WM の容量は言語に関係なく一定のものだと主張している。さらに,苧阪 M・苧阪 N・Groner(2000)は,日本の外国語大学で第三言語としてイタリア語を専攻する日本語母語話者を対象に,日本語(L1),英語(L2),イタリア語(L3)の RST を調べている。L1 とすでに熟達度が高い L2 の相関は高かったが,大学入学後に学習を始めた L3 については,大学 3 年次に相関が高まっている。この時期は L3 のストループ干渉[10] が見られ,つまり,言語の自動化が進んだ段階であることがわかる。よって,WM が本来持っている容量は一定で,L2, L3 でも言語の自動化がある程度進めば,本来の WM の使用効率が発揮できると言える。

　Berquist(1997)は,RST で測った WM の容量は生まれながらに固定された能力なのか処理効率に影響されたものなのかという問題提起をしている。この中で,平均約 9 年英語を学んだ 60 人のフランス語話者が,L1 及び L2 の単語スパンテストと RST と TOEIC を受けた。その結果,L2 の WM の容量は,L2 能力と正の相関が見られたが,単語スパンで測った受動的な短期記憶の方が L2 能力のより有効な予測因子であったことが報告されている。これは,RST の方が数字スパンや単語スパンより L2 能力を予測できるとした前述の Harrington & Sawyer(1992)と明らかに矛盾しているようである。さらに,Berquist は,

---

10) ストループ干渉(効果)とは,実際の色とは異なる色がついた色名単語の色を命名する場合,単純に色パッチの色を言うより反応が遅くなる現象をさす。ストループテストを用いて,Gass, Behney, & Uzuma(2013)が,インターアクションによる効果と個人差の関係を調べ,L2 のストループテストが,インターアクションからどれほど学べるかを予測できたとしている。

年少期にL1で確立されたスピーチの分節化ストラテジー(Cutler, Mehler, Norris, & Segui, 1986, 1992; Doughty, 2003にL1研究のレビューとSLAへの示唆あり)が、L2のボトムアップの情報処理を妨害し、よってLTMからのトップダウン処理へも影響を及ぼしているのではないかと論じている。

さらに、Geva & Ryan(1993)は、カナダで英語とヘブライ語のバイリンガル教育を受けている中学生を使って、知性と記憶とL1, L2の能力の関係を調べている。この研究では、短期記憶の貯蔵を測定する単語スパンテストによる静的な記憶は、与えられた単語の反対語を言うように指示される課題の反応時間で測った操作速度(operational speed)と強い相関があることが示された。このテストは長期記憶から検索する処理速度を測ったものと思われる。さらに、L1の能力はL2読解との強い相関は見られず、WMの容量はL1の能力ではなくて、L2の能力にもっと直接的なインパクトがあったことが報告されている。よって、Geva & Ryanは、WM及び基本的な処理速度がL2学習、とりわけアカデミック環境の読みや口頭のパフォーマンスのような認知的要求度が高いL2の課題に関わってくるのではないかとしている。情報の処理速度が速ければ、学習者は情報を効率よく処理することができ、言語習得も進むと推定できる。McLaughlin & Heredia(1996)もまた、WMのスピードと効率が、処理のさまざまな段階でいかに言語データを再編成できるかを決定するだろうとしている。

L1とL2両方のWMを測った研究において、前述のHarrington & Sawyer (1992)はL1とL2のRSTに高い相関を見いだしているが、これは参加者の英語能力が高かったためであろう。Mackey et al.(2002)のWMとリキャストの関係を調べた研究でも、L1とL2の相関が高く、二つのスコアを結合して分析にかけている。これらの研究は参加者の言語能力が高かった場合だが、言語能力がそれほど高くない学習者にL2でスパンテストを行うと、言語が十分に自動化されていないからスパンテストの成績が悪いのか、WMの潜在的な容量が小さいのかがはっきりしない。よって、言語適性として本来持っているWMの容量を測るには、L1でテストを行うのが妥当だと言える。L2学習者が十分に言語を処理できる文を用いて新たなL2のスパンテストを作成することは可能だが、使用前にテストの信頼性を確認するための予備調査が必要である[11]。

---

11) 苧阪M(1998)は日本人の英語学習者向けのEFLのRSTを開発している。大学生用なので中高の教科書から親密度の高い単語を選択し、文章の長さをコントロールしてRSTを作成し、学習者のL1の日本語のRSTやDanemann & Carpenter (1980)版との

SLAにおいてRSTやLSTを用いた研究は増えつつあり(リキャスト：Mackey et al. (2002)；修正アウトプット：Mackey et al. (2010)；競合モデルの文処理のキュー（手がかり）の習得：Miyake & Friedman (1998)；スペイン語時制の形態素の処理：Leeser (2007)など)，心理学分野において一定の評価を得たテストと見なされ，使用されている。しかし，これらのテストが何を測っているかについて，実は心理学においても議論が絶えない。例えば，Waters & Caplan (1996) は，Daneman & Carpenter(1980)のRSTはWMの情報の保持のみを測るもので，処理については測定していないとして，文の真偽判断をRSTに追加し，評価には再生語数のみならず，文処理の正確さ，反応時間も測るべきだとしている。Robinson(2002a)は言語適性の一部としてWMの速度をあげており，前述の呼称速度や一般的な処理速度との関連性があるかもしれない。

Goo(2010)は，L2読解における思考表出(think-aloud)の有無とWMの容量を調べている。思考表出による注意の消耗とWMの容量の関係を調べるためである。参加者は，スペイン語の近接未来が含まれた238語のテキストを読んだ。一次的なタスクは読解であるが，二次的なタスクは文法の規則学習であった。読解の後に内容理解のテストを行い，文法については学習の前後に，空所補充形式で近接未来を記入する筆記産出テストを行った。また，WMの容量はLSTと演算スパンテストで測定された。二つのスパンテストの相関は有意だったため，二つの課題はほぼ同様の構成概念を測っているとしている。WMの容量は，先行研究とは異なり読解との相関は見られなかったが，これは思考表出にWM資源が使われたためではないかとしている。また，空所補充の文法テストで見る限り，WMの容量は文法の事後テストのスコアの予測変数であったことが示されている。ただしWMの容量の大きいグループと小さいグループを比較すると，異なる傾向が見られた。WMの容量が大きいグループは，思考表出がない方が文法スコアの伸びが高く，思考表出があると二次的な文法の規則学習が阻まれていた。WMの容量が大きいと注意の制御にも優れ，読解中に文法情報を抑制できるために，思考表出をやりながらも意味に注意を集中させた可能性が高い。一方，WMの容量が小さいグループは，思考表出群の方が文法スコアが高いという反対の結果になっている。これは，WMの容量が小さいと，注意資源が不十分なので文法の方にむしろ注意を向けたのではないかと考察されている。Gooは，思考表出のように注意の要求度が高いタスクの場合は

相関を求めて，テストの信頼性を確認している。

特に，WM の容量，特に注意制御機能が重要なのではないかとしている。Goo の研究は，注意制御機能を直接測ったものではないが，WM の容量と注意制御との関連に言及している。

　Mackey, Adams, Stafford, & Winke(2010) は，WM の容量と修正アウトプットの関係を調べている。WM の容量が大きい学習者は，情報の処理と保持がより効率的にできるので，新たな文法的符号化を伴う発話の再処理，再構成が可能で，より多くの修正アウトプットを出すことができると仮定した。スペイン語履修4学期目の大学生(L1英語)42人について，母語話者とのインターアクションによるタスクの中で，明確化要求と反復要求(上昇語調)により修正アウトプットを引き出した。WM は，L1による LST で測り，36文を3秒間隔でテープにより文を呈示し,文法の正誤判断と意味的な正誤判断(各36点)をし，単語の再生(36点)も求めた。正誤判断は WM の情報の処理の部分の測定を意図していた。その結果，仮説の通り，WM のスコアが高いほど修正アウトプットを多く産出していたことが明らかになった。さらに WM の処理と保持を分けて分析すると，WM の再生スコアの方が修正アウトプットを予測できたとしている。ただし，処理スコアも再生スコアも効果サイズは小さく，WM の容量以外の要素が関係している可能性もあると述べている。さらに，事後分析で元の発話を反復した場合と変更した場合を比較すると，反復の場合は WM の再生と関連し，変更の場合は処理との関連が見られたという。アウトプットを修正する場合は，フィードバックとの認知比較のために長期記憶からその前の自分の発話を再構成する必要があるため，処理と保持が両方必要になるのではないかとしている。また，修正アウトプットと有意に相関する処理の側面は，意味的な正誤判断ではなく文法的な正誤判断のみに見られ，焦点的注意の配分で向けられるのは，言語の構造的側面なのではないかと論じている。

　一方，森下・苧阪 N(2005)は，先行研究が従来の記憶のスパンテストと異なる RST の処理(音読)の側面に着目しすぎているとして，RST の先行研究をメタ分析している。そして，WM の容量は注意の焦点が当たっている部分で，保持及び処理できる情報量の総和[12] は「4 ± 1」であるとした Cowan(2001)の主張の再検証を行ったのである。その結果，先行研究の RST の単語の再生語数の平均が3.3語であることから，WM の処理容量を除くと保持できる言語性情報は「3 ± 1」のチャンクの範囲内で，RST が測定しているのは情報の保

---

12) 作動記憶の概念が導入される以前は，短期記憶に入る情報は 7 ± 2 項目(Miller, 1956)と言われた。

持の方だと見ている。

　Cowan(1995, 2001など)のWMのモデルは，SLAにおいてもしばしば引用(Doughty, 2001; Robinson, 2003など)され，理論の拠り所になっている。Cowanに基づき，注意との関連で記憶をとらえたRobinson(2003)のモデルによると，短期記憶は長期記憶から課題に関連する情報が活性化された部分で，さらに短期記憶のうち焦点的注意が当たっている部分がWMだと見ている。焦点上にない情報は時間の経過とともに減衰するが，少し前まで注意を向けていた情報は再活性化が容易で，注意の焦点に入りやすい。このメカニズムを使えば，フィードバックを受けた際に学習者は少し前の自らの発話をすぐに再活性化してWM上にのせ認知比較を行うことが可能になる(Doughty, 2001)。したがって，WMの容量が大きい学習者は，認知的な作業スペースが大きいので，伝達目的で目標言語を使用するかたわらで，新たな言語項目をインプットから検出して取り込み，言語学習を促進するのに有利なのだと考えられる。

　WMの働きを測定するとされるスパンテストが何を測っているかという議論に加えて，情報の保持という意味では音韻ループのPSTMとの違いも明らかにしておく必要がある。Engel, Laughlin, Tuholski, & Conway(1999)は，WMとPSTMは別々の構成概念ではあるが，実質的には相関が高い構成概念($r = .68$)だとしている。どちらも，貯蔵，符号化，リハーサルという共通する特徴に基づくが，注意実行機能はWM固有のものだという。また，Kane, Conway, Hambrick, & Engle(2008)は，WMのスパンテストは，注意実行機能の測定においても妥当性のある方法だとしている。WMは流動性知能[13]と全く同じものではないが，PSTMより流動性知能との相関が高く，WMの注意的要求度が相関をもたらしたのだと述べている。

　さらに，Biedron & Szczepaniak(2012)が，完全マルチリンガルとモノリンガルをSTMとWMの観点から比較している。完全マルチリンガルは熟達度のスコア，教師の推薦，学んだ外国語の数，言語分析能力を測るとされるMLATのスコアから判断し，28人が選ばれた。モノリンガルは，ポーランドの大学で英語文献学を専攻(外国語として中級の英語クラスを履修)する学生36人であった。参加者はウェクスラー知能検査，MLAT(英語版)，ポーランド語(L1)の

---

13) 知能を結晶性知能(crystallized intellitence)と流動性知能(fluied intelligence)に分けることがある。前者は言語性知能で，過去の経験に基づく一般的な知識をさす。後者は非言語性で計算力，暗記力，思考力，集中力などヒトが環境に適応していくための能力をさす。

RSTを受けた。PSTMは数字スパンテストと非単語再生で測った。分析の結果、WMもSTMもマルチリンガルの方が優れていたが、WMのスコアは言語IQ、非言語IQ、一般的IQとも高い相関があり、WMは一般的な認知能力のバリエーションの源ではないかとしている。また、WMの容量を測るテストは、PSTMと共有する部分はあるが、注意のコンポーネントを通して流動性知能、すなわち高次の認知とも深く関わっているとしている。

　このような研究からスパンテストで測るWMの容量は、言語適性の構成要素として重要だが、中央実行系の働きを厳密に差別化して検討するには、WMの容量を測るスパンテストのみでは不十分だという可能性がある。なかでも、中央実行系の注意制御機能は、効率よく注意をシフトし、集中して注意を向け、言語形式を内在化するのに重要だと考えられるので、以下により詳細に検討したい。

4.2.2.2　注意制御機能

　森下・苧阪N(2005)は、高次の認知活動における個人差が、注意の焦点の容量から来るのか、保持すべき情報を注意の焦点にとどめるための注意制御から来るものなのかという疑問を投げかけている。注意制御はWMのサブコンポーネントである中央実行系の働きで、課題への注意の配分を決定し、課題から課題への注意のシフトを制御する役割を果たす(齋藤、2000；森下・近藤・苧阪、2000)。Robinson(2003)は、課題遂行の時間的制約下におけるWMの効率のよい注意シフトや不要情報の抑制機能がSLAにおいても重要だとしている。Skehan(2002)も、インプット処理における注意制御機能を新たな言語適性に含めるべきだとしており、情報の保持を測定するWMのスパンテストとは別に研究する価値があるだろう。

　注意制御機能を直接測ったSLA研究はまだ少ないが、一例としてTrofimovich, Ammar, & Gatbonton(2007)があげられる。この中では、知能テスト(WAIS-III)の一部である、ランダムに配置された文字や数字を順序通りに結ぶ課題を用いて注意制御を測っている。その結果、数字や文字のスパンテストで測った記憶よりも、注意制御の方が形態・統語的側面から見た言語産出の正確さに寄与していたことが明らかになった。よって、注意制御機能は形態素や統語的側面への効率のよい注意配分につながり、文法習得を促進するのではないかとしている。また、Segalowitz & Frenkiel-Fishman(2005)は、英仏バイリンガル児に注意シフト課題を課してL1とL2の熟達度との関係を調べた結果、注意制

御機能がL2の熟達度のかなりの部分を説明し得ると見ている。L2で熟達度が上がったということは，言語処理において注意をうまく制御できているということなのだろう。Taube-Schiff & Segalowitz(2005)は，英仏バイリンガルでも二言語のうち熟達度レベルが低いL2において，語彙項目ではなく高度に文法化された項目（前置詞，代名詞，拘束形態素など）に注意を向けるのは認知的な要求度が高く，実際，そのような項目でL1とL2の注意制御課題の成績に差があったとしている。

　注意制御は必要なところに適切に注意を配分することであるが，裏を返せば不要な情報が活性化されるのを抑えることでもある。近年のWM研究では，この抑制機能も注目されている(Friedman & Miyake, 2004; Green, 1998; Kane & Engle, 2003; Miyake & Friedman, 2012など)。少し前まで注意を向けていたが不要になった情報の活性化を抑えたり，バイリンガルが使用しない片方の言語の情報が活性化しないように抑制するなど，言語処理や言語学習にこの抑制機能が働いていると考えられる。L2ではTrude & Tokowicz(2011)が英語(L1)話者でスペイン語未習23人と，スペイン語の既習者25人にポルトガル語の発音訓練の効果を調べている。まず，参加者は，ポルトガル語(L2)の単語（名詞と形容詞）を見せられ，発音を聞かせリピート練習を行い，ポルトガル語の発音の規則を学ぶチュートリアルセッションを受けた。そして，その後に未習の名詞と形容詞を見せて発音させ，その正確さを評価した。Trude & Tokowiczは，WMは一時的に情報を保持するSTMと課題に適切な情報に注意を向ける個人の能力である注意制御の総和(Kane & Engle, 2003)と見ており，WMは演算スパンテスト(Turner & Engle, 1989)で測っている。演算式を見せられ正誤判断し，横に呈示された単語を覚えて後で再生する課題で，正確さと反応時間を測った。その結果，WMの容量が大きいほど発音が正確で，それは不要な情報であるL1を抑制し文字と音の対応を正確に活性化できたできたからだとしている。また，スペイン語既習者は，英語よりスペイン語の影響を受けた誤りを多くおかしたという。英語よりポルトガル語に近いスペイン語からの干渉があったということであろう。この研究では，注意制御について多くが論じられているが，WMのスパンテストに注意制御も含まれることを前提にしており，注意制御を直接測るテストは用いていない[14]。

---

14) より最近の研究で，Darcy, Mora, & Daidone(2016)が抑制課題を用いて，抑制制御に優れた学習者ほど，目標言語との接触が少ない外国語環境で，音の知覚や子音の産出がより正確であったことを示している。

4. 言語処理から見た言語適性　　69

形態素に関しては，Kemp & Brooks（2008）が，ロシア語やその他のスラブ系言語の学習経験がない大人の学習者の，ロシア語の屈折形態素の学習と言語適性の関係を二つの実験により調べている。一つ目の実験では，形態的，音韻的に透明性のある規則とされる名詞のジェンダーについて，名詞の語尾を見てジェンダーが判断でき規則の一般性が抽出できるかを調べた。14日の間に訓練セッションを6回行い，6回目にはテストも行った。参加者は，絵を見ながら名詞と格（主格，与格，属格）が含まれた短いダイアローグを聞き，リピートし，名詞と格の理解を試されるテストで正しい絵を選択するというような学習を繰り返した。個人差は，WMの容量と標準化された非言語性知能のテストで測った。非言語性知能のテストというのは，制限時間内に，パターンを発見し類似する刺激を選択する問題解決課題をできるだけ多くこなすというテストで，Kemp & Brooks は，注意制御機能を測定するものだと見なしている。その結果，WMの容量と非言語性知能には相関が見られた。WMの容量が高い学習者は訓練時の語彙をよく覚えていて，規則の一般化が進んでいたが，訓練で未習の語彙については規則が一般化されていなかった。また，非言語性知能もパフォーマンスの10％の説明力があった。二つ目の実験では，不透明な規則として具格と所格の学習を調べている。そして，形態素を分割するという意味で非言語性知能は重要だが，名詞や屈折した形式を記憶するためにWMの方がさらに重要だとしている。いずれにしても，透明，不透明な規則に関わらず双方に記憶ベースのメカニズム（項目ベースの学習）と注意ベースのメカニズムが関わっているとしている。この中で，スペイン語やイタリア語など名詞のジェンダーのある言語の学習歴は，ロシア語学習におけるパフォーマンスの促進につながっていたということである。注意制御機能は，学習者に課される言語課題の認知的要求度が高い場合は特に重要になりそうである。よって，言語適性と最終成績の相関を見るような研究ではなくて，何らかの教室指導の効果や特定の学習条件における効果を調べる場合には，注意制御機能を測るテストを含めておく必要があるだろう。

　このように見てくると，言語適性はかなりの部分がWMの働きに集約され，WMのさまざまな機能がSLAの異なる側面で個人差を生み出していると考えられる。最近は，WMと言語不安の関係を探った研究も出ている。一般に数学や推論などの高次の認知において，WMの遂行機能への要求度が高い場合，不安な思考が課題から人の注意をそらし，課題遂行に必要な資源を消費するとパフォーマンスが悪化するとされている。Rai, Loschky, Harris, Peck, & Cook

(2011)は，スペイン語履修4学期目の大学生55人に，特性／状況不安尺度と外国語読解不安尺度に関する質問紙，演算スパンテストを受けさせ，読解課題を2セット行った。読解は六つのパッセージが含まれたものを2セット読み，推論の複雑さにおける難易度が異なる三つの内容質問に答えた。そのうち1セットは，まず小さい声を出して読み，読解を行っている様子をビデオ撮影して母語話者が評価していることを告げて，ストレスのある状況を作り出した。WMの測定に演算スパンテストを用いたのは，読解とは独立した中央実行系の容量を客観的に測定するためだとしている。この研究では，WMの容量が大きい学習者ほど，正確さとスピードのトレードオフが見られ，正確に内容を理解するために読むスピードを調節するといったストラテジーを効果的に使え，反対に，WMの容量が小さい学習者は，ストレスが高くなると，正確さも読むスピードも悪化していたことを報告している。個人差でも情意的な要因として知能や言語適性などの認知的要因とは区別される言語不安であるが，WMとの関連を探ることで結びつけて個人差の全容を明らかにできる可能性がある(より最近のWMとL2学習の関係に関するレビューは，Juffs & Harrington(2011)を参照されたい)。

4.2.3 言語分析能力

Skehan(1998)が，SLAにおいて常に重要で，上級になるほど重みが増すとしているのが言語分析能力である。先行研究では，MLATあるいはPLABのサブテストで測定されることが多かった。MLATは，英語話者が，母語である英語の語や句の文法機能を見つけ出す課題により文法的感受性を測ろうとしており，前述の通り，予測的妥当性があると言われている。PLABは帰納的言語学習能力を測るとされるが，適用できる年齢がMLATより低いので，高校生を対象とする研究(Harley & Hart, 1997, 2002など)で使用されている。MLATは帰納的言語学習能力を構成概念の一部に含んではいるが，実際にはMLATに帰納的学習能力に対応するサブテストはないとの批判がある(Sawyer & Ranta, 2001など)。しかしながら，Skehan(1998)は文法の感受性と帰納的言語学習能力を区別することは適切ではないとして「言語分析能力」という構成概念に統合している。

Skehan(1986)は，言語分析能力は一般知性と最も相関が高く，教室指導からどれだけ恩恵が受けられるかを予測するものだとしていた。しかし，今では言語分析能力は，従来の言語教育でしばしば用いられてきた文法のペーパーテ

ストで測定できるような言語能力ではなく，むしろコミュニカティブ・アプローチの教授法(Sawyer & Ranta, 2001; Ranta, 2002)や，規則を提示されない暗示的，帰納的学習(de Graaff, 1997; Robinson, 1997b, 2002b, 2005b など)においてより重要だとされている。つまり，自分で文法のパターンや規則性を抽出することができる能力と関連しているのである。メタ言語的知識自体が SLA に結びついたという証拠はなく，規則により与えられるメタ言語的知識と文法処理を行う心的プロセスは異なる(Doughty, 2003)と考えられることから，言語分析能力は，文法規則の提示を受けるかどうかに関わらず，伝達能力の習得にむしろ大きな役割を果たすと考えられる。

　しかしながら，近年は，先行研究でしばしば用いられてきた MLAT の文法的感受性を測るサブテスト(Words in Sentences)は，言語が規則として内在化されていて，故に，言語学習はその規則を学習することだということが前提となっていることを指摘し，文法的感受性という概念自体の妥当性を問う動きもある。VanPatten, Borst, Collopy, Qualin, & Price(2013)は，四つの言語(スペイン語，ドイツ語，ロシア語，フランス語)それぞれについて，すべてに共通の「第一名詞の原理」とそれぞれの言語固有の言語形式を対象に，VanPatten(1996)が提唱する「インプット処理指導」による処遇を行う実験を行った。第一名詞の原理とは，ヒトが文を処理する際に最初に出てくる名詞を動作主と解釈する傾向があることを述べたものである。インプット処理指導は，規則学習ではなく，正しく文を解釈，処理させることを目ざしているので，実験における処遇として取り上げたのである。効果の測定は，文法知識を問うテストではなく，学習者がどの程度すぐに正しく文を解釈し始めるかという基準を用いた。すなわち，正しい文の解釈が始まるまでに試行した項目の数が示された。大学 2 年生の参加者180人は，四つの言語グループで，それぞれ明示的説明ありとなしのグループに分けられた。参加者の文法的感受性を測るために，MLAT のサブテストも実施された。その結果，この実験では，文法的感受性と処遇の効果に有意な相関は見られなかったことから，インプット処理指導は，規則学習ではなくインプット中のデータの処理の向上をもたらしたのだと主張している。

　さらに，引き続き，VanPatten & Smith(2015)は，文法的感受性と，インプット中の言語形式ではなく意味を処理する処遇において，英語話者による日本語(L2)のパラメータ再設定と，日本語固有の格標示の習得がどのように進むかを調べる実験を行っている。普遍文法の中には主要部パラメータ(head parameter)があり，英語は主要部先導型(head first)で，日本語は主要部終端型

(head final)の言語である。例えば，名詞句の場合，英語は主要部の名詞の後ろに修飾語が来るが，日本語は反対に主要部の名詞の前に修飾語がつく。このパラメータは語順も決定し，主要部先導型の英語の場合は，語順がSVO(主語・動詞・目的語)となるが，主要部終端型の日本語の場合はSOVになる。英語話者が日本語を習得する際には，このパラメータを再設定する必要がある。

　VanPatten等の実験の参加者は英語(L1)話者で，日本語も日本語以外のSOV言語についても学習経験がない北米の大学生であった。参加者は，まずMLATの文法的感受性のサブテストを受け，それからコンピュータによるインプットの処遇を受けた。まず，単純なSOVの語順の文を5文1セットにして，全部で10セット50文(以下の例(1)(2))を聞いた。次にSOVに位置を示す後置詞句が含まれたもの(以下の例(3))を，さらに10セット聞いた。それぞれの文は，内容を表す絵を見ながら2回ずつ提示され，1セット終了するごとに，文を聞き内容に合う絵を選ぶという小クイズが行われた。

(1) a. 太郎が　バナナを　食べる。
　　b. 太郎が　りんごを　食べる。
　　c. 太郎が　オレンジを　食べる。
　　d. 太郎が　メロンを　食べる。
　　e. 太郎が　ケーキを　食べる。

(2) a. メアリが　新聞を　投げる。
　　b. メアリが　新聞を　見る。
　　c. メアリが　新聞を　さわる。
　　d. メアリが　新聞を　描く。
　　e. メアリが　新聞を　読む。

(3) a. 太郎が　図書館で　本を　探す。
　　b. 太郎が　教室で　本を　探す。
　　c. 太郎が　キッチンで　本を　探す。
　　d. 太郎が．部屋で　本を　探す。
　　e. 太郎が　公園で　本を探す。

　最後のテスト・セッションでは，新たに疑問文(例　太郎がバナナを食べる

か。)と埋め込み節(例　ジョンは花子がりんごを食べると言った。)の文構造の情報は与えずに,「か」「と」「言った」が新たな語彙としてその意味のみが導入され,処遇セッションで経験しなかった新たな文脈にも処遇で学んだことが転移されるかどうかが調べられた。参加者のタスクは文の意味を理解し,絵が文の内容に合致しているかを答えることであった。また,文の読み時間を測り,読み時間が長いことを非文と認識している証拠だと見なし,これが文法的感受性の暗示的な測定方法と見なしている。

　MLATのスコアと読み時間の分析の結果,学習者は三つのグループに分けることができた。それは,疑問文と埋め込み節両方の非文の読み時間が遅くなった学習者,すなわち完全にパラメータが再設定できた者9人,疑問文の非文のみ読み時間が遅く,部分的にパラメータが再設定された者20人,疑問文も埋め込み文も両方とも読み時間の遅れは見られず,再設定に失敗した学習者18人であった。これらの三つのグループを比較すると,MLATの文法的感受性のスコアには有意差が見られず,パラメータの再設定の予測因子にはならなかったことが明らかになった。ただ,参加者全員が格標示の非文に敏感に反応していたことから,文法的感受性としての言語適性は,日本語の表層レベルの格標示の習得に何ら影響を及ぼしていないとしている。

　VanPatten等と同様に,日本語の文処理の課題で,言語適性との関係を探ったMiyake & Friedman(1998)の研究があるが,この中で言語適性として調べたのはWMの容量であった。Miyake等は,競合モデルの実験で,日本語の語順や有生性などの文解釈のキュー(手がかり)を見いだしていくプロセスで,WMの容量が大きい学習者の方が優れていたことを明らかにしている。よって,文法的感受性の根底には,MLATのようにペーパーテストで間接的に測るのではなく,もっと基本的な認知能力があるのではないかと推察される。PSTMやWMの機能を測るテストと異なり,MLATのサブテストはオンラインの情報処理課題ではない。WMの働きと関連があると推定される言語適性の他の二つの構成要素(音韻処理能力と記憶)は,言語処理の根本的な認知的基盤と考えられるが,言語分析能力はそもそもどのような認知的基盤から派生するものなのかという疑問が残る。

　Grigorenko(2002)は,WMの音韻ループの働きがパターン認知の学習につながっていると見ているが,本章で概観した先行研究からも,PSTMや音韻意識の発達がメタ言語的アウェアネスの発達につながっていることが示唆されている。また,注意制御機能も習得のターゲットに効率よく注意を配分するとい

う意味で，文法習得を支えている。WM は，そのような認知処理の作業スペースを提供していると言える。Dörnyei & Skehan(2003)は，言語分析能力は気づきやパターン認知などの中央処理段階に重要だとしているが，それならば，ペーパーテストではない方法で言語分析能力の源を検証する必要があり，PSTM や音韻意識，WM の容量や注意制御機能はその候補になり得るであろう。3.5で言及したように，Granena(2013b)が，暗示的学習に必要な言語適性として，シークエンス学習能力を測定している。これは，言語分析能力の根底にある基本的な認知能力を直接測るテストになり得るかもしれない。

4.3 SLA のプロセスと言語適性

　教師は現場で日々学習者に接する中で，学習者のさまざまな問題に気がついている。例えば，音に弱くてリピートすらできず，学習初期の段階でつまずく学習者，初級までは問題がなくても，読解に焦点が移行する中級以降で困難を感じ始める学習者，話すのは一見流暢だが文法的正確さに欠け，読解も苦手なことが多い学習者のタイプなどが存在する。言語適性に関わる基本的な認知能力を探っていくと，音韻処理の問題は習得初期だけでなく，長期にわたり影響を及ぼし続けることがわかる。音韻処理能力は，L1とは異なる新しい音韻体系の言語の音を聞き分けて正確に模倣するだけにとどまらない。L1の初期の語彙習得に重要な音韻的短期記憶(PSTM)や，読解に重要な音韻意識の発達がその後のメタ言語的アウェアネスにつながっているとすると，一見よく話すが文法が不正確で，読解が苦手という問題も根源は同じだと類推できる。

　Geva(2000)等は，L1とL2の根底に共通の言語能力の土台があるとしたCummins(1984)の「共通基底能力モデル(Common Underlying Proficiency Model)」では，何が根底の能力かが明らかにされていなかったが，それが音韻処理能力ではないかと論じている。音韻処理能力を含む言語適性は，おそらくL1とL2に共通の，言語処理を支える基本的認知能力なのだと考えられる。先行研究では，L1の音韻処理を中心とするリテラシースキルの重要性が指摘されており，年少者が本人の意思とは関係なく移住などによりL2環境におかれる場合は，L2学習の問題だけでなく，L1への配慮も必要になる。日本語教育でも日系就労者の子弟など，年少者が移住した年齢によっては環境的な要因でL1の音韻意識などの基本的な認知能力の十分な発達機会が奪われ，その影響がL2にも及ぶ可能性がある。大人になってL2学習を始める場合は，口頭能力を十分伸ばしてから読解に入るという余裕はなく，また最近は入門期から4技能

を統合した教授法も提唱されている。その際に，L2の音韻処理の基礎を作る手助けをすることが，その後の口頭能力や読解能力の発達に重要であることが示唆される。

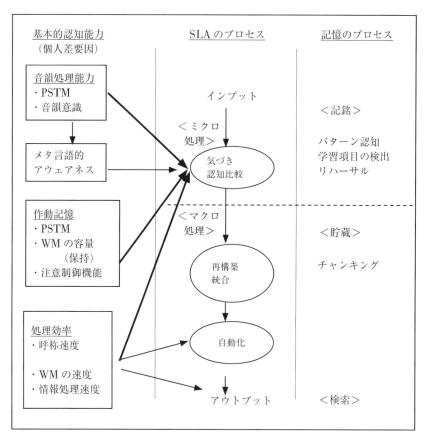

図 2-3　基本的認知能力と SLA 過程（小柳, 2012a）

　Skehan(1998)の理論的枠組みを基に音韻処理能力，WM，言語分析能力とL2との関係を見てきたが，それを SLA のプロセスに照らし合わせて解釈したのが図 2-3 である。基本的認知能力はそれぞれが影響し合い複雑に絡み合って SLA の言語処理のさまざまな側面を支えている。教室習得研究では，教育的介入により学習者の SLA のプロセスに教師が外から働きかけることができるのは気づきレベルであり，その後の再構築や自動化は時間をかけて学習者の頭の中で進行するため，気づきレベルの介入により間接的に習得を促進するこ

とができると考えられている(Doughty, 2001参照)。よって，言語適性である基本的認知能力は習得のプロセスすべてに関わるが，Robinson(2005a)が主張するように，インプットを処理する際に用いることができる基本的認知能力の差が習得の個人差として現れると考えられる。

　メタ言語的アウェアネスは，習得過程全般に重要な働きがあると考えられるが，L1における音韻処理能力の発達を通じて確立し，それが気づきの可能性を高めていると考えられる。また，気づきや認知比較において言語情報に適切に注意を向けるための注意制御機能や，情報の保持にはPSTMやWMの容量が関わる。さらに処理効率という意味では処理速度が関わり，処理速度が速い方が自動化が速く進み，流暢な言語運用につながると考えられる。また，SLAのプロセスは記憶形成のプロセスでもあり，SLAに並行して，記憶の記銘，貯蔵，検索というプロセスに関連づけてとらえられる。新情報を記銘する段階では，パターン認知やリハーサルなどのプロセスがある。中間言語知識の再構築とは，記憶においてはチャンキング，すなわち情報の統合が進むということである。言語運用では，コンテクストに応じて必要な言語項目を長期記憶から素早く呼び出す必要があるが，それが記憶の検索のプロセスである。そして，このような記憶のプロセスは普遍であるが，個人差も生じているということである。

5. 言語適性研究のさらなる広がり

　以上述べてきたように，言語適性研究は，L2学習のつまずきの原因について教師の経験的な勘に頼るのではなく，より科学的な見地から学習上の問題に説明を与えようというものである。将来的には学習者の強みやつまずきを予測，診断する言語適性テストの開発や，つまずきを予防する教授法の開発に役立てられることが期待される。それと同時に，SLA研究の観点から見ると，言語適性研究はSLAへの理論的貢献が大きいと考える。SLAにおけるインプットの重要性が主張されるようになって久しいが，実はインプットがどのように処理されているかはまだ完全には解明されていない(Doughty, 2003)とされていた。言語適性研究において，適性を構成すると推定される基本的な認知能力を操作し，習得との相関や因果関係が見いだされれば，それは，すなわちSLAにおいて重要な認知プロセスに関わっているということであり，習得過程で何が起きているのかを探る普遍性の研究へのフィードバックにもなると考えられる。

　SLAにおいて，さらに言語適性研究を発展させるために，独立変数である言

語適性に対して，従属変数であるL2の能力をどう測るかは再考する必要があるだろう。先行研究では，一定期間の学習者のL2の熟達度を追い，コースの成績や期末試験の成績（文法のペーパーテストや4技能），文法性判断テストなどを用いて言語適性との関係を探ったものが多い。言語適性は情報処理を行うWMのさまざまな側面が関わっているととらえることができるので，L2の能力も情報処理の観点から見た言語能力でとらえる必要がある。よって，習得の成果を調べるには，手続き的記憶に支えられた言語処理のアウトプットとして，まず口頭の自発的な言語産出を測る必要がある。ACTFL-OPIのような包括的なレベル判定だけではなく，SLAで用いられる分析方法を適用することも考えられる。例えば，Pienemann(1998)に基づく発達段階の分析や形態素の使用を見たり，正確さ，複雑さ，流暢さの指標(R. Ellis & Barkhuizen, 2005, Ch. 7参照)を用いることなどである。

　4技能の中で，言語産出の他に，言語適性との関連で検証する価値があるとすれば，読解であろう。読解はすでに言語習得と同様，高次の認知プロセスが関わりWMの役割が大きいことが明らかにされ，またL1とL2間のリテラシースキルの転移の問題がしばしば論じられている。L1のリテラシースキルを支える基本的な認知能力がL2の読解にも，さらには口頭能力の発達にも影響を及ぼすと考えられているので，言語適性とL2の言語産出，読解との関係について，より詳細に研究する価値がある。その際には標準化された多肢選択問題による読解力だけでなく，L2読解研究で用いられるような単語認知や，テキストの再話などの手法を使って，音韻処理能力や記憶，さらに口頭能力との関係を検討する必要があるだろう。

　さらに，言語適性研究は，他の学習者要因を取り込んで，それらの相互の影響や習得プロセスへの関わりを明らかにすれば，習得の全体像の解明により近づける可能性がある。個人差につながる他の認知的要因として学習スタイルや学習ストラテジーがあるが，おそらく学習スタイルの好みは言語適性の強みと関連しているのではないかと想像する。また，学習ストラテジーの訓練が成果を上げていない背景には，特に注意や記憶に関わる認知ストラテジーは言語適性に関係があり，根本的には学習者を変えることが難しいのだと推察される。このような複数の個人差要因間の相互関係も明確にする必要がある。また，近年はWMの働きを中心とする認知的要因と情意的要因を結びつけようとする理論や研究も出てきている。例えば，前述のように，Rai et al.(2011)はWMの容量と外国語学習不安の関係を結びつけた研究をしている。情意的要因であ

る動機づけは，認知的に見れば，個人の価値観に対する記憶であり，それに対する脳の活性化領域も存在するとされている(Schumann, 1994)。情意的要因を認知と結びつけて明らかにすることの意義は，現在の教授法に見合った「伝達能力」の習得の個人差を考える場合，情意的要因も関わってくる可能性があるからである。Robinson(2005a)は，語用的な側面の習得は基本的には文法と同様の認知能力の個人差が関わっているとしながらも，それ以外に情意的知性や相手の心を読む能力，開かれた性格などの要因が個人差を生んでいるとしている。よって，情意的要因による個人差をも取り込んで習得の認知過程を検証する意義があるのである。

以上のように，SLA の認知過程の解明が進み，言語適性を認知のメカニズムに結びつけて議論するだけの機が熟していることから，適性研究が SLA 理論に寄与する可能性は非常に高い[15]。また，以前批判されたように，言語適性テストが学習開始前から学習者にバイアスをかけてしまうのは避けるべきだが，学習者の言語適性プロフィールを把握し，学習者の弱みを補い，強みを生かすような指導につながれば，教育的な貢献も大きいと考える。近年の新たな動向として，言語適性の影響を，コース終了時といった短いスパンではなく，もっと長期のスパンで最終的に高いレベルに到達する学習者を予測するテストを開発しようという動きがある。そのような言語適性テストについて5.1で紹介する。さらに，教育的示唆が大きいと考えられる教室指導と言語適性の関係に関する研究の枠組みを5.2で取り上げる。

5.1 最終到達度の予測

従来の言語適性テストは，半年から一年半後，すなわち，基礎的な熟達度への到達の成否を予測することが目的であった。しかし，グローバル化が進む今日の世界では，政府機関や国際ビジネスの分野でより高度な言語能力が求められるようになり，研究者の関心は最終的な L2到達度の予測にも向けられている(Doughty, 2014)。MLAT に代表される言語適性テストは，L2学習のスピードを予測するものとされてきたが，L2学習の成果の予測，とりわけ上級以上のレベルに到達できるかどうかを予測することが必要になったのである。学習者が集中的に教育機関で言語教育を受けられる期間は限られている。学習者は授業を受けながらも教室の外で，また，コース履修が終了しても，学業の場

---

[15] Li(2016)は，これまでの先行研究のメタ分析を行い，言語適性の構成概念の妥当性について議論しているので，参照されたい。

や職場で実地にL2を使用しながら，さらに熟達度を伸ばしていると考えられる。よって，SLAにおいて暗示的学習のメカニズムが重視されている中で，教室指導においても，また教室の外における暗示的学習に必要な言語適性の構成要素がますます重要であろうことが予想される。

米国メリーランド大学では，官庁や軍隊において職務で外国語を駆使できる人材かを見極めるための言語適性テストの開発が進んでいる。それは，L2において高いレベルの最終到達度が見込める学習者を識別するための言語適性テスト(High Level Language Aptitude Battery, 以下Hi-LAB)である。理論的には，表2-2に示した構成要素からなる言語適性を仮定している。Linck et al.(2013)は，言語適性は一般的な認知的能力と特定の知覚能力が組み合わさった複合体で，大人の学習者が高度な熟達度に到達する能力を補強するもの，あるいは反対に制限するものだとしている。

また，Kormos(2013)は，SLAの知見，さらに認知心理学の暗示的学習に関する実証研究(Jiang & Chun, 2001; Jiménez & Méndez, 1999; Kaufman et al., 2010など)を概観して，自動的，非意図的な暗示的学習が起きるには，インプットの刺激の適切な側面に選択的注意を向けることが必要で，注意を制御するWMの働きや処理速度はL2の到達度の予測に重要な言語適性の構成要素だとしている。ただし，L2の成果が，社会言語的能力や談話能力を含む伝達能力の習得であることを鑑みると，学習者のL2到達度を説明する要因は，認知的能力のみならず，さまざまな談話のコミュニティに参加しようとする開放性(openness)なども関与していることを考慮すべきだとしている。

Linck et al.(2013)の研究では，米国政府機関や軍隊にボランティアベースで新しい言語適性テストの検証への協力参加を呼びかけ，参加を申し出た522人のうち母語や学習歴などの基準を満たした476人を調査対象とした。参加者の中で連邦政府機関による外国語能力基準(Interagency Language Roundtable: ILR)[16]において，いずれかの言語でILRの4レベル以上と判定された者，いずれかの言語でILRの4レベル以上とされる職務についていた者，二つ以上の言語でILRの3レベル以上と判定されたマルチリンガルで，少なくとも一つの言語で前述の条件を満たした者を高レベル到達度グループとし，集中的な言語学習のトレーニング(高校や大学での通常授業の履修経験は除く)を受けたにも関わらず高レベル到達度グループの条件を満たせなかった者を混合到達度グルー

---

[16] ILRは0，0＋，1，1＋〜5の11段階の評価で，3以上はACTFLの基準で超級(superior)にあたる。

プとした。この研究で到達度として調べた言語能力は聴解と読解のみである。

表 2-2　Hi-LAB の理論上の構成概念（Doughty, 2013, 2014; 小柳訳）

構成概念		定義と構成要素
記憶		以下の構成要素間の活発なトレードオフとともにインプットを処理，貯蔵する能力
作動記憶	短期記憶の容量	進行中の心的課題に使用されるためにアクセス可能状態に保たれた少量の情報：言語性-音響的 STM，言語性-意味的 STM
	実行制御	共同的に注意を調整，指揮し，自発的な処理を制御する処理過程：更新，抑制，課題スイッチング
長期記憶	機械的記憶	心的リハーサルの結果として生じる明示的，意図的な長期の貯蔵
プライミングの能力	プライミング	インプット中の刺激の先行経験がそれに続く処理中の検索を促進する程度：意味的プライミング
鋭敏性	知覚的鋭敏性	聴覚的または視覚的インプットのキューを見聞する平均以上の能力：聴覚的鋭敏性，視覚的鋭敏性
速度	処理速度	刺激に対する反応速度：処理速度，意思決定速度
帰納性		特定のものから一般性を導く推論のプロセス，例えばいくつかの事例間の類似性に気づいたり，それらの類似性に基づいて一般化を引き出す
	暗示的帰納	アウェアネスなしでインプット中のパターンを習得すること
	明示的帰納	例の中のパターンに関するアウェアネスを伴いながらインプット中のパターンを習得すること
語用的感受性	（研究中）	文脈と使用の間の結合関係について仮説を立てられる能力：適切な文脈の手がかりを登録，追跡する，伝達の失敗を検出する
流暢さ	（研究中）	スピーチのプランニングと構音の自動性

　ロジスティック回帰分析により Hi-LAB のどのテストのスコアが二つのグループの違いを説明できるか分析したところ，連合記憶[17]，暗示的学習能力，及び音韻的短期記憶が高レベルの言語能力に到達するには重要であることが明ら

---

17) 連合記憶とは複数の刺激を関連づけた記憶である。言語学習では形式と意味を結びつける学習能力が求められる。

かになった。Linck et al.(2013)は，横断的なデータ収集であったので，このような言語適性の構成要素が最初から備わっていたのか，学習が進むにつれ発達したものなのかははっきりしないため，縦断的な研究も必要だとしている。また，予想に反して実行制御の機能が高レベルの到達度に寄与しなかった点について，注意の変換が容易に可能というより，L2に集中できる方が少なくとも聴解に関してはL2の深い処理を促すのではないかと推論的に述べている。さらに，特に連合記憶と暗示的学習能力は聴解への寄与度が高かったので，スピーキングも含めた音声言語の発達に重要なのではないかとしている。すなわち，すべてのスキルに重要なものと，特定のスキルに特に重要な構成要素があるという可能性がある。

5.2 適性処遇交互作用

　Sawyer & Ranta(2001)は，教室習得を促進するために，学習者を変えるか指導方法を変えるかの二つのオプションがあるとしている。すなわち，前者は学習者の適性を改善することを意味し，後者は適性から見た学習者の認知的プロフィールにより，学習者を最適の学習条件下で学習させることである。Sawyer & Rantaが先行研究を調べた限りでは，学習ストラテジーのトレーニングの研究に見られるように，学習者自身を変えてしまおうという試みはうまくいっていない。よって，学習者を変えるのは非効率的で，学習者の認知的ニーズに応じて指導方法を変える方がより現実的な選択肢だとしている。このように学習者の認知的特性，すなわち適性と指導方法には密接な関係があるという考え方は，「適性処遇交互作用(Aptitude-Treatment Interaction: ATI)」と呼ばれている。ATI研究は，もともとは心理学の分野(Cronbach, 1977; Snow, 1987, 1991; Sternberg, 1997など)で提唱されたものである。

　SLAにおいても，言語適性の強みと弱みを指導のタイプに合わせようとした研究が，すでに80年代に行われている。Wesche(1981)はMLATとPLABの一部を使って，カナダでフランス語をL2として学ぶ学習者を，相対的に記憶と言語分析能力のどちらが優れているかにより二つのグループに分けた。そして，その二つのグループの学習者をそれぞれ半数ずつ，視聴覚学習または文法中心の学習のどちらかのグループに振り分けた。すなわち，学習者の半分は適性に合った理想的な学習環境に置かれ，残りの半分は適性と合っていない学習環境に置かれたことになる。その結果，適性の強みと学習タイプが合っていた学習者は，不一致の学習者より成績がずっとよかったことが示された。また，その

後のインタビューにおいて，不一致のグループの学習者は自分たちが受けたクラスの教え方への不満やフラストレーションを述べており，また同様に，教師側の達成感や満足感も低かったことが報告されている。Skehan(1986)も英国軍隊の言語訓練において同様の結果を得ている。したがって，学習者の言語適性のプロフィールを作成して指導のタイプとの適合性を証明できれば，言語適性研究が教育の実践に貢献できると期待される。

　Robinson(2001, 2002a, 2005a)はSLAを促進する言語処理モードであるFocus on Form(言語形式と意味／機能の同時処理)(Doughty, 2001; Long & Robinson, 1998)を誘導する指導技術のレベルにおいて，必要とされる言語適性が異なる可能性を指摘し，研究の枠組みも提案している。例えば，リキャストのような音声言語のインプット処理と，視覚的インプット強化のような文字言語のインプット処理では関わる言語適性の構成要素が異なる可能性がある。言語適性である基本的な認知能力は複合的なもので，その中の何が強いか弱いかにより，指導の効果も異なることもあり得る。Robinson(2002a)は，例えば，リキャストの実験で，パターン認識の能力が高くて，中間言語と目標言語の認知比較はできたが，音韻的短期記憶(PSTM)の心的リハーサルがうまくいかないので長期記憶に統合することは難しかったというように，結果の解釈に新たな洞察をもたらすことができるとしている。前述のメリーランド大学で開発中のHi-Labを用いて，言語適性のプロフィールと言語訓練のタイプのマッチングによるATIのパイロットスタディが進行中である(Doughty, 2013)ことも報告されている。教育的に見れば，学習者の適性のプロフィールにおける強みと指導の方法が合致すれば，指導の効果は最大限になると考えられる。教室指導と言語適性の関係については第3章で詳細に扱う。

第3章

言語適性と教室指導

1. 言語適性と教室指導の相互作用

　第2章で言語適性に関するさまざまな議論を紹介した。第3章ではRobinson (2001a, 2002aなど)，及びSkehan(1998, 2002など)の理論に基づき，言語適性が教室指導にどのように関わっているのかという観点から，すでに第1章，第2章で言及された研究も含め，これまでの実証研究の結果について詳しく述べる。具体的には，1節ではRobinsonが主張する適性と指導・学習条件との相互作用，2節ではSkehanが主張する適性と第二言語習得過程との相互作用に関する議論を整理する。

　まず，本節でRobinsonの主張，及びその実証研究から明らかになっていることについて述べるが，併せてRobinsonの主張の基盤となっている理論や実証研究のデザインなどについても言及する。

1.1　適性処遇交互作用

　Robinsonは外国語学習において学習者が持つ言語適性と指導方法に相互作用があると主張しているが，この考え方は教育心理学の分野においてCronbach (1957)が提唱した「適性処遇交互作用(Aptitude Treatment Interaction)」(以下

ATI)という概念と密接に関連している。ATIについては第2章の最後で簡単に触れられているが，本章でさらに詳しく説明する。

ATIでは指導の効果は能力・適性と指導方法の相互作用としてとらえられ，学習者の適性が違えば指導の効果，すなわち，学習成果も異なるとされる（市川，1995；並木，1997）。つまり，ATIに基づいて考えると，学習者のさまざまな適性（aptitude）と処遇（treatment）には相互作用（interaction）があり，この二つが適合したときに最大の効果が得られることになる。なお，「交互作用」は 'interaction' の訳語として実験計画法で使われる用語であり，ある要因の効果が他の要因によって影響されることをさす（市川，1995）。本書では「適性処遇交互作用」という用語以外では 'interaction' の訳語としてより一般的な用語である「相互作用」を使用する。

並木（1997）は「個性」「環境条件」という用語を使い，学習一般においてさまざまな相互作用が生じることを図3-1のように示している。この図を見るとわかるように，ATIにおける「適性」とは言語適性に限定されるものではなく，個人間で差が見られる学習者の特性全体を指している。つまり，年齢，性別，言語適性，動機づけ，学習スタイル，学習ストラテジー，信念，態度，性格，不安傾向など，学習者が持つさまざまな特性をすべて含む概念で，「個人要因（personal variables）」としてとらえられるものである。

図3-1　個性と環境条件の交互作用（並木（1997, p.12）を参照して作成）

一方，「処遇」とは一般的には指導方法のことをさすが，広くとらえると「環境要因（situational variables）」と言える。実際，教育心理学分野では，テスト形式が学習ストラテジーに与える影響と学習者の達成目標，及び学習観との相互作用（村山，2003），予習が授業理解に与える影響と意味理解志向（学習観の一種）との相互作用（篠ヶ谷，2008）を明らかにするといったATI研究も行われており，「適性」も「処遇」も幅広い概念であることがわかる。ATIは半世紀以上

前に提唱された概念であり，教育心理学の分野では例として挙げた研究以外にもこれまでにさまざまな事象を対象に実証研究が行われているが，本章においてはATIを言語適性(狭義の適性)と第二言語の指導・学習条件との相互作用に限定して先行研究を整理する。

図3-2は適性処遇交互作用の概念図である。ATIは「典型的には，教授処理条件ごとに結果の測度の適性への回帰直線を求める時に非平行のパターンが得られる効果」(並木, 1993, p. 119)である。しかし，図3-2に示すような，A教授法においては適性が高い学習者ほど成績も良いのに対し，B教授法ではその反対に適性が低い学習者の方が成績が良い，つまりグラフに表した場合に直線が交差するような極端な形でATIを示す研究がそれほどあるわけではない。実際の相互作用はそのような形ではなく，図3-3のように適性の高い学習者はA教授法で指導を受けた方がB教授法の場合より，よりいっそう高い学習効果を示す，すなわち指導が特恵的に働くといった形，あるいは図3-4のようにB教授法ではそれほど学習成果が上がらない適性の低い学習者がA教授法では一定の学習効果を示す，すなわち指導が補償的に働くといった形で現れることが多いようである。

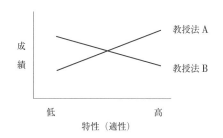

図3-2　適性処遇交互作用(1)(日本語教育学会(1991)を参照して作成)

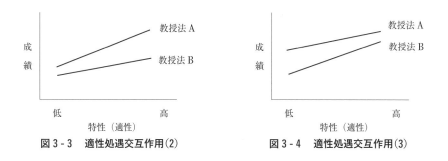

図3-3　適性処遇交互作用(2)　　　**図3-4　適性処遇交互作用(3)**

1．言語適性と教室指導の相互作用　　87

教育心理学で行われていた ATI を検証する研究は，言語学習の分野，特に第二言語習得の分野ではあまり行われてこなかった。その中で Wesche (1981) は外国語教育の中で ATI を実証した研究として注目される。しかし，この研究は第二言語習得研究が盛んになる以前のものであるため，第二言語習得と言語適性との関連の解明を目ざしたものではない。効果的なプログラム運営や指導のために適性テストの実施が有効であることを確認することを目的とし，カナダ政府の言語トレーニングプログラムの中で行われた研究である。学習者は事前に MLAT (Modern Language Aptitude Test)，PLAB (Pimsleur's Language Aptitude Battery) により適性を診断され，異なる三つの指導方法—オーディオリンガル・メソッド，明示的文法説明のある分析的アプローチ，機能的アプローチのいずれかに配置された。そして，12ヵ月間のフランス語学習後，オーディオリンガル・メソッド，分析的アプローチに関して適性と学習成果（聴解，口頭産出）との関連が検討された。その結果，言語分析能力が高い学習者は分析的アプローチで学習した場合に，オーディオリンガル・メソッドで学習した場合より成績が良かったことが示された。この結果は学習者の適性の強みと適合する指導方法で学習した方が効果が高いという ATI を示すものである。

　Wesche (1981) で言語分析能力が高い学習者とされたのは，MLAT パート 3（綴り手がかり）と PLAB パート 4（言語の分析）の得点が高い学習者である。これらのテストは以下の例のようなものである。MLAT パート 3 はほぼ発音通りに綴られた文字列からその語を特定し，意味の近い単語を選ぶ問題である。この問題に正解するためには発音と綴りとの関連が理解できているだけでなく，母語の幅広い語彙知識も必要になる。

MLAT パート 3（意味の近い語を選ぶ）[1]
　例1)　kloz　　　A. attire　B. nearby　C. stick　D. giant　E. relatives
　例2)　restrunt　A. food　B. self-control　C. sleep　D. space explorer
　　　　　　　　　E. drug

PLAB パート 4 は未知の言語のルールを学び，英文をその言語に翻訳する問題である。PLAB は高校生用に開発された適性テストであるためか，それほど難しくはないように思われるが，このようなテスト得点が高い学習者は記憶が重

---

1)　http://lltf.net/mlat-sample-items/mlat-part-iii/

視されるオーディオリンガル・メソッドによる指導より演繹的明示的な指導からより高い学習成果が得られたと報告されている。

PLAB パート 4（未知の言語に翻訳する）[2]
 例） jiban・・・boy, a boy jojo・・・dog, a dog
   jiban njojo za.・・・A boy likes a dog.
   問題 A dog likes a boy. → _____

　同じように適性と指導条件との相互作用を検討するために日本人小学生の英語学習を対象として行った研究に安藤・福永・倉八・須藤・中野・鹿毛（1992）がある。この研究も第二言語習得研究の流れの中に位置づけられるものではなく，教育心理学の分野で行われたものである。90人の小学5年生をコミュニカティブ・アプローチと文法的アプローチに配置して10日間，20時間の英語指導を行い，ATI を検証した。参加者が英語の学習経験がない小学生であるため，指導対象言語項目は be 動詞，have，like の三つだけである。指導前に知能テスト，ワーキングメモリを測定するリーディング・スパンテスト，リスニング・スパンテストの他，さまざまな適性テストを実施し，英語学習の成果（英訳，読み取り和訳，聞き取り和訳，語順並べ替え）との関連を検討した。その結果，適性テスト得点の高い児童はコミュニカティブ・アプローチより文法的アプローチで学習した方が効果的であったのに対し，適性テスト得点の低い児童はコミュニカティブ・アプローチで学習した方がより学習が促進されていた。つまり，適性が高い児童には文法的アプローチの指導が特恵的に働き，適性が低い児童にはコミュニカティブ・アプローチが補償的に機能するという ATI，すなわち，図3-3，3-4に示したようなタイプの ATI が示された。また，このような ATI と同時に，どちらの指導条件（学習者の立場から見れば学習条件）でもワーキングメモリが学習成果の予測要因となることが示された。このことから，ワーキングメモリは指導条件に関わらず重要である可能性が示唆された。

　ここで取り上げた Wesche（1981）と安藤他（1992）は ATI を実証した研究ではあるが，上述のように第二言語習得研究の枠組みにおいて行われた研究ではない。第二言語習得研究が発展した近年，Robinson（2001a, 2002a など）が ATI の概念に基づいた「言語適性と教室指導の相互作用」に関する議論を展開

---

2) http://lltf.net/aptitude-tests/language-aptitude-tests/pimsleur-language-aptitude-battery/plab-sample-items/plab-part-4/

している。次にRobinsonが提唱する理論を説明し，それに関連する実証研究について述べる。

1.2　適性と指導方法の相互作用

　前節で取り上げたWesche(1981)や安藤他(1992)はオーディオリンガル・メソッド，コミュニカティブ・アプローチといった教授法レベルでATIを検討している。それに対し，Robinson(2002a)は指導のアプローチというレベルだけでなく，教室内で学習者が行うタスクのレベルや，暗示的学習，明示的学習，付随的学習といった認知処理のレベルでATIを考える必要性を主張している。教室内で使用する教育用タスクは種類によって学習者に対する認知的要求度や学習者にとっての親近性が異なる。例えば，目の前にある事物についてのタスク(here and now)より，見えない事物についてのタスク(there and then)の方が認知的に複雑であるし，タスクに対するなじみやインタラクションの相手との関係により難しさが変わってくる(タスクについては第5章で詳述)。また，指導条件，学習条件によっても学習の認知プロセスが異なる。このような差異が学習者の個人要因とどのように相互作用しているのか，そこに着目しているのがRobinsonの理論である。Robinsonは第二言語習得理論の発展のためには，なぜ学習成果に多様性が生じるのか，学習者の適性がどのような学習条件においてどのように学習に影響を与えるのかということを説明する必要があり，そのためにはATI研究は非常に重要な役割を果たすと述べている。また，教育的観点からは学習者の適性の強みを学習条件，指導テクニックなどに適合させることで最大の指導効果が得られるとしている。つまり，ATIは第二言語習得の理論，教育，両面において重要な考え方なのである。

　RobinsonはCronbachの門下生であるSnow(1987)の「適性の複合体(aptitude complexes)」という考え方に基づき，図3-5(92ページ)のような教室指導におけるモデルを示している。この図もSnow(1994)に基づいて作成されたものである。この中では「リキャスト」「付随的学習(音声材料)」「付随的学習(書記材料)」「明示的文法学習」の四つが研究可能な例として取り上げられ，各学習条件において重要となる適性要素の組み合わせが仮説として示されている。これら四つの学習は，リキャストは暗示的(implicit)な認知処理，付随的学習は付随的・偶発的(incidental)な処理，明示的文法学習は文法説明を含む明示的(explicit)な処理を代表するものとして取り上げられている。

　このようにRobinsonはimplicit, explicit, incidentalという学習条件に

おける適性をモデルとして示している。そこで初めにこれらの学習が一般的にどのような認知プロセスとして定義されているのか確認しておきたい。認知プロセスとしての implicit／explicit は研究者によって表現の仕方は異なるが，意識的な操作の有無（N. Ellis, 1994）や学習におけるアウェアネスの有無（Schumidt, 1994）で区別されている（Hulstijn, 2003）。指導における implicit／explicit の区別はこれとは少し異なり，Norris & Ortega(2000)による指導効果研究のメタ分析では，文法説明や特定の言語形式に注意を向けるようにという指示があるものを explicit，ないものを implicit と定義している。一方，incidental は認知的には intentional と対応し，学習の意図の有無を対立軸としてとらえられている。そして，指導の観点から定義した場合は，読解や聴解などの意味理解の活動に付随して起こる学習を incidental としている。一般的には incidental は聴解や読解の過程において意識せずに語彙や文法などの言語形式を学ぶような学習条件をさすことが多いが，意味理解に付随して学習者が意図的に言語形式に注意を向ける場合もあり，必ずしも学ぶ意図がないとは言えない。implicit と incidental には重なる部分もあるため混同されやすいが，基本的には異なる概念である。しかし，どのように異なるかについては研究者によってとらえ方が違っている。Hulstijn(2003) のように incidental は implicit に包含される概念であると考える研究者もいれば，Dekeyser(2003) のように implicit な学習中にも学ぼうとする意図が生じる（intentional になる）場合もあると指摘する研究者もおり，二つの概念を明確に区別するのは難しい部分もある。

　それでは，Robinson の適性の複合体という考え方をもう少し詳細に検討してみよう。図3-5を見ると，四つの学習の適性は階層のある能力要因（Ability factors）から構成されていることがわかる。一次的能力は知覚速度やパターン認知，音韻的ワーキングメモリの容量や処理速度といった認知能力が提示されている。そして，複数の一次的能力が関与する二次的な能力が示され，さらにそれらの組み合わせとして適性の複合体が仮定されている。ボトムアップで説明するとこのようになるが，教育的観点からはトップダウンで考えた方が理解しやすいかもしれない。

　例えば，誤用に対し正用を繰り返すだけの暗示的フィードバックであるリキャストの適性は「ギャップの気づき」と「発話の記憶」から構成されている。つまり，リキャストから効果的に学ぶためには自分の発話と提示された正用との間のギャップに気づく能力，及び相手の発話を記憶する能力が必要となる。

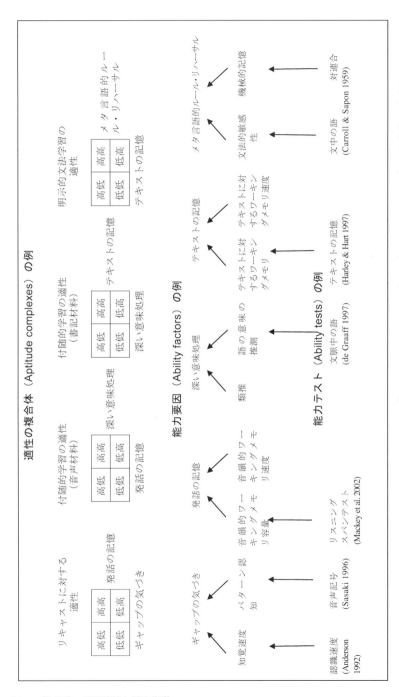

図3-5 Robinsonによる適性の複合体(Aptitude complexes)の例 (2002a, p.119より一部抜粋・翻訳)

第3章 言語適性と教室指導

そして，リキャストによるフィードバックがあったとき，リキャストに気づくかどうかは知覚速度やパターン認知能力に影響されるが，たとえ気づきが起きても音韻的ワーキングメモリの容量や速度が劣る場合は，リハーサルがうまくできないために長期記憶に転送することが難しい。また，その反対に，音韻的ワーキングメモリが高く，発話の記憶能力が優れていたとしても，知覚速度やパターン認知能力の低さのために自分の発話とリキャストとのギャップに気づかなければ，やはり学習に結びつかない。つまり，リキャストの適性の複合体を構成している「ギャップの気づき」と「発話の記憶」のどちらか一方の能力が低い場合は，リキャストからの学びが起こりにくくなるというモデルである。測定方法の例として，知覚速度についてはAnderson(1992)で用いられたテスト，パターン認知はSasaki(1996)が作成したLanguage Aptitude Battery for the Japanese(LABJ)のサブテストである音韻的敏感性(音と記号の結びつけ)が挙げられている。また，音韻的ワーキングメモリの測定方法としてはリスニング・スパンテストが例示されている。

　付随的学習に関してはモダリティが音声の場合と文字の場合に分けて示されている。学習者が音声や文字のインプットの意味を理解しようとするとき，意識的，無意識的に形式にも注意が向き付随的な学習が起こるが，このような付随的学習が起こるためには深いレベルで意味処理が行われ，意味や形式が記憶に残ることが必要である。Robinsonのモデルでも聴覚による学習であるか視覚による学習であるかに関わらず，「深い意味処理」能力が付随的学習に関わる適性要素とされ，さらにこの能力に関係する下位能力として「類推」と「語の意味推測」が仮定されている。文章理解研究でも深い処理の結果である状況モデルの構築のためには，類推や意味推測が重要な役割を果たすとされているので，このような仮説は妥当性があると思われる。

　そして，音声の場合の付随的学習には深い意味処理にプラスして，リキャストと同様に発話を記憶する能力が重要であることが示されている。一方，書記材料の場合はテキストを記憶する能力が重要であり，これに関連するのがテキストに関するワーキングメモリ容量と処理速度である。Robinsonは測定方法としてHarley & Hart(1997)で用いられた「テキストの記憶」を例示しているが，これはWechsler(1972)のサブテストであるMemory Scale Form1を基に作成されたもので，24の命題から構成されるテキストを音声提示し，再生させるテストである。このテストで測定しているのはテキストを分析し，命題を取り出し，それを記憶する能力とされている。

それでは，リキャストや付随的学習とは異なるタイプの学習である明示的文法学習の適性を Robinson はどのようにとらえているのか。このモデルでは「テキストの記憶」と「メタ言語的リハーサル(metalinguistic rehearsal)」が重要とされているが，「メタ言語的リハーサル」に関連する能力として挙げられているのが文法的敏感性や機械的記憶であり，それらを測定するツールとして MLAT のパート 4「文中の語(Words in sentences)」とパート 5「対連合(Paired associates)」が例示されている。これらの問題例[3]は次のようなものである。したがって，Robinson のいう「メタ言語的リハーサル」というのは言語の分析に関わる能力と言えるだろう。

MLAT パート 4（語の文法的機能を特定する）
　<u>MARY</u> is happy.　（問題：Mary と同じ機能を持つ語を選ぶ）
　From the <u>look</u> on your <u>face</u>, <u>I</u> can tell that you <u>must</u> have had a bad <u>day</u>.
　　　　　　A　　　　　B　　C　　　　　　　　　D　　　　　　　　　　E

MLAT パート 5（リストに示された未知の言語と英語の単語の対応を記憶する）
　　si?・・・wood　　k?ab・・・hand　　kab・・・juice　　bat・・・ax
　問題　1. bat　　A. animal　　B. stick　　C. jump　　D. ax　　E. stone
　　　　2. kab　　A. juice　　B. cart　　C. corn　　D. tool　　E. run

　このように Robinson のモデルでは，特定の指導条件・学習条件において重要となる能力が適性要素の組み合わせとして提示されている。しかし，すべてが実証されているわけではなく，未だ仮説の段階である。また，テスト例が示されていない能力もある上（図 3-5 の最下段を参照），例示されている測定方法の妥当性も検討の余地がある。したがって，今後この仮説の実証研究を行うとしても，まずは能力の測定について検討する必要があるだろう。
　しかし，Robinson のモデルのような学習者の適性を複合体としてとらえる考え方は認知的アプローチから ATI を検証する基盤となりうるものであり，非常に興味深い。また，このモデルは年齢による第二言語習得の違いを説明しうる可能性もある。認知的に発達途上にある子どもと，すでに認知能力を身につけている成人では第二言語習得の方法が異なることは確かであろう。成人の第

---

[3]　http://lltf.net/mlat-sample-items/mlat-part-iii/

二言語習得は子どもと比較した場合，より明示的な学習になると考えられるため，子どもと大人では学習に必要な適性が異なることが予想される。したがって，Robinson のモデルは，なぜ年齢要因が第二言語習得に影響を及ぼすのかという問いに対して，ATI という観点から答えを出せる可能性があると思われる。

　教育的な観点から Robinson のモデルを見た場合には，例えば Focus on Form の指導テクニックからより大きな恩恵を受けられるのはどのような適性を持つ学習者なのかといった問題の解明が期待できる。表3-1 は Doughty & Williams (1998a)で挙げられている Focus on Form の指導テクニック例である。

表3-1　Focus on Form の指導テクニック

手法	説明	文法説明の有無
インプット洪水	特定の言語形式のインプットを集中的に数多く与える。	−
タスク・エッセンシャルネス	特定の言語形式を用いなければ意味の理解や伝達が達成できないタスク(Loschky & Bley-Vroman, 1993)を用いる。	−
インプット強化	文字のフォントを変えるなどの方法で，インプット中の特定の言語形式が目立つようにする。	−
ネゴシエーション	学習者の誤用に対し教師がすぐに正用を示すのではなく，「明確化要求」や「誤用部分の繰り返し」などを行って自己訂正を促す。	−
リキャスト	学習者の誤りを明示的に訂正するのではなく，正しい形で言い直すだけの暗示的訂正フィードバック。	−
アウトプット強化	繰り返し要求などで強制的にアウトプットさせる。	−
インタラクション補強法	特定の言語形式を使う場面を設定し，教師と学習者でロールプレイを行う。その中でリキャストやアウトプット強化のテクニックを用いてインタラクションを続けていく。最後に明示的に説明を加える。	±
ディクトグロス	教師が読み上げたテキスト(焦点を当てたい言語形式を含んでいる)を，メモや記憶をもとにできる限り正確にペアまたはグループで再構築させる。	＋
コンシャスネス・レイジングタスク	文法問題をペアやグループで行わせる。	＋
インプット処理指導	簡単な文法説明をしてから，対象項目を処理する必要がある理解中心のタスクを行う。	＋
ガーデンパス	故意に学習者が規則を一般化して間違えるようにしておき，間違えたときに，それを即座に訂正する。	＋

(Doughty & Williams(1998a)を基に作成)

インプット洪水，インプット強化などは明示的文法説明が含まれない暗示的な指導テクニックであるが，このような指導を通して学習者は意味理解に付随して言語形式も学ぶ。したがって，これらの指導の効果は図3-5に示された付随的学習の適性と関連が見られる可能性がある。また，明示的文法説明が含まれるインプット処理指導などでは明示的文法学習の適性との関連が見られる可能性もある。どのような指導・学習条件においてどのような適性が関わっているのかという問題が解明されれば，ATI研究の目標の一つである学習者の特性に適合する教室指導を実現することにも貢献できる。

1.3 適性研究の研究デザイン

それでは，学習者の適性と指導との相互作用はどの程度明らかになっているのだろうか。本節ではこれまでの言語適性に関わる研究のうち，ATIの概念と関連するものをいくつかの観点から取り上げて説明するが，まずはそれらの研究の研究デザインについて確認したい。適性研究はさまざまな研究デザインで行われている。表3-2に一般的に採用されている研究デザインとその研究例をまとめた。

適性と言語能力を測定する時期に着目すると適性研究のデザインは大きく三つに分類することができるだろう。第一が学習開始前に適性テスト，一定期間の学習後に学習成果を測定してその関連を検討する研究，すなわち，適性及び学習成果テスト実施との間に何らかの教育的介入が存在する研究である。そして，これはさらに①指導・学習条件の厳密な統制を行っていない研究，②複数の指導・学習条件を比較する研究，③特定の指導・学習条件だけを対象とし，他の条件との比較はしていない研究に分けられる。

初期に行われた適性テスト開発を目的とした適性研究は①のタイプに該当する。そして，ATIを教授法レベルで実証したWesche(1981)や安藤他(1992)などは②のタイプの研究デザインである。前述したように，近年はよりミクロなレベル，すなわち，指導テクニックレベル，タスクレベル，認知処理レベルでのATIを実証する流れになってきており，短期の実験研究も行われている。そのような研究も学習前後にそれぞれ測定した適性と学習の関係を分析している。ただし，各研究における学習時間は教室指導の効果検証か，指導効果実験か，実験室実験かといった点で大きく異なる。De Graaff(1997)，Robinson(1997b)などに代表されるこのタイプの実験研究は，言語適性という個人要因を組み込んだ指導効果研究としてとらえられるが，対象者の統制が難しいとい

う問題があるためか，それほど多くの研究が行われているわけではない。

表3-2 適性研究の研究デザイン例

	研究目的	群	測定対象の適性	研究例
\multicolumn{5}{l}{学習開始時に適性，一定の学習後に学習成果を測定}
①	指導・学習条件の統制なしに検討	1群	複数	Parry & Child(1990)
②	複数の指導・学習条件間で比較	複数	複数	De Graaff(1997) Robinson(1997b)
③	特定の指導・学習条件で検討	1群	複数	Harley & Hart(2002) Révéz(2012)
		1群	1種類	Williams(1999)
\multicolumn{5}{l}{適性と言語能力を同時に測定}
④	適性と言語能力との関連を検討	1群	複数	Hummel(2009)
		1群	1種類	Miyake & Friedman(1998)
⑤	学習開始年齢の異なる群を比較	複数	複数	Harley & Hart(1997)
	言語能力の異なる群を対象に比較	複数	複数	Winke(2005)
\multicolumn{5}{l}{縦断的に学習成果を測定}
⑥	適性と言語能力の関係の変化を縦断的に比較	1群	複数	向山(2009a, 2009b)
		1群	1種類	Sagarra(2000)
⑦	言語能力の異なる群を対象に横断的・縦断的に比較	複数	1種類	Serafini & Sanz(2016)

一方，特定の指導・学習条件に焦点を当てて適性と学習成果との関係を探るデザイン③の研究にはさまざまなものが見られる(Harley & Hart, 2002; Révéz, 2012など)。特にワーキングメモリや音韻的短期記憶が特定の指導・学習条件（例えば，暗示的学習，付随的学習など）における学習にどのような影響を与えるのかを解明する研究が増えてきている(Williams, 1999; Williams & Lovatt, 2003など)。なお，母語によるワーキングメモリの測定など，教育的介入によって結果が影響されないことが明らかな場合は，事前ではなく学習後に測定を行っている研究もある(Sagarra, 2007; Révéz, 2012など)。このような指導・学習条件が一つの研究は指導・学習条件との相互作用を明らかにするという本来のATI研究とは研究デザインが異なるが，どのような指導・学習条件においてどのような適性が学習に関わっているのかという点から結果を解釈できる。

調査時期に着目した分類の第二は，一時点における学習者の適性と言語能力との関連を調査する研究で，適性と能力を同時に測定するデザインである。つ

まり，適性の測定と言語能力の測定との間に教育的介入がない研究である。このタイプの研究デザイン④には複数の適性要素と言語能力の関連を見るもの(Hummel, 2009など)だけでなく，特定の適性要素(例えば，ワーキングメモリ，言語分析能力など)と特定の言語能力(例えば，文処理，読解など)との関連を調べる研究(Miyake & Friedman, 1998：ワーキングメモリと文処理，Harrington & Swayer, 1992：ワーキングメモリと読解など)もある。また，適性と言語能力を同時に測定する研究の中にはタイプ⑤のように複数の群を対象にしているものもある。これらの研究は，例えば年齢要因と適性との関連(Harley & Hart, 1997など)，言語レベルと適性との関連(Winke, 2005など)といった研究課題の解明を目的として，複数の群からデータを収集して言語適性と言語能力の関係を比較している。

そして，第三が学習成果を縦断的に測定し，学習段階によって適性との関連がどのように変化するかを調査するタイプ⑥の研究である(向山, 2009a, 2009bなど)。ある程度まとまった数の対象者について複数の適性要素，学習成果のデータを縦断的に収集することには困難が伴うため，このタイプの研究もあまり数は多くない。しかし，例えばワーキングメモリや音韻的短期記憶など，特定の適性要素と学習成果との関係に着目した縦断的研究は行われている(Sagarra, 2000; Service & Kohonen, 1995; Hu, 2003など)。このような研究の中には学習成果だけでなく適性要素も縦断的に測定し，その変化を追っている研究もある(Service & Kohonen, 1995; Hu, 2003など)。また，第2章で言及されたSerafini & Sanz(2016)のように複数の能力レベルの対象者のデータを縦断的に収集するような研究もある。適性研究においてはまだ萌芽的と言えるこのような横断的・縦断的な研究デザインは，長期の縦断的研究の完全な代替にはなり得ないが，横断的研究だけでは解明が難しい課題の解決に寄与できる可能性を秘めている。

データ収集時期に着目して研究デザインを分類すると以上のようになるだろう。上述のように，これらの中でATIを検証するデザインは本来②のタイプであるが，特定の指導・学習条件を対象とした③のタイプについても併せて言及し，どのような指導条件，学習条件において，どのような適性要素が学習成果と関連しているのかについて検討したい。

1.4 適性と指導・学習条件の相互作用に関する実証研究

これまでの適性研究で対象とされた指導・学習条件／環境は多様である。コ

ミュニカティブ・アプローチ，イマージョン，自然習得環境，留学環境といった指導・学習環境における学習と適性との関係を調査している研究(Ranta, 2002; Harley & Hart, 1997; Harley & Hart, 2002など)も多いが，本節では Robinson のモデルに示されている指導・学習条件に限定し，それらの学習にどのような適性が関連しているのかを確認する。複数の指導・学習条件を設定して適性処遇交互作用を検討している研究(表3-2のタイプ②)，特定の指導・学習条件において適性との関連を検討している研究(タイプ③)を取り上げ，どのような結果が出ているのかを見ていく。

1.4.1 明示的条件・暗示的条件における適性の関与

複数の指導・学習条件を設定している研究においては明示的学習条件，暗示的学習条件，付随的学習条件を比較しているものが多い。適性として測定されている能力は研究によって異なるが，多くの研究で言語分析能力，音韻処理能力，記憶力をテストしている。また，ワーキングメモリを測定している研究もある。これらの研究において必ずしも一致した結果が得られているわけではないが，一定の傾向は見られるように思われる。以下でいくつかの研究結果を詳述する。

学習条件と適性の相互作用を検証する研究の中で先駆的なものとして挙げられるのは，de Graaff(1997)，Robinson(1997b)である。de Graaff(1997)はコンピュータを用いて人工言語 eXperanto を学習する実験研究である。対象者はオランダ人大学生56人で，明示的指導，及び暗示的指導の2条件に配置され，難易度，ルールの特質(統語的・形態素的)が操作された4種類のルールを学習した。明示的指導条件では学習中にフィードバック時も含め複数回の文法説明を受けるが，暗示的指導条件には文法説明は含まれていない。適性はオランダ語版 MLAT のパート4（文中の単語），パート5（対連合）と語彙の意味推測タスクを用いて測定している。なお，MLAT パート4，パート5は Robinson のモデルで明示的学習条件の適性を測定する方法として例示されている。学習後に文法性判断(時間制限有り・無し)，空所補充，誤用訂正の四つのタスクを用いて学習成果を測定し，適性との関連を検討した。その結果，相対的に明示的条件の方が得点は高かったが，どちらの条件においても，時間制限無しの文法性判断以外のタスクでテスト得点と適性に相関があった。つまり，適性と指導条件との相互作用は示されず，明示的指導条件においても暗示的指導条件においても MLAT のサブテストで測定されるような適性が学習に影響を与える要因

となっていることが明らかになった。

　Robinson(1997b)も de Graaff(1997)と同様，学習条件と適性との関係の解明を研究課題とする実験研究である。Krashen(1981, 1985) や Reber(1989, 1993)などが暗示的条件，付随的条件のような意識されない学習条件，いわゆる習得(acquisition)においては学習者の言語適性の影響はないと主張している。その主張を検証することを目的に行われた研究である。対象者は日本人，韓国人，中国人の中級英語学習者104人で，四つの学習条件—暗示的(文を記憶する学習)，付随的(文を理解する学習)，ルール発見(提示された文からルールを発見する学習)，文法指導(初めに文法説明を受ける明示的演繹的学習)に無作為に配置された。学習項目は難易度が異なる二つの英語のルールである。英語版MLATのパート4(文中の単語)，パート5(対連合)で適性を測定し，文法性判断テストで学習を測定した。それらのテスト得点の関係を検討した結果，暗示的，ルール発見，文法指導の3条件では文法性判断テスト得点と適性得点との間に相関が見られたが，付随的学習条件においては適性との関連が見られなかった。Robinson(1997b)ではこのような結果が得られたが，この研究は異なる母語(日本語，韓国語，中国語)の英語学習者に対して，母語ではなく英語版のMLATを用いて適性を測定しており，この点が結果に影響した可能性も否定できない。

　この研究に続く Robinson(2002b)では日本人大学生だけを対象とし，被験者内計画でサモア語を明示的，暗示的，付随的の3条件で学習するという実験が行われた。適性テストは MLAT ではなく日本語話者用の LABJ(Language Aptitude Battery for the Japanese)(Sasaki, 1996)が用いられ，また，リーディング・スパンテストでワーキングメモリ，WAIS-R(Wechsler Adult Intelligence Scale)で知能の測定も行われた。その結果，明示的学習条件では適性，知能との相関があったのに対し，暗示的学習条件，付随的学習条件では同様の相関は示されなかった。そして，付随的学習条件においてはワーキングメモリとの相関が高く，付随的学習にはワーキングメモリが関連していることが示された。ただし，学習の指標とされた文法性判断テスト(視覚・聴覚)，文産出テストすべてに相関があったわけではなく，主に聴覚による文法性判断テストに有意な相関が示された。このことから，学習条件だけでなく，さらにタスクの認知的要求とも相互作用があると言える。文法性判断テストが視覚提示の場合には判断を下すまでの間に情報を再確認できるが，聴覚提示の場合は情報をワーキングメモリ内にとどめている間に判断しなければならない。そのために，ワー

キングメモリの重要度がより高くなり，強い相関が示されたのであろう。
　このように de Graaff(1997)では明示的条件，暗示的条件の両方で適性との関連，また，Robinson(1997b)では明示的条件，暗示的条件，ルール発見条件で適性との相関が示された。そして，Robinson(2002b)では明示的条件で適性との関連，付随的学習でワーキングメモリとの関連が示された。暗示的学習条件については一致した結果ではなかったが，大きな傾向として MLAT のような適性テストで測定される適性（主に言語分析能力）は明示的学習，暗示的学習の両方に関連があるものと思われる。この傾向は他の研究においても見られるものなのか，さらに検討してみたい。
　Erlam(2005)は成人ではなく中学生(平均14歳)を対象とした研究である。ニュージーランドにおけるフランス語学習者60人を演繹的指導，帰納的指導，構造化インプット指導の3群に配置し45分の授業を3回行った。適性は実験6か月後に，音韻符号化能力(PLABパート5)，言語分析能力(MLATパート4)，音韻的短期記憶(単語リストの記憶と筆記再生)が測定された。学習成果は聴解，読解，口頭産出，筆記産出によって測定された。各指導における学習成果と適性との関連を検討した結果，明示的文法説明のある演繹的指導において学習成果が最も高かったが，適性との相関はほとんど示されなかった。一方，帰納的学習条件では言語分析能力との相関が，構造化インプット指導では言語分析能力，音韻的短期記憶との相関がいくつかのテストに関して示された。Erlam(2005)は演繹的指導においては明示的な文法説明と産出練習があったことが適性の差の影響を緩和したのではないかと考察している。
　この結果は明示的学習条件において適性との相関を示した de Graaff(1997)，Robinson(1997b, 2002b)とは異なるものであるが，研究対象者の中学生にとって MLAT パート4は難しすぎたということが記述されているので，この点が結果に影響している可能性がある。また，適性の測定方法だけでなく，対象者の年齢や学習対象の言語形式(フランス語の直接目的格代名詞)などの影響があるかもしれない。年齢と適性との関連はすでに重要な研究課題となっている(Harley & Hart, 1997; Dekeyser, 2000; DeKeyser, Alfi-Shabtay, & Ravid, 2010など)。また，学習対象の文法項目に関しては，指導効果研究において指導条件との間に相互作用があることが明らかになっている(Dekeyser, 1995; Robinson, 1996など)。言語項目の気づきやすさやルールの難易度は認知処理に影響を与えるため，適性との関係があることも予想される。Dekeyser(2012)は推測ではあるがと断った上で，適性と文法項目との間にも相互作用がある可

能性を指摘している。

　それでは，演繹的指導，帰納的指導のどちらにもルール説明が含まれている場合，すなわち，異なるタイプの明示的指導を比較した場合にどのような結果が得られているのか，Hwu & Sun（2012）の結果を紹介する。英語を母語とする大学生93人を演繹的学習条件33人，文法説明が学習後に与えられる帰納的学習条件40人，統制条件20人に振り分け，スペイン語の心理動詞のルールをコンピュータで学習させた。適性はテキストの記憶，言語分析能力（MLAT パート4），連合記憶（MLAT パート5）を測定した。テキストの記憶というのは，インドネシア語の15の文法ルールが書かれているテキストを読み，それを思い出すというタスクである。学習成果は筆記による文産出テストと文訂正テストで測定された。

　分析の結果，二つの指導の効果には差がなかったが，適性との関係において違いが見られた。MLAT パート5で測定した連合記憶，MLAT パート4で測定した言語分析能力は，この研究ではどちらの指導とも有意な相関は示されなかった。つまり，他の研究の明示的条件で言語分析能力との関連が見られているのとは異なる結果であった。一方，テキストの記憶はどちらの条件においても有意な相関が見られた。そこで，テキストの記憶得点によって学習者を上下に分けて検討したところ，記憶力が高い学生は帰納的学習条件において遅延テストで，より大きな伸びを示した。Hwu & Sun（2012）はこれらの結果から，記憶力の高い学習者にとっては帰納的指導に文法説明を加えた指導の方がより効果的であると述べている。テキストの記憶で測定されるような記憶力（ワーキングメモリが関わっていると思われる）の高い学習者はインプットから自分でルールを発見し，その後与えられる文法説明によってその仮説を確認するという作業を効果的に行うことができるのであろう。

　Hwu & Sun はさらに同じデータを Hwu, Pan, & Sun（2014）において潜在曲線モデルによる分析（latent growth curve analysis）を行って検討している。その結果，記憶力が低い学習者は帰納的指導より演繹的指導において文訂正テスト得点がより高かったことが示された。この研究で設定された指導条件はどちらも文法説明を含む明示的指導であった。しかし，文法説明のタイミングによって学習のプロセスは異なる。与えられたルールを適用しながら学習を進めるのと，自分でインプットの中からルールを抽出し，それを文法説明によって確認するのとでは，学習者に要求される認知活動も異なる。そのため，同じ明示的指導であっても適性によって指導の効果の現れ方が異なったのであろう。

ここまで ATI を確認することを目的としたいくつかの研究について述べてきた。これらの研究はそれほど数が多くない上，研究デザイン，焦点を当てている適性要素やその測定方法，学習対象の言語項目や学習成果の測定法が異なるため，結果を統合して解釈するのが難しい。しかし，前述したように，大きな傾向としては明示的学習には言語分析能力（MLAT パート 4 で測定）が関係しているようである。また，Robinson のモデルには示されていない暗示的学習にも言語分析能力が関わっていることを示す研究（de Graaff, 1997; Robinson, 1997b; Erlam, 2005）が複数あることから，言語分析能力は指導の明示性に関係なく重要である可能性が高いと考えられる。

1.4.2　付随的条件における適性の関与

　それでは，付随的学習の場合はどうなのか。すでに述べたように，Robinson（1997b, 2002b）では言語分析能力のような適性との関連はなく，ワーキングメモリとの関連が示された。付随的指導・学習条件に焦点を当て適性との関連を調べている研究はそれほど多くないが，いくつかの研究について見てみたい。

　Nagata, Aline, & Ellis（1999）はワーキングメモリではなく MLAT パート 5 を用いて記憶を測定しているが，付随的学習に記憶が関係していることが示されている。この研究は複数の学習条件を比較するのではなく，リスニング・タスクに付随して起こる語彙[4]学習と適性との関係を検討している。日本人英語学習者177人を対象に30分程度のリスニング・タスクを実施し，その中に含まれる未知語の学習に焦点を当てている。適性は 5 種類のテスト－フィンランド語の単語リストの記憶，MLAT パート 4，MLAT パート 5，PLAB パート 5（音の識別），PLAB パート 6（音声と記号の一致）で測定している。なお，PLAB パート 5，6 は下記のようなテストである[5]。

PLAB パート 5（音声の違いを識別する）
　ba は 'cat', da は 'see' であることを学習した後，文中にどちらが含まれているか判断する。
　　例）　po lan ba　　A. cat　　B. see

---

[4]　語彙の意味の学習であるため，「語意」としている。
[5]　http://lltf.net/aptitude-tests/language-aptitude-tests/pimsleur-language-aptitude-battery/plab-sample-items/

PLAB パート6（非単語の発音を聞き，対応する綴りを選ぶ）
　　例） Trapled　　Tarpled　　Tarpdel　　Trapde

　適性と聴解，語意学習の関係を重回帰分析で検討した結果，聴解に関与していたのはMLATパート4，MLATパート5，PLABパート6であった。それに対し，付随的語意学習に関連していたのは連合記憶を測定するMLATパート5だけであった。付随的学習が起こるためには意味と形式の両方に注意を向ける必要があるため，ワーキングメモリの容量が大きいほど有利である。上述のようにNagata et al.(1999)はワーキングメモリを測定していないが，どのような機能であれ，リスニングに伴う付随的学習には記憶力が重要であることが示されたと言えるだろう。

　Brooks & Kempe(2013)はロシア語の語彙，及び形容詞と名詞のジェンダーの一致と格表示についての文法を学習対象項目とした実験である。研究の主目的は，文の意味理解の中で文法を学習するという付随的学習条件において，メタ言語的アウェアネスが学習の個人差にどのように関与しているかを解明することである。非言語の知能，聴覚による配列学習能力，ワーキングメモリ，音韻的短期記憶の四つの認知能力を学習の予測要因として測定している。なお，ワーキングメモリはリーディング・スパンテスト，音韻的短期記憶は非単語の復唱で測定されている。対象者は英語母語話者，または母語話者と同等の運用能力があるアメリカの大学生77人で，音声提示のダイアローグとともに絵が提示される中で（翻訳は示されない），ロシア語の語彙と文法を学習するトレーニングを受けた。1時間のトレーニングが2週間の間に6回実施され，最終回に15分の産出テスト，語彙テストが行われた。

　分析の結果，リーディング・スパンテスト，及び非単語の復唱得点は語彙学習と有意な相関が示された。一方，文法学習との相関はなく，文法学習にはRobinsonが仮定するワーキングメモリではなく，メタ言語アウェアネスが関わっていた。言語習得にはインプット中の規則性，例えば形態論的特徴や統語規則のようなパターンを見つけることが必要であるが，付随的学習においてそのような規則性に気づいてメタ言語的アウェアネスが生じるかどうかは，学習者の言語分析能力に影響されると思われる。したがって，Brooks & Kempe(2013)の結果からは，付随的な語彙学習にはワーキングメモリが関与しているが，文法習得が促進されるためにはワーキングメモリだけでは十分ではなく，言語分析能力も必要であると言えるだろう。しかし，この研究では80%の対象

者がスペイン語やイタリア語のようなジェンダーを区別する言語の既有知識を持っていた。ワーキングメモリとの関連が見られなかったのはそのような要因の影響があった可能性も示唆されており，母語と目標言語の文法の類似性も適性と学習成果との相互作用に影響を及ぼしているようである。

　同じようにロシア語の名詞と形容詞のジェンダー，及び格の一致を学習対象とした実験にDenhovska, Serratrice, & Payne(2016)がある。Brooks & Kempe(2013)の研究デザインがより精緻化されており，インプットのタイプ頻度とのべ頻度の高低を操作し，四つの付随的学習条件を設定して実験が行われている。対象者は大学生100人であるが，どの対象者もジェンダーの一致のある言語の知識がない。ワーキングメモリはオペレーション・スパンテスト(演算と文字の記憶)とリーディング・スパンテストの2種類のテストで，付随的学習は名詞・形容詞の一致のルールを適用して答える穴埋めテストで測定された。

　分析の結果，インプットのタイプ頻度，のべ頻度ともに低い条件以外では，リーディング・スパンテストで測定したワーキングメモリと有意な相関が見られた。オペレーション・スパンテスト得点との関連は見られなかった。この結果から，概して付随的学習，すなわち意味理解に伴って言語形式を学ぶ場合には言語に関わるワーキングメモリが重要であることが示されたと言える。ただし，付随的学習には学習者が触れるインプットの頻度の影響があることも同時に示されたことから，指導・学習条件と適性との相互作用に他の要因が複雑に関わっていることが示唆される。Denhovska et al.(2016)はこの結果は初期学習についての結果であり，知識が蓄積された段階では異なる可能性があるとし，縦断的な研究の必要性を指摘している。

　以上のように付随的学習条件にワーキングメモリが関わっているかどうかはすべての研究の結果が一致しているわけではない。しかし，意味に焦点が当たっている中で言語形式にも注意を向けるためにはワーキングメモリの効率的な使用が不可欠であろう。研究結果の不一致は，学習段階，既知言語，学習対象の言語形式の透明性やインプット頻度など，さまざまな要因が介在しているためだと思われる。今後，そのような要因を厳密に統制した実験研究が必要であろう。しかし，それと同時に，実際の教室での付随的学習にどのような適性が関わっているのか，生態学的妥当性のある研究を進める必要もあるだろう。

1.4.3　フィードバックにおける適性の関与

　複数の指導・学習条件に適性という要因を組み込んだデザインで学習成果を

比較する実験研究の中に，訂正フィードバックに焦点を当てたものがある。Robinsonのモデルにおいて適性が示されているのは暗示的フィードバックのリキャストだけであるが，ここではリキャストだけでなく異なるタイプのフィードバックも取り上げ，訂正フィードバックと適性の関係についてどのようなことが明らかになっているか検討したい。

　リキャストは学習者の間違いに対し正用を繰り返すだけの暗示的フィードバックであるため，リキャストされたことに気づくかどうかは学習者の適性によって異なると考えられている。Mackey, Philp, Egi, Fujii, & Tatsumi(2002)はこれを検証した研究である。日本人大学生30人に対して英語疑問文の誤用があった時にリキャストするという指導実験を行い，事前に測定した音韻的短期記憶，及びワーキングメモリとリキャストに対する気づきとの関係を調査した。その結果，ワーキングメモリの高い学習者ほどリキャストに気づいていたこと，また，発達レベルによる違いはあったが，音韻的短期記憶も気づきと関連があることが示された。

　Mackey et al.(2002)はリキャストに対する気づきだけを対象としており，リキャストの効果との関係は検証していないが，その後に続く研究では指導・学習の効果も含めてフィードバックと適性との関連が研究されている。それらの研究は言語分析能力とワーキングメモリを適性要因とし(両者の場合も，どちらか一方の場合もある)，リキャストと明示的フィードバックを比較しているものが多い。

　Sheen(2007)は適性要素として言語分析能力を組み込み，リキャストとメタ言語訂正を比較した準実験研究である。アメリカのコミュニティカレッジで学ぶ中級英語学習者(母語は多様)80人を対象として，英語の冠詞のルールを学習する中でフィードバックを与えるという指導を行い，フィードバックの効果と適性との関連を検討した。言語分析能力の測定には人工言語の単語と文のリスト(英訳付き)からルールを学習するテストが用いられた。フィードバックの効果はディクテーション，筆記テスト(絵描写)，誤用訂正テストによって測定された。事後テストでの得点の伸びと言語分析能力の相関はメタ言語訂正群だけに示され，言語分析能力は教室指導におけるリキャストとは関連がないという結果になった。

　同じようにリキャストと明示的フィードバックの比較をしている研究にYilmaz(2012)がある。この研究は言語分析能力とワーキングメモリを測定し，フィードバック方法と適性のATIを検証している。対象者は英語を母語とする

大学生48人で，学習するのは対象者が学んだことのないトルコ語で，複雑さの異なる二つの言語項目 – 複数形態素，及び所格形態素が学習対象とされた。48人の対象者をリキャスト群，明示的訂正群（メタ言語説明は含まれない），統制群に配置し，インフォメーションギャップタスクを研究者と一対一で行った。学習成果は口頭産出と理解（聴覚・視覚）によって測定された。言語分析能力はLLAMAのサブテストFで，ワーキングメモリはオペレーション・スパンテストで測定された。LLAMA_Fは文法を抽出するタスクで，未知の言語の意味と構造を記憶し，理解した文法を新たな例に適用できるかどうかを見るテストである。

　この研究はフィードバックのタイプ，二つの適性，複雑さの異なる言語項目を要因としているため複雑な結果が報告されているが，重要なポイントは言語分析能力，ワーキングメモリともに明示的訂正群においてはテスト総合点との有意な相関が示されたが，リキャスト群においては示されなかったことである。つまり，明示的訂正フィードバックには言語分析能力，ワーキングメモリの両方が関連しているが，リキャストには関連していないという結果であった。さらに，対象者の適性得点を上下に分けてフィードバックの効果を検討すると，言語分析能力，ワーキングメモリの高い学習者にはリキャストより明示的訂正の方がより効果的であるのに対し，これらの認知能力が低いグループではどちらのフィードバックにも差がなかった。つまり，フィードバック方法と適性との間にATIが見られたことになる。

　リキャストに言語分析能力は関連しないという点ではSheen(2007)と同じ結果であるが，ワーキングメモリが関連しないという点はRobinsonの仮説やMackey et al.(2002)の結果と一致していない。このような結果の違いの原因を特定するのは困難であるが，インストラクションの長さ，学習項目(Yilmaz(2012)は初習の言語)，適性や学習成果の測定方法など，さまざまな要因が考えられるだろう。

　リキャストと言語分析能力の関係については，Sheen(2007)，Yilmaz(2012)と異なる結果を示している研究もある。言語分析能力とワーキングメモリを適性要因とし，リキャストとメタ言語訂正を比較したS. Li(2013)では，言語分析能力とリキャストとの関連が示されている。大学生の初級中国語学習者78人（英語母語話者75人，韓国語母語3人）が三つの条件(統制群を含む)に配置され，中国語の助数詞を学習した。学習成果の測定には文法性判断テストと口頭模倣テスト(elicited imitation)が用いられた。この研究で用いられた口頭模倣テス

トの方法は，まず音声提示された文の内容が自分の経験と一致しているかどうかを判断した後，その文を復唱するというものである。この口頭模倣テストによって測定される能力についてはさまざまな議論があり，Suzuki & Dekeyser (2015) は自動化された明示的知識を測定していると主張しているが，S. Li (2013) においては，文法性判断は明示的知識，誘出模倣は暗示的知識を測定するものとして操作されている。一方，適性の測定方法として，言語分析能力には MLAT パート4が，ワーキングメモリにはリスニング・スパンテストが用いられた。リスニング・スパンテストは意味判断，ターゲット語の記憶，反応時間によって得点化された。

　重回帰分析の結果，言語分析能力はリキャストによる明示的知識の伸びに関連していたが，メタ言語訂正との関連は示されず，Sheen (2007)，Yilmaz (2012) とは異なる結果となった。一方，ワーキングメモリに関してはメタ言語訂正による明示的知識，暗示的知識を予測するという結果が示された。これはYilmaz (2012) と同じ傾向と言える。しかしながら，この研究においても Robinson のモデルで示されているようなリキャストとワーキングメモリとの関連は見られなかった。

　言語分析能力に関して Sheen (2007)，Yilmaz (2012) と異なる結果になったのは，上にも述べたように原因は特定できないが，大きな問題として測定方法の違いが考えられる。S. Li (2013) が用いた MLAT パート4は多くの研究で言語分析能力の測定ツールとして利用されているが，このテストは帰納的言語学習能力を測定していないと指摘されている。それに対して Sheen (2007) が用いたテストや Yilmaz (2012) が用いた LLAMA_F は帰納的言語学習能力を測定していると考えられ，そもそも測定している認知能力に違いがある。そのため研究の結果にも違いが現れたのであろう。

　それでは，Robinson のモデルに仮定されているリキャストとワーキングメモリの関係は，他の研究でも示されていないのであろうか。適性として記憶力に焦点を当てた Révéz (2012) の結果を紹介する。ハンガリーの高校で学ぶ初級英語学習者90人を対象とした教室における研究で，誤用に対しリキャストされるグループとリキャストされないグループを比較している。適性として取り上げられたのはワーキングメモリと音韻的短期記憶で，母語によるリーディング・スパンテスト，デジット・スパンテスト，非単語スパンで測定された。

　その結果，ワーキングメモリ，音韻的短期記憶に優れている学習者ほどリキャストから学んでいたことが示され，Robinson の仮説を支持する結果となっ

た。しかし，学習成果測定テストに注目して分析した場合，ワーキングメモリは筆記産出との関係，音韻的短期記憶は口頭産出テストとの関連が見られた。この結果からは適性が単に指導・学習条件と相互作用しているだけではなく，学習成果測定に用いられたタスクとの相互作用，より広く解釈すれば言語スキルとの相互作用があることが示唆される。

　次に，コンピュータでの学習におけるリキャスト研究をいくつか取り上げて結果を見てみたい。第2章で注意制御を測定している研究として言及があったTrofimovich, Ammar, & Gatbonton(2007)は，フランス語を母語とする英語学習者32人を対象とした実験研究である。リキャストのターゲットは文法(所有の限定詞：his/herなど)，語彙，文法と語彙の組み合わせの三つであった。学習者はコンピュータに提示された絵についての質問(音声提示)に答える，その回答に対してリキャストが与えられるという手順で絵描写タスクを行った。適性は言語分析能力(MLATパート4)，音韻的短期記憶(非単語列の再認)，ワーキングメモリ(WAIS-Ⅲのサブテスト)，注意制御(数字や文字を順番に結ぶタスク)の四つが測定された。

　これらの適性と得点と産出の正確さに関して相関分析を行った結果，言語分析能力は文法項目の正確さと有意な相関，注意の制御は文法，語彙，文法・語彙のすべてにおいて有意な相関が示された。音韻的短期記憶とワーキングメモリには相関が見られなかった。記憶との関連が見られなかったことはMackey et al.(2002)の結果と異なり，また，Robinsonがリキャストの適性としている「発話の記憶」(ワーキングメモリが一次能力とされている)との関連がなかったことにもなる。しかしその一方で，注意制御との強い関係が示されたことから，Robinsonのモデルにおけるリキャストのもう一つの適性要素である「ギャップの気づき」が注意制御と関連している可能性がうかがえる。

　コンピュータによるリキャスト研究としてSagarra(2007)，Sagarra & Abbuhl (2013)も挙げられる。どちらの研究も英語を母語とする大学生の初級スペイン語学習を対象とした実験研究で，名詞・形容詞の結合におけるジェンダー，数の一致を学習対象としている。Sagarra(2007)は65人の対象者をリキャスト群と統制群に配置して比較した。一方，Sagarra & Abbuhl(2013)は対象者218人をリキャスト群，強化リキャスト群，否定フィードバック群，統制群の4群に配置して比較している(ただし，すべての学習成果テストを受けたのは107人)。適性はワーキングメモリがリーディング・スパンテストで，学習成果は筆記テストと対面式の口頭産出テストで測定された。

その結果，Sagarra(2007)，Sagarra & Abbuhl(2013)どちらの研究においてもリキャスト群でワーキングメモリと口頭産出テストとの関連が見られ，Robinsonのモデルが予測する結果となった。しかし，この二つの研究で実験中に対象者が行ったのは文法穴埋め問題のような部分的産出であるため，意味処理が伴っているとは言えず，通常のリキャストの認知プロセスとは若干異なると思われる。しかし，間違った回答に対して正しい表現を与えているという点ではリキャストと共通している。したがって，この実験における学習の認知プロセスがどのようなものであったとしても，ワーキングメモリ容量が多い学習者ほど与えられたインプットを効果的に利用できていたと言える。
　以上，適性を要因として組み込んだフィードバック研究の結果を紹介した。適性，学習成果の測定方法の問題や学習対象項目などの要因の影響で結果が一致しない部分も多いが，Robinsonのモデルに示されているリキャストについて言えば，ワーキングメモリ，音韻的短期記憶，注意制御といった能力だけでなく，言語分析能力とも関係があることが示唆される。
　1.4ではRobinsonが提示したATIを基盤としたモデルに基づき，これまでの実証研究から得られている知見について説明した。各研究のデザインはさまざまな点で異なっており，一致した結論を見いだすのは難しい。しかし，明示的条件，暗示的条件のどちらにおいても言語分析能力が重要な役割を果たしていること，付随的条件にはワーキングメモリが深く関与していること，リキャストにはワーキングメモリ，音韻的短期記憶，注意制御だけでなく，言語分析能力が関わっている可能性があることなどは言えそうである。表3-3 (112～113ページ)に**1.4**で取り上げた研究の概要を示す。

2. 言語適性と第二言語習得過程の相互作用

　ここまで，学習者の適性(個性)と指導・学習条件(環境)の相互作用に注目したRobinsonの理論について説明してきたが，次に述べるSkehan(1998, 2002)の理論は適性と第二言語習得の発達段階との相互作用に注目したものである。**1.1**で適性処遇交互作用を説明するために，並木(1997)の個性と環境条件の交互作用の図を提示したが，並木は「各発達段階において，それぞれ異なった個性の局面とそれに応じる環境からの働きかけがあり，その結果として教育効果があると考えなければならない」(並木1997, p.13)と述べ，個性と環境の関係には発達の次元を考慮する必要があると指摘している。つまり，学習者の適

性が学習成果に与える影響は，指導・学習条件だけではなく発達段階とも関連があるという指摘である。これは Skehan の理論と軌を一にするものと言える。Robinson(2002c)も Robinson と Skehan の理論枠組みは適性の相互作用を異なる方向から理論化したものであり，両者は補完的なものであると述べている。これらのことを踏まえると適性処遇交互作用は，適性×指導・学習条件×発達段階の相互作用としてとらえる必要があると言えるだろう。本節では Skehan の理論について説明し，それらに関連する実証研究を紹介したい。

　まず，Skehan が言語適性の構成要素を三つと考えていること，次にそれらの構成要素と言語処理段階との相互作用についての仮説，運用能力の発達段階との相互作用についての仮説，外国語習得成功への二つのルートについての主張を説明し，最後にそれらの理論に関連する実証研究について述べ，これまでの知見を整理する。

2.1　言語適性の構成要素

　Skehan は適性と言語処理の段階，及び適性と運用能力の発達段階に相互作用があるという二つの仮説を構築している。これらの理論の基本にあるのは，言語適性は音韻処理能力[6]，言語分析能力，記憶力の3要素から構成されるとする見解である。

　言語適性がどのような能力から構成されるものと考えるかは研究者が立脚する理論枠組みによって異なる。CANAL-F(Cognitive Ability for Novelty in Acquisition for Language-Foreign)を開発した Grigrenko, Sternberg, & Ehrman (2000)のように，知能も含めてとらえる立場もあれば，前節で取り上げた Robinson のようにどのような指導・学習条件とどのような言語適性が関わっているかという観点から理論化する立場もある。Skehan に関して言えば，MLAT において適性要素とされた四つの能力(音韻符号化能力，文法的敏感性，帰納的言語学習能力，連合記憶)のうち，文法性敏感性と帰納的言語学習能力を統合して言語分析能力とし，言語適性を3要素とする理論を展開している。Skehan(1998)はこれら三つの適性要素について次のように説明している。

---

[6] Skehan(1998)では同じ概念を auditory ability, phonemic coding ability という二つの用語で呼んでいる。また同様に，linguistic ability, language analytic ability という二つの用語を使用している。本書ではこれらの概念の日本語訳として音韻処理能力，言語分析能力を使用する。

表 3-3 適性と指導・学習条件の相互作用に関連する実証研究

研究例	指導・学習条件	母語	対象者	学習対象言語・項目	言語能力測定	適性測定	主な結果
ATI に関連する研究							
Wesche (1981)	オーディオリンガル分析的機能的	英語	カナダ言語トレーニングプログラム学習者	フランス語	聴解口頭産出	MLAT PLAB	言語分析能力が高い学習者は分析的指導の方が成績が良い
安藤他 (1992)	コミュニカティブ文法的	日本語	小学5年生90人	英語 be 動詞 have・like	英訳和訳語順並べ替え	知能テストWM(RST・LST)適性テスト	WM が学習の予測要因適性が高い児童は文法的アプローチが効果的適性が低い児童はコミュニカティブが効果的
明示的条件・暗示的条件などにおける適性に関する研究							
De Graaff (1997)	明示的暗示的	オランダ語	大学生56人	人工言語(形態的/統語的×難易ルール四つ)	文法性判断空所補充誤用訂正	MLAT パート4 MLAT パート5 語彙の意味推測タスク	どちらの条件においても,時間制限無しの文法性判断以外のタスクでテスト得点と適性に相関
Robinson (1997b)	暗示的付随的ルール発見明示的演繹的	日本語中国語韓国語	大学生104人	英語(難易度の違うルール二つ)	文法性判断	MLAT パート4 MLAT パート5	暗示的・ルール発見・明示的条件で適性との相関があった
Robinson (2002)	明示的暗示的付随的	日本語	大学生55人	サモア語	文法性判断文産出	LABJ WM(RST) WAIS-R	明示的・暗示的条件では適性との相関があった付随的条件では適性との相関はなく,WM との相関が高かった
Erlam (2005)	演繹的指導帰納的指導構造化インプット指導	英語	中学生60人	フランス語直接目的格代名詞	聴解読解筆記産出口頭産出	PLAB パート5 MLAT パート4 WM(単語リストの記憶)	演繹的条件ではほとんど適性と相関がなかった帰納的条件では言語分析力と相関があった構造化条件では筆記産出と WM に相関があった
Hwu & Sun (2012)	演繹的指導帰納的指導(文法説明あり)	英語	大学生93人	スペイン語の動詞	筆記文産出筆記誤用訂正	テキストの記憶MLAT パート4 MLAT パート5	どちらの指導もテキストの記憶と相関があった記憶の高い学習者は帰納的指導の方が効果が高い
Hwu et al. (2014)	演繹的指導帰納的指導(文法説明あり)	英語	大学生93人	スペイン語の動詞	筆記文産出筆記誤用訂正	テキストの記憶MLAT パート4 MLAT パート6	記憶力の低い学習者は演繹的指導の方が効果が高い
フィードバックにおける適性に関する研究							
Nagata et al. (1999)	付随的	日本語	大学生177人	英語の語意	聴解語意学習	単語リストの記憶(フィンランド語)MLAT パート4 MLAT パート5 PLAB パート5 PLAB パート6	聴解は MLAT 4・5,PLAB 6 と関連していた付随的語意学習は MLAT パート5 と相関があった
Brooks & Kempe (2013)	付随的	英語	大学生77人	ロシア語のジェンダーの一致など格変化	口頭産出語彙	非言語知能聴覚配列学習能力WM(RST)PSTM(非単語の復唱)	WM,PSTM と語彙学習に相関があったが,文法学習にはなかった文法学習にはメタ言語アウェアネスが関わっていた

研究例	指導・学習条件	母語	対象者	学習対象言語・項目	言語能力測定	適性測定	主な結果
Denhovska et al. (2016)	付随的	英語	大学生100人	ロシア語のジェンダーの一致など格変化	穴埋め産出	WM (OPST・RST)	WM(RST)との相関があったが，WM(OPST)とは相関がなかった
Mackey et al. (2002)	リキャスト	日本語	大学生30人	英語疑問文	気づき	WM(RST) PSTM(非単語の復唱)	WMが高い学習者ほどリキャストに気づいていた 発達レベルによるが，PSTMも気づきと関連していた
Sheen (2007)	リキャスト メタ言語訂正	多様	英語学習者80人	冠詞	ディクテーション 筆記産出(絵描写) 誤用訂正	ルール抽出テスト	メタ言語訂正に言語分析能力との相関が示された リキャストには相関がなかった
Yilmaz (2012)	リキャスト 明示的訂正	英語	大学生48人	トルコ語の形態素規則	口頭産出 理解(聴覚・視覚)	LLAMA_F WM(OPST)	明示的訂正では言語分析能力，WMと相関があった リキャストには相関がなかった 適性が高い学習者は明示的訂正の方が効果が高い 低い学習者はどちらも同じ
S. Li (2013)	リキャスト メタ言語訂正	英語 韓国語	大学生78人	中国語の助数詞	文法性判断 口頭模倣	MLAT パート4 WM(LST)	リキャスト(明示的知識の伸び)と言語分析能力との関連が示された メタ言語訂正との関連はなかった
Révész (2012)	リキャスト	ハンガリー語	高校生90人	英語	文法性判断 筆記産出 口頭産出	WM(RST) PSTM(DST・非単語スパン)	WM・PSTMが高い学習者はリキャストからより効果的に学んでいた WMは筆記産出，PSTMは口頭産出と関連していた
Trofimovich et al. (2007)	リキャスト	フランス語	英語学習経験者32人	英語の文法・語彙	口頭産出(絵描写)	MLAT パート4 PSTM(非単語列の再認) WM(WAIS-III) 注意制御	言語分析能力と文法の正確さと相関があった 注意制御は文法，語彙の正確さと相関があった PSTM，WMは関連がなかった
Sagarra (2007)	リキャスト	英語	大学生65人	スペイン語の名詞・形容詞のジェンダー・数の一致	筆記産出 口頭産出	WM(RST)	WMと文法の正確さに関連があった
Sagarra & Abbuhl (2013)	リキャスト 強化リキャスト 否定フィードバック	英語	大学生218人	スペイン語の名詞・形容詞のジェンダー・数の一致	筆記産出 口頭産出	WM(RST)	リキャストが最も効果的だった リキャストでWMと文法の正確さに関連があった

WM：ワーキングメモリ　PSTM：音韻的短期記憶
RST：リーディング・スパンテスト　LST：リスニング・スパンテスト　OPST：オペレーション・スパンテスト
DST：デジット・スパンテスト

音韻処理能力は基本的には Carroll(1962)の音韻符号化能力(未知の音声材料を認識,識別し,長期記憶に保持する能力)と同じものであるが,単に音を符号化するだけでなくインプット処理全般に関わる能力だとしている。したがって,音韻処理能力と音韻符号化能力は同一の概念ではなく,音韻符号化能力は音韻処理能力に包含される能力と考えられる。第2章で説明があったように,音韻処理には音韻符号化能力だけでなく,音韻意識,音韻的短期記憶などさまざまな能力が関わっており,Skehan が定義する音韻処理能力はさらにいくつかの下位能力から構成される概念だと言える。

　二つ目の言語分析能力は上述の通り,Carroll の文法的敏感性,帰納的言語学習能力を統合したものである。Carroll は文法的敏感性を文中の要素の文法機能を認識する能力,帰納的言語学習能力を言語材料からルールを帰納する能力と定義しているが,Skehan はこの二つの能力は言語分析能力という一つの能力の受動的側面と能動的側面ととらえて統合している。

　そして,三つ目の記憶力に関しては,これまでの適性研究においては符号化に焦点が当てられていたが,符号化,貯蔵,検索を区別する必要があると主張している。記憶研究が進んだ現在,符号化と関係が強い連合記憶だけでは不十分であることは共通認識となっている。

　Skehan はこのように言語適性をとらえ,それぞれの適性要素が言語処理段階,及び言語運用の発達段階と相互作用していると主張している。

2.2　適性と言語処理段階の相互作用

　適性と言語処理の段階に相互作用がある,つまり言語処理の段階によって関与する適性が異なるという仮説は Skehan の主張の中で中心的なものである。Skehan(1998, 2002)によれば,音韻処理能力はインプット処理,言語分析能力は言語材料の体制化や操作,記憶力は新しい情報の貯蔵だけでなく,効果的な検索にも関連していると述べている。仮定される適性要素と言語処理段階の関係の詳細は表3-4に示す通りである(Skehan, 1998, p.203)。この表には音韻処理能力とインプット処理段階,言語分析能力と中央処理段階,記憶力とアウトプット段階が関連しているという適性要素と処理段階との結びつきだけでなく,各適性要素が各処理段階でどのような役割を果たすのか,その具体的な働きが記されている。

表3-4 適性と処理段階

適性要素	段階	働き
音韻処理能力	インプット	気づき
言語分析能力	中央処理	パターンの特定 一般化 再構築 二重符号化の体制化
記憶力	アウトプット	検索 ・ルールに基づく運用 ・事例に基づく運用

Skehan(1998, p.203, 筆者訳)

　Skehan(1998)は音韻処理能力をインプット段階に関連がある能力としているが，その理由として次の2点を挙げている。

①音韻符号化は言語習得の第一段階で特に重要である。習得が始まるためには，音声インプットを処理可能なものに変換することが不可欠であり，変換できないことは実質的にインプットがないことを意味する。
②音韻処理能力は次の段階の処理のためにどのくらいの理解可能なインプットが得られるかに影響を与える。

　つまり，インプットを音韻符号化することなしに，それに続く処理は不可能であり，音韻符号化されたインプットが十分に得られなければ，習得に結びつかないという説明である。表3-4においては音韻処理能力が習得に必要とされる「気づき」に関連することが示されている。
　言語分析能力は「言語のルールを推論し，言語的な一般化をする能力」(Skehan, 1998, p.204)と定義されている。中央処理の段階では符号化されたインプットからパターンを抽出することによりルールが形成されるが，これらの処理を行うために言語分析能力が必要となる。Skehan(1998, 2002)は学習者の言語知識にはルールを基盤とした知識と事例を基盤とした知識の2種類があると述べている。表3-4の中の二重符号化の体制化とは，学習者が持っているこれら二つのシステムを調和させること，すなわち知識を再構築することであり，このようなプロセスのためには言語分析能力が重要であるとしている。
　記憶は情報の符号化だけではなく貯蔵や検索にも関わるプロセスであるが，これまでの適性研究における記憶の扱いは，新しい情報の学習に必要であると

いう点から符号化に焦点が当てられていた。しかし，即時発話においては，記憶された項目を効率的に検索できることが重要であり，効率的な検索のためにはどのように情報が貯蔵されているかも重要となる。上述した2種類のシステムのうち事例を基盤としたシステムはチャンクを単位とする記憶に基づくものであるが，そのようなシステム構築には情報がチャンクとして活性化されやすい形で貯蔵されていることが必要である。このようにアウトプットには記憶の貯蔵や検索という側面が大きく関わっているため，Skehan は記憶力とアウトプットを結びつけて考えているのである。

2.3　適性と運用能力の発達段階の相互作用

　二つめの仮説は，適性3要素と言語運用能力の発達段階には相互作用があるというもので，Skehan(1998)は図3-6のような図式(図2-2を再掲)を提示してこの仮説について説明している。すでに述べたように Skehan は適性の構成要素として，音韻処理能力，言語分析能力，記憶力の三つを挙げているが，これらの適性要素は同じように習得に影響を与えるのではなく，運用能力の発達段階によって重要度が異なると主張している。具体的には以下のように説明されている。

(1)　音韻処理能力は熟達度が低い段階，すなわち学習の初期段階で重要である。
(2)　言語分析能力はすべての段階で重要である。
(3)　記憶力はすべての段階で重要であるが，熟達度が高くなった段階でより重要になる。

　前節で Skehan が仮定する三つの適性要素と言語処理段階との相互作用について述べたが，その主張は次のように運用能力の発達段階との関連に拡張して考えることが可能である。
　言語習得にインプットが必要であることに異論を唱える余地はない。しかし，言語習得が起こるためにはインプットがあるだけでは不十分で，そのインプットが処理されなければならない。そして，インプットを処理可能にするためには音韻符号化能力が必要である。つまり，音韻符号化できなければ習得が始まらないので，特に学習初期において音韻符号化能力が重要となる。

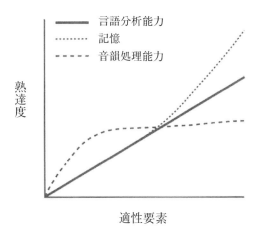

図 3-6　適性要素と熟達度の関係 (Skehan, 1998, p.217)

　Skehan によれば，言語知識には事例を基盤とする知識とルールを基盤とする知識があるが，流暢な言語運用を行うためには両者が等しく必要である。これら 2 種類の知識の存在は，インプットを分析されない固まりの形で事例として記憶するプロセスと，記憶された多くの事例からパターンを特定し，一般化されたルールを習得するプロセスがあるということを意味する。そして，初めは固まりとして記憶した事例も習得が進むにつれて徐々に分析的なものに変化していく。学習者は新たなインプットに出会うたびに，これらのプロセスを通して常に中間言語を再構築しているが，言語分析能力はそのための重要な役割を果たしていると考えられる。このような知識の再構築のプロセスは学習の初期段階から継続して行われるため，言語分析能力はすべての段階で重要となる。

　記憶力はすべての学習段階で必要であるが，流暢な即時発話を行うためには，長期記憶にチャンクとして貯蔵してある項目を素早く検索できなければならない。そして，そのためには効率よく情報を引き出せるような検索構造が作り上げられていることが前提となる。高い言語運用能力があるということは，そのような知識構造を持ち，そこから必要な項目を効果的に検索することが可能であることを意味している。つまり，学習が進んだ段階においては，インプットの「符号化」に加え，長期記憶からの「検索」が記憶の機能として重要になる。このため，記憶力は学習が進んだ段階でより重要な役割を担っているのである。

2.4 言語習得に成功する2種類のタイプの学習者

Skehanの二つの仮説について説明したが，これらは適性要素に焦点を当てたものである。それに対して，もう一つの主張は学習者に焦点を当てたものと言える。この仮説によれば，言語学習の成功者には二つのタイプがあり，分析的能力，あるいは記憶力のどちらか一方でも優れている場合に，学習に成功するという。

MLATなどの適性テストを用いた多くの研究では，各適性要素を測定するサブテストの合計が言語学習の成功と関連しているという考え方が前提となっている。それに対して，Skehanは適性要素の足し合わせではなく，適性プロフィール，すなわち，適性要素の組み合わせパターンに着目している。この考え方は図3-4に示したRobinsonのモデルにおいて，特定の指導・学習条件に関与する適性を複数の認知能力の組み合わせとしてとらえていることと共通する部分がある。

Skehanのこの仮説は自身が行った研究(Skehan, 1986)の結果から導き出されたものである。学習者がどのような適性プロフィールを持ち，それが学習成果とどのような関連があるかをクラスター分析によって明らかにした。学習者がいくつかのグループに分類され，言語分析能力が高いか，あるいは記憶力が高い場合に，高い学習成果が得られていることが示された。このことからSkehan(1989, 1991, 1998)は学習者には分析的なタイプと記憶中心のタイプがあり，学習者がその強みを生かした場合に学習に成功するとしている。換言すると，学習の成功へのルートは一つではなく，高い言語分析能力，または高い記憶力という二つのルートがあるという主張である。

学習者の適性プロフィールのタイプは学習成果だけではなく，学習者がどのような学習方法を好むかという学習スタイルとも関連する。適性をこのような観点からとらえることは学習者のタイプと指導方法を適合させるという教育的な問題にもつながっていくというのがSkehanの主張である。この点でもRobinsonのATIに基づく考え方と一致している。

2.5 適性と第二言語習得過程の相互作用に関する実証研究

以上，Skehanの三つの主張について説明したが，これらに関連する実証研究でどのようなことが明らかになっているのかを整理したい。

2.5.1 言語処理の段階と関連する適性

　Skehan の主要な仮説である言語処理の段階と適性との相互作用の解明を目的とした研究，つまり言語処理の段階をインプット，中央処理，アウトプットに区切って，それぞれの段階にどのような適性が関与しているか，その相互作用を明らかにするという観点からの研究は管見の限り見当たらない。しかし，インプットの理解に関しては，ワーキングメモリと文処理の関係についての研究が記憶研究の領域で数多く行われている。近年ではワーキングメモリは言語適性の構成要素であると考えられている(N. Ellis, 2001; N. Ellis & Sinclair, 1996; R. Ellis, 2004; McLaughlin, 1995; Miyake & Friedman, 1998 など)ので，文処理研究の結果にも触れながら，インプット処理，アウトプット産出と適性との関連を検討している研究をいくつか紹介したい。

　まず，インプットの処理に関連する研究として，リスニングによる文処理とワーキングメモリとの関係を調べた Miyake & Friedman(1998)が挙げられる。Miyake & Friedman(1998)は日本人の英語上級学習者を対象にした研究で，59 人の学習者を対象に音韻的短期記憶，ワーキングメモリ，文理解との関係を調べた。測定には音韻的短期記憶はデジット・スパンテスト(日本語・英語)，ワーキングメモリはリスニング・スパンテスト(日本語・英語)，文理解は複雑な文を聞き，だれがだれに何をしたのかを理解するタスクが用いられた。相関分析の結果，リスニング・スパンテスト得点は日本語，英語どちらの場合も文理解との相関が有意であった。一方，デジット・スパンテスト得点はどちらの言語でも文理解得点との間に有意な相関を示さなかった。Skehan はインプット処理の段階では音韻処理能力が重要であると主張しているが，Miyake & Friedman(1998)では音韻処理能力の一部である音韻的短期記憶ではなく，ワーキングメモリの方が重要であることが示された。この結果はワーキングメモリと音韻的短期記憶との関係も一つの要因となっていると思われる。

　Baddeley(2000)のワーキングメモリ・モデルではワーキングメモリは中央実行系，音韻ループ，視空間スケッチパッド，エピソードバッファーから構成されている。音韻ループは一時的に保持する必要がある言語情報を，内的な言語の反復によるリハーサルを用いてそこにとどめておく機能である。そして，音韻ループはさらに二つのサブシステム，音韻性短期ストアと構音リハーサルから構成されており，音声知覚，視覚情報の音韻符号化，リハーサル，情報の短期的貯蔵など，言語情報の処理に関わる機能を担っている。音韻的短期記憶はこの音韻ループの機能を指している。

このように音韻的短期記憶がワーキングメモリのサブシステムの機能であることを踏まえると，ワーキングメモリだけに文処理との関連があったという結果は，音韻処理能力との関連を否定するものではない。Miyake & Friedman (1998) の結果は，インプット処理に必要なのは音韻処理能力だけではないことを示していると言えるだろう。もちろん Skehan もインプット処理に音韻処理能力だけが関与していると主張しているわけではない。中央処理やアウトプット段階と比較した場合の相対的な重要度を言っているのだと思われる。

　Roberts (2012) はこれまでの文処理研究の結果を整理し，第二言語の文理解とワーキングメモリの関係を論じている。Roberts によれば，処理をする文の複雑さとワーキングメモリには相互作用があるという。母語では(1)のようなガーデンパス文はそうではない文より処理に時間がかかることがわかっている。(1)では読み手は初め the song が play の目的語という解釈をするが，実際にはこれは間違った解釈で，次に pleased を読んだ段階で解釈を変更する必要がある。それに対して，(2)の文では the beer が played の目的語となる可能性は非常に低いため，文処理の途中で解釈の変更は起こらない。そのため，(1)の方が理解により時間がかかるのである。

（1）　While the band played the song pleased all the customers.
（2）　While the band played the beer pleased all the customers.

(Roberts, 2012, p.173)

　このような現象は関係節の場合にも起こり，(4)のような目的語が関係節化された文は(3)のような主語が関係節化されたものより理解が難しい。そして，この難しさの違いはワーキングメモリ容量が少ない場合に大きくなることがわかっている (King & Just, 1991)。

（3）　The guy who __ followed the first lady was a spy.
（4）　The guy who the first lady followed __ was a spy.

(Roberts, 2012, p.174)

　第二言語学習者の場合，このような文の処理の違いにワーキングメモリがどのように関わっているかは複雑である。オランダ語を母語とする上級ドイツ語学習者を対象にした実験研究 (Havik, Roberts, van Hout, Schreuder, &

Haverkort, 2009)では，単に意味を理解するだけの場合は母語話者とは異なり，ワーキングメモリの個人差の影響は見られないが，文法性判断や意味判断が求められる状況(複数のタスクが求められる状況)においては個人差の影響が現れることが示されている。つまり，学習者の場合はタスクの認知的要求度とワーキングメモリの個人差に相互作用があるということになる。また，処理する文のタイプとワーキングメモリ容量との関係には第二言語能力レベルも影響を与えるという(Roberts, 2012)。上級英語学習者を対象とした Miyake & Friedman (1998)では文処理とワーキングメモリに相関が見られたが，どのような言語レベルの学習者が，どのような文に対して，どのような処理をするかによって，ワーキングメモリの関与の仕方が複雑に異なるようである。

　それでは，アウトプットとの関連についてはどのようなことがわかっているのだろうか。適性とアウトプットとの関係を調べている研究はまだそれほど行われていない。修正アウトプットを対象としている研究がいくつかあるので，まず，それについて述べる。Mackey, Adams, Stafford, & Winke(2010)については第2章に詳細が述べられているが，母語話者とのインターアクション中の修正アウトプットとワーキングメモリとの関係を検討した研究である。対象者は大学でスペイン語を学ぶ英語母語話者42名で，ワーキングメモリは英語によるリスニング・スパンテストで測定された。そして，英語・スペイン語バイリンガルを相手にいくつかのコミュニカティブなタスクを行い，その中で間違いがあった場合，明確化要求や繰り返しといったプロンプトによるフィードバックが与えられた。フィードバックによる修正アウトプットとワーキングメモリとの関係を回帰分析により調べた結果，ワーキングメモリ得点が修正アウトプットの産出に対し有意な説明変数となっていることが示された。この結果は Skehan のアウトプットには記憶力が関わっているという主張を支持するものであるが，効果量は比較的小さく，修正アウトプットにはワーキングメモリ以外の要因が関わっていることが示唆されている。

　修正アウトプットとワーキングメモリが関係していることは1.4.3で研究の詳細を説明した Sagarra(2007) においても示されている。この研究はコンピュータによる学習におけるリキャストの効果を検証するもので，フィードバック方法はリキャストだけである。そのため，プロンプトで修正アウトプットを引き出している Mackey et al.(2010)とは学習条件がかなり異なっている。しかし，どちらの研究においてもワーキングメモリとの関係が示されているので，フィードバックに気づいて修正アウトプットすることには記憶力が重要だ

と言えるだろう。
　ワーキングメモリではなく，音韻的短期記憶を対象としてアウトプットの流暢性との関係を解明した研究に O'brien, Segalowitz, Feed, & Collentine (2007)がある。英語を母語とするスペイン語学習者の口頭能力の流暢性の向上に音韻的短期記憶がどのように関わっているか，国内の大学で学ぶ18人とスペイン留学を経験した25人を比較している。音韻的短期記憶は非単語の復唱で測定されることが多いが，この研究では非単語の再認という方法を採用している。発話の流暢さはコース開始時と13週間後の2回，OPI(Oral Proficiency Interview)を実施し，そのデータから各2分を取り出し，総語数，発話速度，言いよどみなどの観点から数値化している。当然のことながら，留学したグループの方が流暢性が向上した学生が多かったが，学習環境要因を統制して回帰分析した結果，音韻的短期記憶が発話の流暢性の向上に重要な貢献をしていた。
　アウトプットに関する研究については修正アウトプットと発話の流暢性しか取り上げていないが，このようなアウトプットには言語的な記憶力が関わっていることが示唆される。
　以上，言語処理の段階と適性(ここではワーキングメモリと音韻的短期記憶)の関係を扱ったいくつかの研究を紹介した。第二言語学習者のインプット処理に適性の個人差がどのように関わっているかという観点からの研究はまだあまり行われていない(Roberts, 2012)。また，アウトプットとの関係もそれほど解明されているとは言えない。Mackey et al.(2010)，Sagarra(2007) はフィードバックによる修正アウトプットを，O'brien et al.(2007) は発話の流暢性を対象にしているが，どのようなタイプのアウトプットをどのような観点から研究するかによっても結果が異なる可能性があるだろう。Skehan が主張するように言語処理の段階と適性との間に相互作用があるのかどうか，また，どのような適性がどの処理段階に影響を与えるのか，現段階では研究の蓄積が不十分で結論を出すことはできず，今後の実証研究による解明が望まれる。

2.5.2　適性の運用能力の発達段階への関与

　次に，Skehan の2番目の主張である，言語運用能力の発達段階と適性に相互作用があるという仮説と関連する研究について紹介し，現時点で明らかになっていることを整理したい。1.3の表3-2に適性研究の研究デザインの概要を示したが，Skehan の仮説(1.音韻処理能力は熟達度が低い段階で重要である。2.言語分析能力はすべての段階で重要である。3.記憶力は熟達度が高くなった

段階でより重要になる。)を検証するためには，学習者の言語能力を縦断的に調査するタイプ⑥の研究デザインや，言語能力の異なる群を横断的，あるいは横断的・縦断的に比較するタイプ⑤⑦のような研究デザインが適している（p. 97表3-2参照）。しかし，そのような研究はあまり行われていないため，特定の指導・学習条件で1群だけを対象としているタイプ③の研究や適性と言語能力を同時に測定しているタイプ④の研究についても必要に応じて言及する。

適性と運用能力の関係の変化（縦断的研究）

　厳密には2回のデータ収集では縦断的とは言えないが，上述したように縦断的研究はあまり行われていないので，そのような研究も適性と学習成果の関係の変化に注目しているという意味で，縦断的研究として研究結果を説明する。

　まず，実際の教育場面において縦断的にデータを収集し，ワーキングメモリと学習成果との関連を検証している研究にSagarra(2000)がある。英語を母語とする大学生110人のスペイン語学習にワーキングメモリ容量の大きさが影響するかどうかを明らかにしようとした研究である。1年半の学習期間中に2回文法テストを実施し，その得点とワーキングメモリ（リーディング・スパンテストで測定）との関係を相関分析により検討した。その結果，2回とも文法知識とワーキングメモリとの間に有意な相関は示されず，ワーキングメモリが文法知識に与える影響に学習段階による違いは見られなかった。したがって，Skehanが予測するような学習段階による適性の貢献度の違いは示されなかったことになる。しかし，この研究の対象者は2回目の調査時点でも学習段階が初級後期という程度であった。前述した学習者の言語レベルがワーキングメモリと文処理の関係に影響を与えるという知見を踏まえると，Sagarra(2000)の結果は学習者の言語レベルがそれほど高くなかったことに起因している可能性も考えられる。

　次に取り上げる向山(2009a)は学習期間内に5回データ収集をした縦断的研究である。Sagarra(2000)が容量理論の検証を目的としていたのに対し，この研究はSkehanの仮説の検証を目的として研究をデザインしている。海外では多くの適性研究が行われているが，日本語習得を対象とした適性研究は管見の限り向山の一連の研究以外には見当たらない。また，英文のジャーナルに掲載された論文の中にもデータを5回も収集している研究は見当たらない。そこで，日本語学習者を対象として適性と学習成果との関係を縦断的に調べた結果，どのようなことが明らかになったのか，紙幅を割いて詳しく述べていきたい。

向山(2009a)はSkehanが適性の構成要素としている音韻処理能力，言語分析能力，記憶力を，それぞれ音韻的短期記憶，言語分析能力，ワーキングメモリとして操作，測定し，それらが第二言語としての日本語学習に与える影響を縦断的に検討した。研究対象となったのはコミュニカティブな指導を行う国内の日本語教育機関で初級から学習を開始した中国語を母語とする日本語学習者37名である。学習開始前に適性を三つのタスク(未知語の復唱，日本語習得適性テスト[7]の文法抽出問題，リーディング・スパンテスト)で測定した。また，学習開始後から15か月後までの間に3か月ごとに計5回，文法(筆記産出)，読解，聴解テストにより学習成果を測定した。それらの関係を相関分析と重回帰分析によって検討した。適性要素が三つ，学習成果テストが三つ，学習成果の測定時期が5回であることから，結果が非常に複雑である。そのため，相関分析の結果を表3-5，重回帰分析の結果(決定係数と標準偏回帰係数)を表3-6に示す。

表3-5　向山(2009a)の相関分析の結果

測定時期	テスト	音韻的短期記憶	言語分析能力	ワーキングメモリ
3か月後	文法(1)	.42**	.60***	.23
	聴解(1)	.52**	.32†	.08
	読解(1)	.50**	.55***	.28†
	合計(1)	.57***	.58***	.23
6か月後	文法(2)	.42**	.57***	.22
	聴解(2)	.68***	.55***	.22
	読解(2)	.41*	.70***	.28†
	合計(2)	.57***	.70***	.28†
9か月後	文法(3)	.45**	.47**	.22
	聴解(3)	.37*	.49**	.21
	読解(3)	.34†	.59***	.42*
	合計(3)	.47**	.61***	.33†

---

[7]　1981年に名古屋大学で開発された日本語学習者用の言語適性テストで，視覚情報処理問題，聴覚情報処理問題，文法抽出問題の3種類のサブテストから構成されている。詳しい説明は日本語教育学会(1991)を参照のこと。

測定時期	テスト	音韻的短期記憶	言語分析能力	ワーキングメモリ
12か月後	文法(4)	.32†	.32†	.21
	聴解(4)	.33†	.36†	.25
	読解(4)	.19	.53**	.32†
	合計(4)	.34†	.47**	.31†
15か月後	文法(5)	.27	.40*	.34†
	聴解(5)	.37†	.65***	.33†
	読解(5)	.28	.69***	.35†
	合計(5)	.34†	.63***	.38*

*** $p<.001$　** $p<.01$　* $p<.05$　† $p<.1$

表3-6　向山(2009a)の重回帰分析の結果

測定時期	テスト	R^2	音韻的短期記憶	言語分析能力	ワーキングメモリ
3か月後	文法(1)	.378**	.167	.537**	-.054
	聴解(1)	.298**	.520**	.124	-.165
	読解(1)	.368**	.289†	.407*	.001
	合計(1)	.442***	.383*	.424*	-.088
6か月後	文法(2)	.345**	.185	.495**	-.055
	聴解(2)	.523***	.561***	.311*	-.118
	読解(2)	.490***	.094	.661***	-.032
	合計(2)	.554***	.305*	.575***	-.076
9か月後	文法(3)	.294*	.299	.351†	-.038
	聴解(3)	.273*	.190	.423*	-.041
	読解(3)	.383**	.047	.486*	.190
	合計(3)	.420**	.223	.492**	.039
12か月後	文法(4)	.145	.218	.202	.050
	聴解(4)	.172	.203	.233	.084
	読解(4)	.289*	-.067	.505*	.114
	合計(4)	.256*	.155	.363†	.098
15か月後	文法(5)	.208	.111	.277	.195
	聴解(5)	.437**	.136	.570**	.054
	読解(5)	.475**	.001	.651**	.081
	合計(5)	.422**	.093	.540**	.129

*** $p<.001$　** $p<.01$　* $p<.05$　† $p<.1$

相関係数と標準偏回帰係数の推移は，音韻処理能力は学習初期に重要，言語分析能力は一貫して重要，記憶力は学習が進んだ段階で特に重要になるというSkehanの仮説を概ね支持するものである。しかし，テストの種類ごとに結果を見た場合，適性との関連が文法，聴解，読解で多少異なっている。次にこの点について見てみたい。

　文法知識に関しては一貫して音韻的短期記憶と言語分析能力との有意な相関が示されたが，相関の強さは徐々に弱くなっている(15か月後の音韻的短期記憶は相関なし)。一方，重回帰分析では言語分析能力だけが9か月後のテストまで有意な説明変数となっていたが，12か月後，15か月後には有意な説明変数はなかった。したがって，基本的な文法を学ぶ学習初期に言語分析能力が重要であることが示されたと言える。

　言語習得は「インプット」→「気づき」→「理解」→「インテイク(仮説検証・認知比較)」→「統合(中間言語の再構築・長期記憶への貯蔵・知識へのアクセスの自動化)」→「アウトプット」という流れで起こる(小柳 2004)。メッセージ全体の意味理解のためにも，言語習得のためにも，インプットが頭の中で処理できるよう，まず音韻符号化する必要がある。学習者はインプット中の言語形式に気づいた場合，その言語形式がどのような意味を持つのかを理解しようとするが，理解できたインプットだけが習得に使われるインテイクになる。インテイクが生じる際に，学習者は目標言語に関する仮説を形成・検証したり，自分の中間言語と目標言語を比較したりしている。そして，正しいと確認した仮説を文法知識として中間言語に統合し，中間言語文法を再構築する。このようなプロセスの中で学習者はインプットの意味を正しく理解すると同時に，言語形式のパターンを抽出して文法を学習していく。したがって，インプットを取り込むための音韻的短期記憶もインプットを分析するための言語分析能力も必要である。これら二つの適性要素の相関係数がともに一貫して有意であったのはこの点を反映していると考えられる。しかし，重回帰分析で説明変数となったのは言語分析能力だけであったことから，明示的な文法説明のない指導・学習条件における文法学習には音韻的短期記憶より，ルールを抽出するための言語分析能力がより重要であると言える。

　しかし，言語分析能力が文法学習を予測するのは9か月後までであった。一般に，日本語学習初期に学習する項目は動詞，形容詞の活用のルールや基本的な構文である。文法説明がない学習条件では動詞や形容詞の活用は個々の形を事例として学習すると同時に，それらの中からルールを抽出することが求めら

れる。一方，学習が進んだ段階では活用，接続などの基本的ルールや言語形式は既習であり，未知のルールを学習するというよりは，既習のルールや言語形式を組み合わせたり応用したりして，文脈や目的に適した用法や意味機能を学習するという側面が強い(例：～あげく，～おかげで，など)。このように学習段階によって学習項目の性格が異なることが，言語分析能力の貢献度の違いとなっている可能性が考えられる。

　聴解に関しても一貫して音韻的短期記憶と言語分析能力に相関が見られた。一方，重回帰分析において有意な説明変数となったのは，3か月後は音韻的短期記憶だけ，6か月後は音韻的短期記憶と言語分析能力，そして，9か月後，15か月後は言語分析能力だけであった。

　聴解はインプットの音声を判別し，音韻表象を形成する知覚段階と，その表象をもとに語彙，統語，意味，文脈，スキーマ処理をする理解段階に分けられる。知覚段階ではインプットを心の中で処理可能な音声形式に変換する作業，すなわち音韻表象の形成が行われる。続く理解段階ではこの音韻表象を基にワーキングメモリ上でさまざまな操作を実行するが，その際，音韻表象をワーキングメモリ上に保持するためにはリハーサルが必要である。また，意味を理解するためには語彙処理や統語処理が不可欠である。統語解析は文法知識を適用することで行われるが，文法知識の習得には言語分析能力が重要な役割を果たす。したがって，音韻的短期記憶，言語分析能力はインプットを正しく理解することに直接的，間接的に関与していると考えられる。

　これらの結果は，学習初期のインプットは単文レベル，もしくは意味的に難しくない複文レベルであるため，語彙レベルの処理ができれば理解できるものが多いことと関係すると思われる。例えば，「今朝，パンを食べました。」という文では格助詞，動詞の活用を十分理解していなくても，語彙の意味がわかれば文の意味も推測可能である。学習が進むとインプット中に形式的にも意味的・機能的にも複雑な文法項目が含まれるようになるため，インプットを正しく理解するためには正確な音声知覚とともに統語処理が必要であり，学習初期のような意味理解のストラテジーだけでは対応できない。また，9か月以降の測定に使用された旧日本語能力試験の聴解問題に解答するためには語彙，統語処理をしながらディスコースを記憶しておく必要がある。また，音声提示される選択肢も記憶しておく必要がある。したがって，短期的な保持に関わる音韻的短期記憶だけでは学習成果を説明することができなくなるのであろう。しかし，処理と保持に関わるワーキングメモリは有意な説明変数とはならなかった。

これは，リーディング・スパンテストの得点化に学習者間の差が現れにくいスパン得点を用いたという，研究方法論上の問題に起因している可能性がある。しかし，それでも学習初期には有意ではなかった相関が15か月後には有意傾向になっている。したがって，Skehan が予測するように学習が進んだ段階で記憶力(この研究ではワーキングメモリ)がより重要になることが示されたと言えるだろう。このような適性との関連の変化は上に述べたような学習段階によるタスクの違い，すなわち，タスク遂行のための認知的要求の違いから生じたものだと考えられる。

　読解に関しては，初期には音韻的短期記憶と言語分析能力の二つに相関があったのに対し，学習が進むと言語分析能力との相関だけになるというパターンが示された。文法，聴解との違いは学習初期からワーキングメモリとの関連が示されていることである。しかし，重回帰分析において説明変数となったのは一貫して言語分析能力だけであった。

　ここには示さなかったが，どの段階においても読解と文法の相関が非常に高く，文法知識が読解能力の基盤となっていることがわかった。したがって，読解に対する言語分析能力の貢献度が高いことには，文法知識が言語分析能力と読解の間に介在している可能性があるかもしれない。一方，先行研究で読解との関連が強いことが明らかになっているワーキングメモリは初期段階から弱い相関を示したものの，音韻的短期記憶の相関の方が強かった。これにはリーディング・スパンテストの得点化方法に起因している可能性があると思われるが，対象者の母語が中国語であること，日本語が仮名，漢字からなる書記体系を持つこととも関係があるだろう。視覚インプットの理解には単語を知覚し，その綴りを認知した後，音声識別してから意味にアクセスする間接ルートと，音声識別を経ずに直接意味にアクセスするルートの二つがある(門田・野呂, 2001)。二つのルートのどちらが優位な処理経路であるかは，単語の属性や読み手の読みのスキルによって異なり，使用頻度の高い単語や，読みに熟練している成人の場合は，直接ルートが優位な処理経路になると考えられている(松見・邱・桑原, 2006)。したがって，中国人学習者は漢字語彙に関しては日本語あるいは中国語音の音声識別をしている可能性もあるが，直接意味にアクセスしている可能性も高い。それに対して，平仮名は必ず音声識別する必要があるため，音韻を媒介するルートを経る。音韻ループは，ほぼ2秒以内で音声化できる単語数という，時間に基づく容量の限界を持つ(Baddeley, 2002)。これらのことから学習最初期の平仮名が多いテキストの読解には，音声を保持するための音韻的

短期記憶が優れている方が高得点を得られるのではないだろうか。

　以上が向山(2009a)で得られた知見である。それでは，会話能力についてはどのようなことが明らかになっているのか，向山(2010)の結果を説明する。この研究は向山(2009a)と同じ学習者から学習開始 6 か月後と15か月後に OPI を実施し，その評価と適性との関連を検討したものである。OPI は ACTFL (The American Council on the Teaching of Foreign Languages)の評価基準に基づき口頭運用能力を測定するインタビューテストである。評定は主要 4 レベル(初級，中級，上級，超級)に 3 段階の下位レベルが設定されているが，超級は下位レベルがないため，全体として10レベルの評価になる。三つの適性要素と会話能力との関連を相関，重回帰分析によって検討した結果，表 3 - 7 に示すように会話テストの成績は 2 回とも音韻的短期記憶，言語分析能力と有意な相関があり，会話能力にも音韻的短期記憶，言語分析能力が重要であることが示された。一方，ワーキングメモリとの関連は示されなかった。

表 3 - 7　向山(2010)の相関分析の結果

	音韻的短期記憶	言語分析能力	ワーキングメモリ
6 か月後の会話能力	.38*	.39*	.17
15か月後の会話能力	.36**	.45*	.13

** $p<.01$　* $p<.05$

　しかし，対象者を会話能力によって分類し，グループ間にどのような適性の差があるのかを検討したところ，興味深い結果が得られた。まず，会話能力を上位，下位に分けて三つの適性要素についてそれぞれ分散分析を行った結果からは，会話能力が低い学習者は音韻的短期記憶が低いことが明らかになった。次に，OPI 評価で上級，超級と評価された学習者と中級以下の評価の学習者に分けて同様に分散分析を行った結果，二つのグループの言語分析能力とワーキングメモリに有意差があった。つまり，学習開始から15か月で上級以上の高い会話能力を身につけた学習者は，そうでない学習者より言語分析能力，ワーキングメモリが優れていることが明らかになった。以上の結果から，口頭運用能力の基盤には音韻的短期記憶の測度とした未知語を正確に復唱できる能力があること，さらに高いレベルまで到達するためには言語分析能力とワーキングメモリが不可欠であることが示されたと言えるだろう。

　会話においては言語理解と産出が同時に行われる。相手の発話を理解するた

めに音韻的，語彙的，統語的解析をし，さらに談話レベルでの処理をする。また，それに応えるメッセージを考え，音韻的，文法的な符号化をし，調音する。このようなインプットを受けてアウトプットするまでの作業は瞬時に行われるが，これらの認知処理を担うのはワーキングメモリである。したがって，会話にはワーキングメモリの効率的な働きが非常に重要となる。

　OPIの超級において求められるタスクは「いろいろな話題について広範囲に議論したり，意見を裏付けたり，仮説を立てたり，言語的に不慣れな状況にも対応したりすることができる」(Swender, 1999, p.41)ことであるため，抽象的で複雑な内容を即時に産出できることが必要になる。そのような発話をする際には，長期記憶にチャンクとして語彙化されて貯蔵されている表現を検索して，産出する必要がある。また，相手の発話を理解するためには言語処理だけでなく，同時に長期記憶に貯蔵された既有知識を活性化したり，推論を行ったりする必要がある。これらの作業を同時に進行させるためにはワーキングメモリの果たす役割が重要となる。上級者のワーキングメモリ得点が有意に高かったことは，このような上級話者に求められるタスクの特徴と言語処理のメカニズムと関係があると考えられる。

　以上，向山(2009a, 2010)の結果について詳述した。二つの研究から音韻処理能力は熟達度が低い段階で重要，言語分析能力はどの段階でも重要，記憶力は熟達度が高い段階で重要であるというSkehanの仮説が支持されたと言えるが，適性との関連は学習段階だけでなく，言語スキルによっても異なっていた。これはそれぞれのスキルの認知処理が異なること，さらにそれが学習段階によっても異なることに起因していると考えられる。

　向山(2009a, 2010)以外に，Skehanの仮説を検証した研究としてL. Li(2013)が挙げられる。この研究は中国の大学で英語を専攻する大学2年生62人を対象とし，適性と英語能力の関係を検討している。言語適性は調査開始時に，二つの自作テスト（テキストの記憶，及び連合記憶のテスト）とPLABの三つのサブテスト（言語の分析，音声の識別，音声と記号の一致）を実施している。英語能力のデータは調査開始年，及び2年後に実施された英語専攻学生用の全国テストの結果が使用された。調査開始年のテストは中級レベルで，聴解，語彙・文法，読解，作文，また，2年後のテストは上級レベルで，聴解，読解，作文，翻訳から構成されている。相関分析と重回帰分析により検討した結果，2回のテストとも相関分析では連合記憶を除く四つの適性テストと有意な相関が示された。重回帰分析では中級レベルにおいては音の識別とテキストの記憶が，上級

レベルにおいては音の識別, テキストの記憶に加え, 言語の分析テストも学習成果得点の説明変数となった。

この結果は, 適性と運用能力の発達段階の相互作用を示すものではあるが, Skehanの予測するパターンとは異なっている。その理由の一つはLi自身も研究の限界として指摘していることであるが, 適性の測定方法の問題であろう。PLABは英語を母語とする高校生向けのテストであるため, 英語を専攻する中国人大学生の言語適性を測定するのに適したテストではなかった可能性がある。言語適性や言語能力をどのように測定するかは非常に難しく, 測定方法の問題はL. Li(2013)に限ったことではない。今後, 第二言語習得研究の領域において適性研究が発展していくためには解決すべき大きな課題である。

適性と運用能力の関係の比較(横断的研究)

次に, 言語能力レベルの異なるグループを比較している研究について言及するが, このようなデザインの研究も管見の限りそれほど行われていないように見受けられる。ここでは英語母語話者の中国語学習を対象としたWinke(2005)について述べる。この研究は英語母語話者の中国語学習に言語適性, ワーキングメモリ, 学習ストラテジーがどのような影響を与えているのかについて, 言語能力が異なる二つのグループを対象として検討したものである。対象者は大学の13週間コースの初級学習者42人とアメリカ国防総省語学研修所の63週間コースの上級学習者91人である。MLATの五つのサブテスト, リスニング・スパンテスト, 視空間ワーキングメモリを測定するテストを適性テストとして実施した。リスニング・スパンテストの処理タスクは文の真偽判断と文法性判断, 保持タスクはターゲット語の記憶で, 個別のタスク得点と総合点の両方を分析対象としている。中国語能力を測定するテストは二つのグループで異なり, 大学生用のテストは語彙, 作文, 読解, 聴解, 発話, 音読で, 国防総省の学習者用のテストは聴解, 読解, 発話であった。

適性の得点と中国語テストの得点を相関分析によって検討した結果, 二つのグループに違いが見られた。初級グループにおいては, MLATのサブテスト(記憶, 音韻符号化, 文法的敏感性)は語彙, ライティング, リスニングとの相関が, ワーキングメモリの処理タスクはリスニング以外のテストとの相関が示された。それに対し, 上級グループではMLATとの相関はなく, ワーキングメモリの処理タスク, 保持タスクとリスニングに相関が示された。

MLATは学習初期の習得のスピードを予測するものとされているので, 上級

グループにおいて相関が見られなかったのはそのためであろう。この研究の結果で興味深いのはリスニングテストと適性テストとの関連である。初級グループはMLATの記憶を測定するサブテストであるMLATパート1との関連，上級グループはワーキングメモリとの関連が示され，言語能力レベルによって関与する記憶の種類が異なっていた。なお，MLATパート1は次のようなテストで，連合記憶を測定しているとされる。

MLATパート1（未知の言語の数字と対応する英語の数字を記憶する）[8]
 例） "ba" is "one" "baba" is "two" "dee" is "three"
   "tu" is "twenty" "ti" is "thirty"
  テスト：1. ti-ba 2. ti-dee 3. baba 4. tu-dee

　Winke(2005)のこの結果は上述した向山(2009a)の結果と共通点がある。初級段階で関連が見られたのがそれぞれ連合記憶と音韻的短期記憶という違いはあるものの，学習が進んだ段階ではどちらもワーキングメモリとの関連が出現している。これは上級段階の学習者に求められる負荷の高いタスクを行う際には，処理と保持の両方に関わるワーキングメモリが重要になることを示しているのであろう。

　同じように運用能力の異なる学習者グループを比較している研究にKormos & Sáfár(2008)がある。ハンガリーにおけるバイリンガル教育プログラムにおいて，異なる英語能力レベルの中学生を対象として行われた研究で，全くの初級者100人とプログラム開始時にすでに初中級の英語能力を備えていた21人を対象に行われた。音韻的短期記憶，ワーキングメモリと1年後の英語能力との関係が二つのグループで異なるかどうかを検証している。非単語の復唱で音韻的短期記憶を，逆行デジット・スパンテストでワーキングメモリを測定し（ただし，ワーキングメモリ測定は初級グループの45人のみ），1年後に実施した英語テスト（読解，作文，文法・語彙，聴解，発話）との関係を調べた。

　その結果，二つのグループで異なる関係が見いだされた。音韻的短期記憶との関連は初級グループでは見られなかったのに対し，初中級グループでは作文，文法・語彙と有意な相関が示された。運用能力レベルがより低いグループで音韻的短期記憶との関連がないという結果は，本節で言及してきた研究の結果と

---

8) http://lltf.net/mlat-sample-items/mlat-part-i/

は一致しない。Kormos & Sáfár(2008)はこの結果を説明する一つの要因として100人の非単語復唱の成績が非常に高かったことを指摘している。最長の非単語が9音節であったが，この研究の対象者の平均は7.18と高く(同じ調査材料を使用した他の研究では中学生の平均は5.17)，正規分布していなかった。この点で対象者の音韻的短期記憶の差が適切に検出されず，学習成果との関連が見られなかった可能性がある。

以上で紹介した適性と言語能力レベルの関係に関する実証研究において，すべての結果が一致しているわけではない。これは研究ごとにさまざまな要因が異なっていることが大きな原因であるが，全体的傾向としては高い言語能力レベル，すなわち，認知的負荷の高いタスクを遂行することが求められるレベルにおいてワーキングメモリの個人差が大きく影響すると言えるだろう。

適性と運用能力の関係の比較(横断的・縦断的研究)

Skehan の二つめの仮説と関連する縦断的研究と横断的研究について述べてきたが，最後に，異なる言語能力レベルのグループを対象として複数回のデータ収集をしている横断的かつ縦断的研究を一つ紹介する。Serafini & Sanz (2015)はアメリカの大学におけるスペイン語学習者87人(初級23人，中級33人，上級31人)を対象にした研究で，1学期中に3回学習成果のデータを収集し，適性との関係を調べた。調査対象となったのは10の形態統語的な文法項目で口頭模倣テストと文法性判断テストで知識が測定された。また，対象とされた適性はワーキングメモリと音韻的短期記憶で，それぞれオペレーション・スパンテストとデジット・スパンテストで測定された。

相関分析，重回帰分析を行った結果，オペレーション・スパンテスト得点はどの群のどの時期のテスト得点ともほとんど関連がなかった(初級の3回目の文法性判断との相関はあった)。それに対して，デジット・スパンテスト得点は多くの相関が示された。口頭模倣テストに関しては，初級グループ，中級グループで3回の調査すべてにおいて有意な相関が示された。また，文法性判断テストについては，初級の1回目，中級の1回目，2回目の得点と相関があった。これらの結果から，運用能力レベルが低い段階で音韻的短期記憶が重要であることが示され，Skehan の仮説の一部は支持されたと言える。

この研究ではワーキングメモリの測定にオペレーション・スパンテストが用いられたが，平均得点は中級，上級で非常に高く，データの分布が偏っていた。そのため，口頭模倣テスト，文法性判断テスト得点との相関が現れにくかった

可能性がある。本章で取り上げた実証研究の中にオペレーション・スパンテストを使用している研究があった。Denhovska, Serratrice, & Payne(2016)ではリーディング・スパンテストも併用しているが，付随的学習との関連があったのはリーディング・スパンテストであった。それに対し，Yilmaz(2012)では明示的訂正フィードバックとの関連が示されている。近年はワーキングメモリの測定にオペレーション・スパンテストを使う研究が増えているようである。言語習得との関連を調べる場合に，リーディング・スパンテストやリスニング・スパンテストのような言語処理が含まれるタスクとオペレーション・スパンテストのような非言語のタスクのどちらを用いるのがよいのか，今後の研究の積み重ねで明らかになっていくだろう。また，Serafini & Sanz(2015)の対象者は調査開始時には87人であったが，3回目のデータ収集時には33人(初級11人，中級8人，上級14人)に減少しており，この点も結果に影響を与えている可能性がある。対象者の減少は縦断的調査の難しさを示すものであるが，このような挑戦的な研究も今後増えていくのではないかと思われる。

　以上，適性と学習成果の関係を縦断的に調査した研究，及び運用能力の異なるグループを比較した横断的研究，横断的・縦断的研究から明らかになったことを述べたが，すべての研究において Skehan の仮説が予測する通りの結果が得られているわけではなかった。学習環境，指導・学習条件，学習者の属性，調査対象の能力，対象とする適性要素，測定方法など，さまざまな要因が研究ごとに異なり，また，それらの要因が複雑に相互作用しているため，一致した結果を得ることは非常に難しい。しかしながら，これまでの研究結果をメタ的に見れば，運用能力の発達段階によって重要となる適性が異なることは確かであろう。

Skehan の仮説を支持する結果の再現性

　向山(2017)は国内で行われた向山(2009a)の結果が，異なる学習環境でも再現されるかどうかを調べている。ただし，縦断研究ではなくデータ収集は1回しか行われていない。対象者は中国の大学で日本語を学習する1年生25名である。授業はコミュニケーション能力の養成を重視しているが，ほとんどが母語による説明を含む明示的指導によって行われている。学習開始時に適性として音韻的短期記憶，言語分析能力，ワーキングメモリを測定し，半期の学習(約4か月)が終了した時点で学習成果(語彙・文法・聴解・読解・作文・発話)に関するデータを収集した。作文と発話は授業で行った期末テストのデータで，それ

以外の文法知識や理解能力の測定には J-CAT(Japanese computer adaptive test)[9] が利用されている。

適性と学習成果の関係を相関分析，重回帰分析で検討した結果，表3-8のような相関関係が示された。音韻的短期記憶は文法，作文，発話との相関が示され，また，言語分析能力は文法と発話との相関が見られた。それに対して，ワーキングメモリはどのテストとも有意な相関を示さなかった。重回帰分析では，文法に対して音韻的短期記憶と言語分析能力が説明変数となり，得点の51%を予測するという結果が示され，音韻的短期記憶と言語分析能力の重要性が示された。また，作文と発話に関しては説明変数となったのは音韻的短期記憶だけであった。

これらの結果から，外国語環境で明示的指導を受ける場合にも，学習の初期段階において音韻的短期記憶が学習成果に大きな影響を与えること，文法知識の習得においては音韻的短期記憶と言語分析能力の両方が重要な役割を果たしていることが明らかになった。初級段階に限定された結果であるため部分的にではあるが，日本国内のコミュニケーション重視の暗示的帰納的指導環境において行われた向山(2009a)と同様，Skehan の仮説を支持する結果となった。

表3-8　向山(2017)の相関分析の結果

	音韻的短期記憶	言語分析能力	ワーキングメモリ
語彙	−.202	.022	−.163
文法	.562**	.546**	.178
聴解	.232	.243	.154
読解	−.144	−.018	.156
作文	.472*	.144	−.062
発話	.489*	.384†	.165

** $p<.01$　* $p<.05$　† $p<.1$

学習段階による音韻的短期記憶の貢献度の違い

ここまで取り上げた研究の多くで音韻的短期記憶との関連が示されていた。母語習得において非単語・未知語の復唱能力が高い子どもほど語彙学習能力が高いことが示されている(Gathercole & Adams, 1994; Gathercole & Baddeley, 1990; Michas & Henry, 1994など)。第二言語習得においても子ども，及び成人

---

9)　http://www.j-cat.org/

を対象にした多くの研究から，音韻的短期記憶が語彙習得や文法習得と関連していることが明らかになっている(Service & Kohonen, 1995; French & O'Brien, 2008; Atkins & Baddeley, 1998; Williams, 1999; Williams & Lovatt, 2003など)。Baddeley, Gathercole, & Papagno(1998)が先行研究を広範にレビューして，音韻ループは言語習得装置であると主張していることからも，音韻的短期記憶が言語習得に非常に重要な役割を果たしていることは明らかである。

　言語習得はインプットの意味を理解することを通して進んでいくが，音や文字によるインプットは音韻表象に変換して処理される。したがって，もしインプットの音韻表象を頭の中で保持できなければ意味を理解することはできず，習得につながらない。このことはリハーサルを抑制した条件で学習が進まないことがいくつかの実験研究から明らかになっている(Papagno, Valentine, & Baddeley, 1991; N. Ellis & Sinclair, 1996)。多くの研究で音韻的短期記憶が未知語や非単語の復唱で測定されていることから，外国語学習には聞き慣れない音の連なりを正確に繰り返せることが重要であると言えるだろう。

　それでは，なぜ音韻的短期記憶の役割が学習初期段階で特に重要になるのだろうか。記憶研究によって解明が進んでいることや，信頼性，妥当性のある測定方法が確立されていることが大きな理由だと思われるが，音韻的短期記憶に焦点を当てた研究は非常に多い。しかし，前述したように音韻処理能力という構成概念には音韻的短期記憶だけでなく，さまざまな能力が含まれている。

　Hu(2003)はそのような能力の一つである音韻意識も対象に含めて語彙習得との関連を研究している。5〜6歳の英語を学ぶ中国人児童48人を対象とした18か月間の縦断研究で，中国語の非単語の復唱と，単語内の音素を削除したり置換したりするタスクを用いて音韻的短期記憶と音韻意識を測定した。調査期間内に4回収集されたデータを分析した結果，1〜3回のテストでは音韻的短期記憶だけに語彙学習と相関が示された。一方，4回目のテストでは音韻的短期記憶，音韻意識の両方と相関があった。さらに重回帰分析では音韻意識の貢献の方が大きいことが示された。これらの結果と音韻的短期記憶と音韻意識の関係の分析から，第二言語の語彙学習に音韻的短期記憶が重要な役割を果たしていること，音韻的な記憶能力が音韻構造についての知識を形成し，それが学習に貢献していることが明らかになった。

　同じく児童を対象とした研究にMasoura & Gathercole(2005)がある。この研究はすでに英語をかなり長期に学習しているギリシャ人児童40人を対象に，英語語彙の学習，音韻的短期記憶，語彙知識の関連を調べている。音韻的短期

記憶はギリシャ語と英語，両方の言語の非単語の復唱で測定された。分析の結果，新しい語彙の学習速度は音韻的短期記憶ではなく語彙知識と関連していた。そして，第二言語である英語非単語の復唱能力と英語語彙知識にも相関があった。

　Hu(2003), Masoura & Gathercole(2005)は子どもを対象とした研究ではあるが，これらの研究結果から次のようなことが言えるのではないか。学習初期には音韻的短期記憶と語彙習得には直接的な関係があるが，徐々に音韻意識が向上し，また，語彙知識が蓄積されるようになると，それらが音韻的短期記憶と語彙習得の間に介在するようになる。その結果，音韻的短期記憶との直接的な関連が見られなくなる。しかし，貢献が全くなくなるわけではなく，間接的な影響は残っている。これまでに取り上げて説明した多くの研究で示された結果，すなわち，学習初期には貢献度が高かった音韻的短期記憶の影響が学習が進むと小さくなることは，このように考えられるのではないだろうか。

2.5.3　適性プロフィールと学習成功へのルート

　2.4でSkehanが言語習得に成功する学習者のタイプには，分析的能力に優れているタイプと記憶力に優れているタイプの2種類あると主張していることを説明した。また，適性プロフィールという考え方によって個々の適性要素ではなく，多様な適性を持つ学習者という観点から言語適性をとらえられることを述べた。

　適性プロフィールという考え方に基づいて適性研究を進めるために用いられるのはクラスター分析である。クラスター分析というのは得点パターンの類似度によって学習者を分類する方法であり，特に適性要素に強弱がある学習者の学習成果の考察に有効である(Skehan, 1986)。しかしながら，これまでクラスター分析によって学習者の適性プロフィールと学習成果との関連を検討する研究はあまり行われていない。

　Skehanが学習に成功する二つのルートがあるとする根拠は自身の研究結果だと前述した。まずはその研究について説明する。Skehan(1986)は軍隊の外国語学校において10週300時間，アラビア語の指導を受けた学習者を適性と成績の組み合わせパターンの類似度によって分類し，クラスターの特徴と学習成果との関連を検討している。クラスター分析により学習者が七つのグループに分類され，高い言語分析能力によって成功したグループと優れた記憶力によって成功したグループがあったことから，学習に成功するルートは一つではなく，

高い言語分析能力によって成功する学習者も，優れた記憶力によって成功する学習者もいると結論付けている。しかし，各クラスターは平均年齢が27～46歳と大きなばらつきがあり，分析能力によって成功したとされているグループの平均年齢は46歳で最も高く，記憶力によって成功したとされるグループは27歳で最も低い。また，記憶力によって成功したとされるグループは知能が非常に高いという特徴がある。したがって，Skehan が主張する成功への二つのルートも，言語分析能力，記憶力以外の要因が影響している可能性も否定できない。

同じように，いくつかの適性要素をクラスター分析によりパターン化し，その適性プロフィールと学習成果との関連を調べた研究に Rysiewicz(2008) がある。この研究の対象者はポーランドで伝統的な文法重視の指導を受けて英語を学習する13歳の生徒137人である。8か月間の英語学習の成果と適性プロフィールとの関連を検討している。取り上げられた適性要素は言語分析能力，2種類の記憶(連合記憶・テキストの記憶)で，その他に知能，母語の語彙知識も変数とされた。分析の結果，図3-7のように三つのクラスターに分類された。

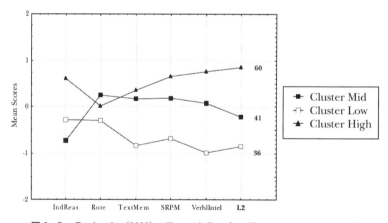

図3-7　Rysiewicz(2008)の三つのクラスター(Rysiewicz, 2008, p.95)

適性要素とされた三つの能力は IndReas(言語分析能力)，Rote(連語記憶)，TextMem(テキストの記憶)で，図中の L2 が学習成果(読解・聴解)を示している。三つの要素と学習成果との関係に着目すると，言語分析能力が高いグループ(Cluster High)は成績が良い。それに対して，適性要素の中では相対的に記憶力が高いが，言語分析能力が低いグループ(Cluster Mid)の成績は平均以下で

ある。また，どの要素も平均以下のグループ(Cluster Low)は学習に成功していない。したがって，Rysiewicz(2008)では言語分析能力が高い学習者は高い学習成果を上げていたが，Skehan の言う記憶力による成功のルートは示されなかったことになる。しかし，1.4で述べたように，明示的な指導には言語分析能力が関わっているので，この結果には対象者が受けている指導が影響している可能性もある。

それでは，コミュニカティブな指導環境ではどのような結果が得られているのだろうか。向山(2009a, 2010)のデータを適性プロフィールの観点から分析した向山(2009b, 2012)の結果を見てみたい。言語分析能力(LAA)，音韻的短期記憶(PSTM)，ワーキングメモリ(WM)得点を用いてクラスター分析を行った結果，学習者は図3-8のように五つに分類された。クラスター1を除いた4グループで言語分析能力とワーキングメモリはレベルが一致しているが，言語分析能力と音韻的短期記憶との間に差があるグループがある。向山の研究では音韻的短期記憶を音韻処理能力として操作しているが，記憶の一種であることを考えると，言語分析能力より音韻的短期記憶が高いクラスター3は記憶型の学習者と言えるかもしれない。

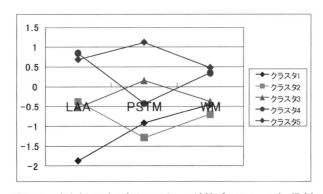

図3-8　向山(2009b)の各クラスターの適性プロフィール(z得点)

音韻的短期記憶が他の二つの要素より高いグループ(クラスター3)，低いグループ(クラスター2，4)の成績の推移には特徴があった。音韻的短期記憶が高いクラスター3は学習開始当初はクラスター4と同程度の成績であったが，その後，徐々に後退した。それに対して言語分析能力が高いクラスター4は一貫して平均以上の成績を示していた。このことから，音韻的短期記憶が優れてい

る学習者は初期には高い成果を得るが，言語分析能力が低い場合は学習が進むにつれて遅れが出ること，また，音韻的短期記憶が低いために学習初期段階ではそれほど高い成果が得られなくても，言語分析能力が高い場合は音韻的短期記憶の低さを補償できると言える。このように，向山(2009b)では分析型の学習者と記憶型の学習者グループが差別化されたが，学習に成功したのは言語分析能力が高いグループだけであり，Skehanが主張するような現象は再現されなかった。

　上記でクラスター4について，音韻的短期記憶が低くても言語分析能力が高い場合は，学習に成功すると述べたが，これは文法，聴解，読解テストについて示された結果である。会話能力に関しては異なる結果が見られた。6か月後と15か月後の2回実施した会話テストのデータを同様に分析した向山(2012)では，高い会話能力を獲得したのはどの適性も高いクラスター5だけであり，音韻的短期記憶が低いクラスター4はどちらのテストにおいてもクラスター2，3と同レベルであった。このことから文法，聴解，読解のような能力とアウトプット能力では適性の関与の仕方が異なる，すなわち，適性と言語スキルの間にも相互作用がある可能性が示唆される。

　以上，数少ない適性プロフィールという観点からの研究について述べた。確かにSkehanの言うように，記憶力が優れている学習者もいれば，言語分析能力が優れている学習者もいる。しかし，取り上げた研究では，記憶力か言語分析能力のどちらかが優れていれば成功するという結果は示されていない。Skehanの主張が妥当なものかどうかを確認するためにはさらなる実証研究の積み重ねが必要である。適性研究においては適性要素に焦点を当てた研究が圧倒的に多いが，適性要素の組み合わせパターンに着目した研究は，どのようなタイプの学習者がどのような習得過程をたどるのかという問題の解明につながる。そのため，そこから得られた知見は教育実践により多くの示唆を与えることが可能であろう。そのような教育的観点からも適性プロフィールに焦点を当てた研究の発展が望まれる。

　2.5で取り上げた実証研究の概要は表3-9(142ページ～143ページ)の通りである。

3．まとめ

　本章ではRobinson，Skehanの理論を軸に言語適性と教室指導との関係に

ついて論じた。Robinsonの理論に関係する研究からは，指導・学習条件によって必要な適性が異なること，Skehanの理論に関係する研究からは学習段階によって重要となる適性が異なることが示唆された。つまり，1.1で指摘したように，ATIは「適性×指導・学習条件×発達段階」という相互作用でとらえられることが確認できた。

しかし，それだけでなく言語スキルとの相互作用，学習項目との相互作用，母語と目標言語との類型論的な関係との相互作用，気づきやすさに影響を与えるルールの透明性との相互作用も示唆された。これらすべてが相互作用しているとしたら，多くの研究の積み重ねがなければ知見を一般化することは困難である。今後，さまざまな観点から研究を進めていくことが必要であろう。研究デザインに関しては，Serafini & Sanz(2016)のように横断的研究と縦断的研究を合わせた挑戦的なデザインの研究も行われ始めているが，適性と学習成果との間に介在するさまざまな要因を組み込んで研究するためには，研究デザインの精緻化が不可欠である。

研究デザインを考案するに当たっては測定方法の問題も大きな課題となる。本章で取り上げた多くの研究において文法的敏感性を測定するとされているMLATパート4が使用されていた。記憶力を測定する方法は記憶研究における知見を援用してどんどん進化しているが，言語分析能力を測定する方法についてはあまり研究が進んでいないようである。また，学習成果の測定方法に関しても，どのようなテストを用いるかによって，すなわち，どのような能力を測定するかによって適性との関連も異なってくる。したがって，適性，学習成果両方の測定に関して妥当性，信頼性のある方法を追究することが必要である。

本章で取り扱ったRobinson, Skehanの適性についての仮説は理論的に重要なだけでなく，教育的にも重要である。教室においてどのような学習者にどのような指導をどの段階ですべきなのかという問題とリンクするので，教育的な観点から言っても，Robinson, Skehanの仮説が検証されることには意義がある。教室においては，例えばリキャストによるフィードバックでは暗示的すぎて気づかない学習者もいれば，聴解や読解活動において効率よく語彙や文法を付随的に学ぶのが苦手な学習者もいるだろう。どの程度明示的にFocus on Formをすべきなのか，学習者の適性を見極めた上で不足している能力を補えるような指導方法の考案が教師には求められる。言語適性と教室指導についての研究はそのような問題に示唆を与えられるという点でも非常に重要である。

表 3-9　適性と第二言語習得過程の相互作用に関する実証研究

研究例	学習環境・条件	母語	対象者	学習対象言語	言語能力測定	適性測定	主な結果
言語処理段階との相互作用に関連する研究							
Miyake & Friedman (1998)	L2環境	日本語	大学生 59人	英語	文理解	WM(LST) PSTM(DST)	WMと文理解に相関があった PSTMにはなかった
Mackey et al. (2010)	FL環境 プロンプト	英語	大学生 42人	スペイン語	修正アウトプット	WM(LST)	WMと修正アウトプットに関連があった
O'brien et al. (2007)	FL環境 留学経験	英語	大学生 43人	スペイン語	アウトプットの流暢性	PSTM (非単語の再認)	留学経験要因を統制した場合, PSTMが高いほど発話の流暢性が向上した
運用能力の発達段階との相互作用に関連する研究							
Sagarra (2000)		英語	大学生 110人	スペイン語	1年半2回 文法	WM(RST)	2回ともWMと文法知識に関連はなかった
向山 (2009a)	L2環境 コミュニカティブ	中国語	日本語学習未経験者 37人	日本語	15か月間5回 文法 聴解 読解	LAA (文法抽出) PSTM (未知語の復唱) WM(RST)	合計得点に対し, LAAは一貫して強い相関があった PSTMは学習初期に強い相関があった WMは学習が進んだ段階で相関が現れた スキルによって適性との関係が異なっていた
向山 (2010)	L2環境 コミュニカティブ	中国語	日本語学習未経験者 37人	日本語	6か月後・15か月後 会話	LAA (文法抽出) PSTM (未知語の復唱) WM(RST)	2回ともLAA, PSTMと相関があった 会話能力が低い学習者はPSTMが低かった 会話能力が非常に高い学習者はLAAとWMが高かった
L. Li (2013)	FL環境	中国語	大学生 62人	英語	調査開始時と2年後 標準テスト *実施時期によって異なる	テキストの記憶 連合記憶 PLAB	2回とも連合記憶以外の適性とテスト得点に相関があった
Winke (2005)	FL環境	英語	大学生 初級学習者 42人 国防総省 上級学習者 91人	中国語	語彙 作文 聴解 読解 発話 音読 *グループによって異なる	MLAT WM(LST) 視空間WM	初級グループ MLATは語彙, 作文, 聴解と相関があった WM(処理得点)は聴解以外のテストと相関があった 上級グループ MLATは相関がなかった WMは聴解と相関があった
Kormos & Sáfár (2008)	FL環境 バイリンガル教育プログラム	ハンガリー語	中学生 初級学習者 100人 初中級学習者 21人	英語	1年後にテスト 読解 作文 文法・語彙 聴解 発話	PSTM (非単語の復唱) WM (逆行DST)	初級グループ WMと作文以外のテスト得点に相関があった PSTMとの相関はなかった 初中級グループ PSTMと作文, 文法・語彙に相関があった

研究例	学習環境・条件	母語	対象者	学習対象言語	言語能力測定	適性測定	主な結果
Serafini & Sanz (2015)	FL環境	英語	大学生 初級学習者23人 中級学習者33人 上級学習者31人	スペイン語 形態統語的文法項目	口頭模倣 文法性判断	WM(OPST) PSTM(DST)	WMはどのグループでも相関がなかった PSTMは初級の口頭模倣，文法性判断と相関があった PSTMは中級の口頭模倣と相関があった
向山 (2017)	FL環境 明示的指導	中国語	大学生 初級学習者25人	日本語	語彙 文法 聴解 読解 作文 発話	LAA (文法抽出) PSTM (非単語の復唱) WM(RST)	PSTMは文法，作文，発話と相関があった LAAは文法と発話と相関があった WMは相関がなかった
適性プロフィールの観点からの研究							
Skehan (1986)	FL環境	英語	イギリス軍の語学学校生 20代〜40代	アラビア語	会話 理解 翻訳	MLATパート4 単語の記憶 連合記憶 PSTM(DST)	MLATパート4，記憶力が学習成果と関連
Rysiewicz (2008)	FL環境 明示的指導	ポーランド語	中学生 137人	英語	聴解 読解 文法 語彙 作文	LAA 記憶 (2種類)	LAAが高いタイプの生徒は成績が良かった 記憶力と学習成果は関連がなかった
向山 (2009b)	L2環境 コミュニカティブ	中国語	日本語学習未経験者 37人	日本語	文法 聴解 読解	LAA (文法抽出) PSTM (未知語の復唱) WM(RST)	LAAが高いタイプの学習者は高い学習成果を上げた PSTMが高い場合，学習初期には高い成果を得るが，LAAが低いと学習が進むと遅れてくる PSTMが低くても，LAAが高い場合は学習に成功する
向山 (2012)	L2環境 コミュニカティブ	中国語	日本語学習未経験者 37人	日本語	会話	LAA (文法抽出) PSTM (未知語の復唱) WM(RST)	会話能力が高い学習者はLAA，PSTM，WMすべてが高かった

WM：ワーキングメモリ　PSTM：音韻的短期記憶
RST：リーディング・スパンテスト　LST：リスニング・スパンテスト
OPST：オペレーション・スパンテスト　DST：デジット・スパンテスト
FL環境：外国語環境　L2環境：第二言語環境

第4章

個人差要因：動機づけ

1. L2学習における動機づけ

　勉強でも仕事でも，人生においてやる気や意欲の高い人の方が成功する確率が高いということには誰しも異論がないだろう。言語の習得には長い年月を要するので，到達レベルの目標を高く設定するなら，学習の動機を維持し，意欲的に学習に励む必要がある。よって，動機づけは，L2学習の成否に関わる重要な情意的要因としてSLA研究において関心を集めてきた。臨界期／敏感期を過ぎた大人の学習者でも，言語適性(第2，3章を参照)があり，動機づけが高ければ，L2の高い能力の習得は可能だと考えられる。SLA研究における動機づけというと，目標言語の文化や社会に同化したいという「統合的動機づけ(integrative motivation)」と，就職や進学といった実用的な目的でL2を学ぼうという「道具的動機づけ(instrumental motivation)」との対比，あるいは，純粋にL2学習を楽しみたいという「内発的動機づけ(intrinsic motivation)」と，報酬や賞賛の獲得，叱責回避といった外からのプレッシャーでL2を学習する「外発的動機づけ(extrinsic motivation)」との対比によるとらえ方がよく知られている。しかし，このような対比で動機づけを論じるにはもはや単純過ぎ，背後にはもっと洗練された複雑なモデルや理論があり，動機づけの研究アプ

ローチはさまざまである。

　統合的／道具的動機づけを提案したGardner(2010)は，重要なのは，動機づけをいくつかのタイプに分類することではなく，動機づけの程度や強さがL2学習にいかに関わっているかを示すことであると述べている。少なくとも数年を要するL2学習においては，動機づけも変化していくものである。よって，動機づけがどのように形成され，初期の動機づけがどのように維持されるのか，あるいは減退するのか，そのプロセスを理解しておくことは重要である。実際，そのプロセスを説明しようとする理論も提案されている。また，情意的要因の一つとしてあげられる動機づけであるが，近年は動機づけに対応する脳領域があるとされ，認知と情意に接点があることも指摘されている。本章では，このような動機づけに関するSLA研究を概観する。

2. 社会心理学的アプローチ

2.1　社会教育的モデル

　社会的な文脈の中で帰属意識(identity)が変化していくプロセスをL2学習ととらえ，社会心理学的な立場から動機づけを探ったのが，SLAに本格的な動機づけ研究の始まりであろう。カナダの英仏バイリンガル環境における動機づけとL2の到達度の関係に関する研究が，西オンタリオ大学のGardnerやその同僚達の手により数多くなされている。Gardner(1985)は，L2学習に興味を持ち，学習への願望が芽生え，さらにその願望が行動と強く結びついてこそ動機づけになると見ている。つまり，何らかの理由でL2学習を始めるというだけでは動機づけにはなり得ないのである。

　最も初期の研究(Gardner & Lambert, 1959, 1972)では，質問紙に二つの志向(orientation)，すなわち，統合的志向と道具的志向に関する項目を含んでいたので，これをきっかけに「統合的動機づけ」と「道具的動機づけ」という用語が一般に知られるようになった。Gardnerが本来用いた用語は「動機づけ(motivation)」ではなく「志向(orientation)」である。志向とは言語を学ぶ理由のことである。Gardner & Lambert(1959)は，カナダの生徒にフランス語を学ぶ理由をランクづけさせるという方法で調査を行い，①仕事を得るのに役立つ(道具的)，②フランス系カナダ人やその生活様式を理解するのに役立つ(統合的)，③より多くの多様な人々と出会い会話をするのに役立つ(統合的)，④より教養を備えた人になるのに役立つ(道具的)という順序づけの結果を得てい

る。質問紙の回答と，生徒のコースの到達度や行動との関係を調べ，統合的志向が高い方がL2の到達度も高く，教室活動をポジティブにとらえる傾向が強いとしている。しかし，フィリピンで調査を行うと，道具的志向の方がL2学習を促進するという結果になっている(Gardner & Lambert, 1972)。

　これ以降，「統合的動機づけ」と「道具的動機づけ」という用語が一人歩きした感があり，どちらの動機づけが有効かという問題に関心が集まった。日本語の学習者に関しても，倉八(1992)によると，アジア系やアフリカ系の学習者は道具的動機づけが高く，欧米系は統合的動機づけが高いという結果になっている。目標言語を習得することの価値が国により異なり，フィリピンの英語学習と同様，就職などに有利となる地域では，道具的動機づけが高くなる傾向が見られるようである。しかし，成田(1998)は，タイの大学生を調査して，外国語環境でも統合的動機づけが高い方が成績がよいという結果を示し，李(2003)は，韓国人のJFL環境(韓国)とJSL環境(日本)を比較して，JFLの方が全般に動機づけが高いことを明らかにした。よって，アジアの日本語学習者については，道具的動機づけが高いという一貫性のある結果にはなっていない。また，縫部・狩野・伊藤(1995)は，ニュージーランドの大学では，滞日経験者の方が統合的動機づけが高く，学習期間が長い学習者ほど，統合的，道具的動機づけの両方が高かったとしている。このような研究を見ても，学習を行う社会的な文脈によりどのような動機づけが習得を促進するかが異なり，また学習の長い年月のプロセスにおいて複雑に変化するものだと考えられる。

　Gardnerは，実はもっと包括的なSLAのモデルを構築しようとしていた。L2学習は，その言語に特徴的な文化的パターンを身につけるなど，自己の帰属意識の変化を経験するという点で「社会的」なものと見なし，その意味では学校で学ぶ他教科の学習とは異なるとしている。また，L2の学習者は教室環境や教師，教材にも敏感に反応し，それが学習の成否を左右するという点で，L2学習は「教育的」なものと見なしている。よって，提唱するモデルを「社会教育的モデル(Socio-Educational Model)」と名付けて，その枠組みの下，動機づけの研究を展開してきた。Gardner(1983, 1985, 1988, 2001, 2010など)は，自ら何度か先行研究の成果を概観し，モデルのさらなる精緻化を目ざした論文や著書を発表しているが，最新の著書(Gardner, 2010)にまとめられた社会教育的モデルの動機づけの定義や枠組みをまとめておく。

　まず，社会教育的モデルの研究が盛んだった頃のSLAの動向(Krashenのモニター理論)を反映してか，Gardnerも学習と習得を区別し，「学習」は知識や

スキルの発達，「習得」とは言語が自己の一部になることだと定義している。L2学習の段階は，文法やスキルを測る客観テストのパフォーマンスやコースの最終成績による到達度(achievement)で示される。動機づけ(motivation)は，言語を学びたいという願望(desire to learn the language)，言語学習に対する態度(attitudes toward learning the language)(＝言語学習に対する喜び)，動機づけの強さ(motivational intensity)(＝言語学習に費やす努力)の三つの要素で評価される。よって，動機づけは，ただ，L2を学びたいという何らかの願望を持つだけではなくて，実際に言語学習に喜びを見いだし努力を割いてこそ，動機づけが高いと言えるのである。

　また，動機づけの前提となる二つの要素をあげている。一つが言語学習全般の動機づけとなる「統合性(integrativeness)」で，もう一つは教室における動機づけである「学習状況に対する態度(attitudes toward learning situations)」である。「統合性」とは，他言語のコミュニティにより近づくためにL2学習に純粋な興味を持っていることをさし，社会教育的モデルの中心となる要素である。「学習状況に対する態度」とは，教室環境やコース，カリキュラム，教師やクラスメートに関わる学習者の反応のことである。

　さらに，Gardner(2010)は，SLAにおける主要な変数として以下の六つをあげている。これらが，どのようにL2の到達度に関わり，影響を及ぼすのか，これらの変数の相互の関係を明らかにしようとしたのである。

1) 　能力：認知機能の個人差
2) 　動機づけ：L2学習の成否に影響を及ぼす第一の変数
3) 　文化的な変数：他文化に対する態度や他文化の人々と交わるための言語学習への興味(統合性)
4) 　教育的な変数：教育的環境(教育的雰囲気，教師，教材など)
5) 　言語不安：言語の社会的性質から経験するL2学習に伴う困惑(言語クラスにおける不安や言語使用における不安)
6) 　道具的な変数：文化的な興味とは関係なく，言語学習の実用的な価値を反映した変数

　Gardner(1985)は，一連の研究を重ねる過程で，「態度・動機づけテストバッテリー(Attitude/Motivation Test Battery，以下AMTB)」という調査用の質問紙を開発している。AMTBによる質問紙や，言語適性を測るテストやL2

の到達度を客観的に測定するテストを用いて分析し，SLA の包括的なモデルを構築しようとしたのである．

2.2　カナダにおける実証研究

　社会教育的モデルの研究は，Gardner 等がカナダのバイリンガル環境で行ったものを除くと，それ以外の文脈で行われた研究は，「統合的動機づけ」と「道具的動機づけ」の比較に注目が集まった．しかし，Gardner(1985) や Gardner & MacIntyre(1991) は，そのような研究では「動機づけ(motivation)」と「志向(orientation)」がしばしば混同されているという問題点を指摘している．Gardner & MacIntyre は，先行研究のデータを詳細に見ると，統合的志向と道具的志向の相関が高いものが多く，その理由として，統合的志向が高ければ，道具的な理由にも言語学習の価値を見いだすからではないかと論じている．また，言語的，文化的な文脈の違いにより，それぞれに異なる統合的志向と道具的志向があると指摘している．また，初期の研究は，構成概念が曖昧で，研究者間でも定義の不一致が見られるという問題があった．Gardner(2010) は，統合的志向と道具的志向を区別する難しさにも言及している．例えば，L2学習の理由が「旅行」だとしても，旅行で困らないようにサバイバルスキルを身につけたいというのであれば道具的志向だが，旅行をして目標言語を話す人々と交流することがL2を学ぶ理由であれば統合的志向になり得るとしている．

　Gardner の社会教育的モデルは，カナダのバイリンガル環境で研究されたこともあり，研究の焦点は「統合的動機づけ」の方で，「道具的動機づけ」は補助的なものとしか見ていなかった．Gardner & MacIntyre(1991) は，統合的動機づけに道具的動機づけが加わると，どのような変化が起きるかを明らかにしようとした．論文の中では，まず用語の定義を明確にし，「志向」とは単に言語を学習する理由のことで，「動機づけ」とは言語を学習するために向けられた努力のことをさし，L2学習を強化するものだとして区別している．そして，「統合的志向」は他言語集団の人々や文化への個人的な興味をさし，「道具的志向」は新しい言語を学習する実践的な価値や恩恵のことだと定義している．

　その上で，Gardner & MacIntyre は，人為的に道具的動機づけを与えると，動機づけやパフォーマンスがどのように変化するのかを見るために，コンピュータによる語彙学習の実験を行った．実験の参加者は，フランス語の学習経験がない心理学を履修する大学生(L1英語) で，コンピュータの画面上で

AMTBの質問紙の回答を記入し，26の英仏の単語ペアの学習（6回の試行）を行った。コンピュータでは，各試行時のスコアに加え，英語の刺激の注視時間と単語のペアを学習した時間が記録され，それらは動機づけによる行動と見なして評価された。実験群の参加者は，単語学習に成功（26ペアのうち24ペア以上を学習）したら10ドルの報酬がもらえるという指示を受け，統制群はベストを尽くすようにという指示のみが与えられた。報酬を出したのは，実験で人為的に道具的動機づけを与えるためである。

　その結果，統合的動機づけの個人差と単語のペアの学習時間に何の関係も見られなかったが，道具的動機づけが高い方が学習時間が顕著に長かったことがわかった。ただし，5回目までは有意だが，学習者の中には成功する見込みがないとわかると動機づけが下がる傾向が見られた。また，統合的動機づけの個人差は，目の前の学習そのものではなく，むしろ課外活動への参加や学習の継続といった行動に現れていた。統合的動機づけが高い学習者も道具的動機づけが高い学習者も，正答するのに時間をかける傾向があり，正答率も高かったという。よって，この研究から，長期的に見れば，統合的動機づけがあった方が有利だが，短期的には，道具的動機づけが加わると，L2学習をいっそう促進するのではないかと考えられるようになった。

　動機づけの研究というと，教育現場で質問紙調査を行い，コースの終わりの到達度との関連を見ることが多いが，Gardner & MacIntyre(1991)が採用しているように，調査参加者にコンピュータ上で新たな学習を課して実験を行う，いわゆる実験室研究（laboratory studies）も行われるようになった。Gardner, Day, & MacIntyre(1992)では，語彙学習において実験群にはビデオ録画により人為的に言語不安の状況を作り出そうとした。言語学習は社会的なもので，不安を感じる場面を経験すると言語運用にも影響を与えると仮定し，AMTBの質問紙には，クラスにおける不安と言語使用における不安に関する質問項目が含まれていた。Gardner & MacIntyre(1991)の実験でも，フランス語使用の不安は，試行の成績に影響し，試行が繰り返されると不安は下がるという傾向を見いだしていた。Gardner et al.(1992)では，学習中のビデオ録画により緊張する状況を作り出し，言語不安を意図的に操作したのである。しかし，この実験では言語不安の影響は見いだせなかった。その理由として，実験で参加者が行ったのは，インターアクションではなく，コンピュータに向かって沈黙して単独で行うタイプの学習なので，ビデオ録画の影響が現れなかったのではないかと考察されている。

人為的に情意的変数を操作する実験室研究の結果が，現実の教育の場にそのまま適用できるかは議論になるところだが，一方で，教育現場の長期にわたる変数の変化を見た研究もなされている。Gardner, Masgoret, & Tremblay (1999)は，少なくとも高校で1年はフランス語学習の経験があるカナダの大学生109人の大学生(英語話者)に，高校時代のフランス語学習の経験も含め，大学での態度や動機づけの調査を行っている。その結果，高校時代の状況的要素(親の励まし，バイリンガリズムへの態度など)が大学での統合性や動機づけにつながり，さらにL2熟達度の自己認識にも間接的に影響していることが明らかになった。つまり，L2学習における最初の経験は，後の動機づけの形成にも重要な役割を果たしていると言える。

　Gardner, Masgoret, Tennant, & Mihic(2004)は，フランス語の中級クラスを履修する大学生197人を1年に数度にわたり情意的変数を測定して，変化を見ている。1年のコースの始まりと終わりにAMTBの質問紙調査と，その間にも4回にわたり，動機づけと状況不安について調査を行った。その結果，学習状況に対する態度は1年で変化が最も大きいが，統合性は変化が小さかった。また，学習者の教室での経験が異なると思われ，クラスにより教師への反応が異なり，それが学習状況への態度にも反映されていた。このような結果から，統合性は長期の言語学習において，変化が少なく一定のもので，学習状況に対する態度は教室環境の影響を受けて変化しやすいと考えられる。Gardnerは動機づけをダイナミックなものだととらえており，この調査でもL2の到達度は，態度，動機づけ，不安と双方向に影響を及ぼしていることが見いだされた。よって，動機づけが高いから言語能力が上がるのか，言語能力が高いから動機づけも高くなるのか，といった問題がしばしば議論されるが，やはり相乗効果がありそうである。

2.3　多文化の境遇 vs. 単一文化の境遇

　Gardnerの「社会教育的モデル」は，カナダの英仏バイリンガルのコンテクストにしか適用できないという批判をしばしば受けてきた。Clément & Kruidenier (1983)は，志向の定義や習得過程の環境の影響に関する曖昧さが，カナダのバイリンガル環境以外で行われた研究の結果に一貫性が見られない一因だとしている。そして，Gardnerのモデルをベースにしつつも，民族的帰属(ethnicity)や境遇(milieu)(=コミュニティにおける他民族集団の存在)，目標言語のステイタスの違いなどを加えて動機づけにどう関わるかを調べた。英語話者について

はロンドンとオタワを，フランス語話者についてはケベックとオタワを比較した。また，単一文化圏ということでロンドン（英語話者）とケベック（フランス語話者）が選択され，オタワは多文化圏として選択された。ケベックはバイリンガル環境ではあるが，文化としては同一性があると見なしている。また，英語話者にとっては公式の目標言語はフランス語で，フランス語話者にとっては英語であり，どの都市においてもスペイン語を学ぶのはマイノリティ言語を学ぶことになる。37項目の因子分析を行い，どのグループにも共通して，旅行，友情，知識という志向が見られ，統合的志向がなくとも目標言語の成員と友情を築いたり，目標言語圏を旅行したいという情意的なゴールを持っていることが明らかになった。よって，統合的志向は多文化社会でのみ有効ではないかとしている。単一文化圏では，目標言語圏への文化的，芸術的な関心や知識の習得という志向が強いようである。

　Clémentは多文化圏と単一文化圏で動機づけの形成が異なると仮定し，独自の「社会的動機づけモデル（Social Motivation Model）」を提案している。図4-1に示した通り，個人の伝達能力は動機づけのプロセスの二つの段階の連続的効果により決定されると考えた。一次的なプロセスは，L2コミュニティに対する個人の見方に根ざすもので，統合性と同化への怖れ（fear of assimilation）が関係する。統合性はL2コミュニティに対する肯定的な情意的傾向であるが，同化への怖れというのは，L2学習によりL1や文化の喪失につながるのではないかという恐怖感のことで，二つは相反する関係にある。単一文化圏では目標言語の成員との接触がないので，一次のプロセスがそのまま二次のプロセスとなり，それがL2の伝達能力を決定する。一方，多文化圏では，目標言語の成員との接触の頻度やその質により，どれほどL2に「言語的自信（linguistic self-confidence）」が持てるかが動機づけにもつながると考えている。言語的自信は，言語使用の不安も含む概念である。言語的自信とは，目標言語の接触経験を通して育まれた，結果を出し目標を達成したり，課題を完全に遂行したりできる能力が自分にあるというビリーフのようなものである。

　Clément & Kruidenier（1985）は，西ケベックの7，9，11年生のフランス語話者1,180名の英語学習について調査を行い，Clémentの社会的動機づけのモデルを概ねサポートする結果を得ている。すなわち，統合性と同化への怖れは相反するもので，それぞれが二次的動機づけのプロセスに反対の影響を及ぼすこと，二次的な動機づけのプロセスが存在し，L2接触と言語的自信が因果関係にあること，言語不安の低さとL2熟達度の自己評価が自信につながっている

ことが明らかになった。また，言語適性と動機づけが言語的な成果への寄与率が高く，特に動機づけより言語適性の方が影響が大きいことも示された。ただし，動機づけは非言語的な成果(＝言語学習継続の意思)により大きく寄与し，言語適性は標準化テストとの関連がより大きかったことがわかった。

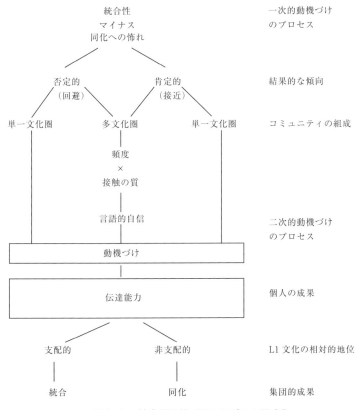

図 4-1　社会的動機づけのモデルの図式化
(Clément & Kruidenier, 1985; 小柳一部加筆，訳)

Clémentのモデルは，Gardnerのモデルに「自信(self-confidence)」という構成概念を取り込んで，動機づけの形成プロセスを説明しようとしたものである。さらに，Clément, Dörnyei, & Noels(1994)は，外国語環境であるハンガリーの中学生の英語学習についても調査を行っている。教室環境の外国語学習者はL2集団との直接の接触はほとんどないが，それでもメディアや旅行を通してのL2集団との接触が可能で，社会文化的志向が重要だと見る。また，不

安やL2能力の自己認識は，L2集団との接触がない境遇でもL2到達度を決定する要素になり得るのではないかと仮定した。学習者には志向や態度，不安などの質問紙，教師には各学習者の宿題の質の評価や授業中の積極性などに関する質問紙調査を実施した。

　その結果，英語圏から離れたハンガリーの中学生には実利的な報酬ですら遠く感じられ，むしろ将来のキャリアに重要な資格として知識を得たいという願望や，メディアの利用のためというような実用的な理由，また遠くの異なる文化や人々に興味を抱くという社会文化的志向が見られた。また，外国語の教室環境において，外国語の行動や能力につながる動機づけの三つのコンポーネントをあげている。一つ目は「統合的動機づけ」で，これには道具的，知識探求志向も含んでいる。統合的／道具的志向の比較が先行研究では議論の焦点になることもあったが，対比するというより，動機づけの中でもっと一体となったものとして再概念化されている。カナダの調査と異なり，外国語環境のハンガリーでは，教師やクラスなど学習状況に対する態度との関連はあまり見られなかった。二つ目は「言語的自信」である。言語的自信は，英語学習に対する態度や費やす努力を通して，直接的，間接的にL2能力の決定要因になる。例えば，良い教室の雰囲気は不安を和らげ自信を高める。また，授業外での言語経験を通して感じた自信や不安は動機づけに影響を及ぼす。三つ目は「教室環境の評価(appraisal of classroom environment)」で，グループの結束性やグループ・ダイナミクスがL2の動機づけにつながり，積極的な教室行動やL2到達度に寄与する。よって，Clément, Dörnyei, & Noels(1994)の調査から，ハンガリーを見る限り，L2集団との接触が限られている環境でも「言語的自信」が重要で，また，教師や教材，課外活動といった学習状況に対する態度より，もっと直接的な教室環境のクラスメートとのグループダイナミクスの方が動機づけへの影響が大きいと言える。外国語環境における動機づけについてはさらなる研究が必要だが，次節で扱う教育心理学的なアプローチが有益な枠組みになると思われる。

2.4　社会教育的モデルの研究成果

　動機づけは静的なものではなく，さまざまな要素が絡み合ったダイナミックな複合体である。このような動機づけとL2熟達度の関係を調べるために，統計手法としても，相関分析のみならず多重分散分析や構造方程式モデリング(structural equation modeling)(Gardner, Tremblay, & Masgoret, 1997;

Tremblay & Gardner, 1995など)を導入して，因果関係が図式化され，モデルの妥当性が検証されるようになった。また，社会教育的モデルの実証研究に広く用いられてきた質問紙の AMTB については，構成概念の曖昧さや項目の重なりなどを指摘されることもあったが，Gardner & MacIntyre(1993)が測定方法の妥当性を検証し，AMTB は構成概念妥当性及び予測的妥当性があり，AMTB で測る態度や動機づけは L2 の到達度と相関があるとしている。統合性と学習状況に対する態度と不安は個別の因子と認められたが，道具的志向は概念的にそれほど明確なものではなかったとしている。その理由として，L2 を学習する実用的な理由は人それぞれなので，内的一貫性が見られないのではないかと論じている。

さらに，Masgoret & Gardner(2003)は 75 の独立したサンプル，10,489 人の学習者の調査のメタ分析を行い，それまでの実証研究の成果を総括している。そして，L2 到達度と動機づけとの相関が最も高く，学習状況への態度や統合性との相関は低かったとしている。つまり，態度と統合性は，直接，L2 到達度に寄与するものではなく，動機づけを支える前提条件となるものだと言える。また，第二言語環境と外国語環境との違いはあまりなかったと述べている。メタ分析の結果を総合すると，動機づけは，コースの成績，自己報告による言語能力，熟達度テストのスコアで測定した L2 の到達度の 9 〜16% を説明できるという。社会教育的モデルの研究の蓄積及び構造方程式モデリングによる分析により，Gardner(2010)が提示した SLA における変数の関係を図 4-2 に示した。改めて構成概念を説明すると，「統合性」とは，他の言語集団の成員とコミュニケーションをする目的で L2 を学ぼうという純粋な興味を反映したもので，統合的志向(理由)，外国語への興味，目標言語(TL)の話者への態度が合わさったものである。「学習状況への態度」とは言語が学ばれる状況の側面に対する態度で，それは教師及びクラス(クラスメート，教材，課外活動など)に対する個々人の反応となって現れる。「統合性」と「学習状況への態度」は相関関係にあり，L2 を学ぶ「動機づけ」の基礎になる。ここでいう動機づけとは「統合的動機づけ」ととらえられており，教育社会的モデルの中心となるものである。

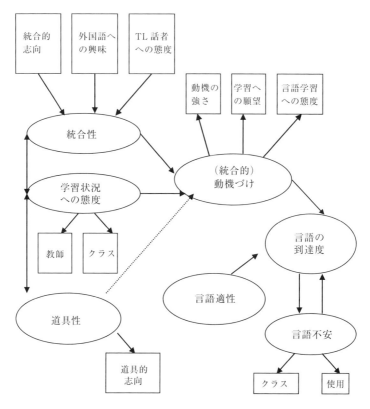

図 4-2　社会教育的モデルの概念の図式化
(Gardner(2010)に基づく；小柳 一部加筆&訳)

　「動機づけ」は，学習の原動力となるもので，動機づけの高さは三つの要素の総和で示される。「動機の強さ」(＝言語学習に費やす努力)「学習への願望」(＝目標を達成しようとする強い望み)「言語学習への態度」(＝言語学習に感じるやりがいや喜び)の三つが要素がそろったときに，動機づけが高いと見なす。「道具性」は，言語学習の実用的な価値や恩恵を反映したもので，動機づけの補助的な役割はあると考えられるが，安定性はない。少なくとも，道具的な目標が達成されるまではL2学習に有効である。「動機づけ」と「言語適性」は独立した変数で，両者ともにそれぞれL2の到達度に影響を及ぼす。「言語不安」は言語学習と使用に関する状況的な不安で，一般的な不安と異なり言語学習の経験から生まれるものであり，L2の到達度と相互に影響を及ぼし合う。

近年，Gardnerは，学習者の動機づけと教師の教授ストラテジーとの関係も調べている。Bernaus & Gardner(2008)は，スペインのカタロニア地方の31人の英語教師に教授ストラテジーに関する質問紙調査を，694人の中等教育最終学年の生徒(全生徒の15%)にはAMTBの質問紙調査を実施した。教師用の質問26項目には，学習者中心，インターアクティブな教授スタイル，問題解決やプロジェクトなどの活動を問う刷新的なストラテジーに関するものが12項目と，教師主導や言語の構造に焦点を当てるなどの伝統的な教授ストラテジーが14項目含まれていた。生徒用の質問紙の前半では，教師の26項目のストラテジーの使用頻度について7段階尺度で回答し，後半はAMTBの縮小版が用いられた。また，生徒の英語の到達度も測定された。読解と聴解のテストを行い，相関が高かったため，二つのテストの平均値を英語の到達度とした。
　その結果，伝統的な教授ストラテジー16項目中10項目は，使用の有無やその頻度について教師と生徒の認識に有意な相関が見られたが，刷新的なストラテジーについては教師と生徒の評価が一致していなかった。AMTBにおける変数同士の関係は，概ね先行研究を支持する結果となっているが，今回の縮小版のAMTBは先行研究より英語の到達度との相関が高いという結果になっている。いずれにしても，生徒の動機づけとL2到達度の相関はあるが，従来からのモデルが示してきた通り，複雑な要因が絡み合っているのは確かである。また，昨今，教授法は多様化しているが，この研究で刷新的と見なしたストラテジーはコミュニカティブな教授法を示唆するもので，現行の動機づけ研究から見ると，学習者主体の教授法は学習者を動機づける教え方のように思われるが，生徒が必ずしもそのように認識していなかったということである。教師の教授ストラテジーへの期待が国や地域により異なると考えられ，学習者が通常どのような授業を受け，教師に何を期待しているかにより教授ストラテジーへの認識が異なる可能性がある。教師の動機づけを高めるストラテジーについては，新たな枠組み(本章4.3参照)でも研究されており，学習者の動機づけを高めるために，教師は教室で何ができるかということも今後の研究課題になっていくだろう。

3. 教育心理学的アプローチ

3.1　内発的／外発的動機づけ

　外国語に限らず，どの教科を学ぶにも動機づけは重要なので，教育心理学に

おいて動機づけの研究が多くなされ，さまざまな理論が展開されている[1]。よって，1990年代以降は，そのような動向をSLA研究にも取り込もうとする動きが広まった。なかでも，Deci & Ryan(1985)(他にも Deci & Ryan, 2000; Ryan, 1995; Ryan & Deci, 2000など)のヒトの動機づけの理論である「自己決定理論(Self-Determination Theory)」は，SLA研究にも大きな影響を与えた。この理論で重要になる概念が「内発的動機づけ(intrinsic motivation)」と「外発的動機づけ(extrinsic motivation)」である。前者は純粋な興味や関心，やりがいから自ら選択して学習を行う場合の動機で，後者は賞賛を得たいとか叱責を回避したいからやるというように，外から強制されて行動を起こすときの動機である。乳児は生得的に周囲のさまざまなものに興味を示して行動を起こす傾向があり，それは内発的に動機づけられたものである。しかし，世の中にはそれほど興味を持てないことも存在し，時には外から強制されて行動を起こさせることも必要で，すなわち，外発的に動機づけられることもある。自己決定理論は，外発的動機づけをも自分の中に取り込んで，動機づけされた行動の価値を自分の中に内在化して，最終的には内発的な動機づけに基づいて行動するようになるまでの発達モデルとして提案された。内発的動機づけにより行動するときは自己効力感(self-efficacy)，すなわち自己決定感が高いので，自己決定(self-determination)理論と呼ばれている。

　Deci & Ryanによると，ヒトは三つの生得的な心理的欲求(psychological needs)を持っているという。一つ目は「有能性(competence)」への欲求で，目標を達成して自己の能力を顕示したいという欲求である。二つ目は「自律性(autonomy)」への欲求で，行為を自らの意思で選択して自主的に行いたいという欲求である。三つ目は「関係性(relatedness)」への欲求で，他者やコミュニティと関わりたいというものである。乳児は，有能性と自律性をサポートする環境があると，生まれながらに備わっている内発的動機づけによる行動が促進される。また，そこに親への愛着など関係性が確保されると，動機づけはさらに高まる。この理論では，社会的な文脈と相互作用しながら，これらの基本的な心理的欲求が満たされたときに，ヒトは内発的に動機づけられ，行動を起こすのだと考えられている。

---

[1] 心理学における動機づけ研究の動向は，上淵(2004)に詳しいので参照されたい。自己決定理論のさまざまな構成概念の訳語は，概ね上淵(2004)に従った。"competence" は外国語教育では「能力」と訳されるが，自己決定理論では「有能性」と訳され，意味合いが少し異なる。

図4-3は自己決定理論に基づく動機づけのタイプを連続体で示したものである。左端の「無動機(amotivation)」は，行動しようという意思が欠如している状態である。右端は「内発的動機づけ」で，活動本来の楽しみや喜び，満足感から行動する場合で，自己決定感が最も高い。無動機から内発的動機づけの間に「外発的動機づけ」が位置し，外的な圧力やコントロールが加わった行動の価値をどれほど内在化しているかにより，さらに4段階に分けられる。外発的動機づけの中で最も自己決定感が低いのが「外的調整(external regulation)」である。例えば，教師に強制されて宿題を提出するといった場合で，宿題そのものは提出するとしても，行動に対する価値はほとんど見いだしていない。よって，行動は外的にコントロールされた結果である。次の「取入れ的調整(introjected regulation)」は，外からの価値やビリーフを自分の中に取り入れようとする段階で，行動は外的にややコントロールされている状況にある。その次は「同一視的調整(identified regulation)」で，外からの価値を自分のものとして認め，それに基づき行動することが個人的に重要だと考えられるようになった段階である。そして，「統合的調整(integrated regulation)」は，同一視された価値が，自分の他の価値や欲求と適合し，内発的に動機づけられている状態である。統合的調整が内発的動機づけと異なるのは，本来の活動の楽しみとは別の分離可能な成果を求めようとしている点で，まだ外発的に動機づけられていると見る。最終的には，内発的に動機づけられて行動することが理想的で，動機づけは無動機から内発的動機づけまでの線上の連続体としてとらえられる。

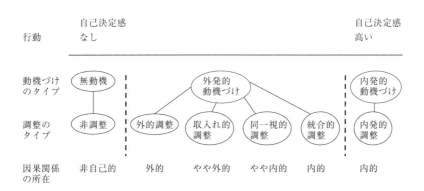

図4-3　自己決定感のレベルと動機づけ(Ryan & Deci, 2000, p.72; 小柳訳)

3. 教育心理学的アプローチ　　159

なお，「内発的／外発的」の分類は，Gardner の社会教育的モデルにおける「統合的／道具的志向」と何がどう異なるのかという問いもしばしば発せられる。「統合的動機づけ」と「内発的動機づけ」を，「道具的道具づけ」と「外発的動機づけ」をほぼ同義のものとしてとらえられることがあるが，必ずしもそうではない。Gardner(2010)は，他の言語コミュニティにより近づけるよう言語を学ぶという統合的動機づけも，仕事を得るためとする道具的動機づけも，ともに外発的な言語学習の理由を内包し，また，双方とも言語学習そのものへの興味という内在的な価値は必ずしも含意していないとしている。この問題については自己決定理論をベースにした SLA の動機づけの研究者の間でもしばしば論じられることで，次のセクションで考察することにする。

3.2　自己決定理論による L2 研究

　学習者の動機づけの変化，発達のプロセスを理解することは，SLA 研究及び言語教育の現場にとっても重要なことなので，1990年代以降「自己決定理論」は L2 の動機づけ研究にも応用されるようになった。その筆頭が Noels 等の一連の研究である。それまでの動機づけ研究は，カナダのバイリンガル環境における研究が多く，社会教育的モデルが強調している統合性では，目標言語が話されていない，いわゆる外国語環境における動機づけを説明できないという批判や論争(Au, 1988; Crookes & Schmidt, 1991; Dörnyei, 1994a, 2001a; Oxford & Shearin, 1994など)が常につきまとった。Dörnyei(2001a)は，外国語環境では，少なくとも学習初期には道具的志向と教室における態度(教師，カリキュラム，教材)が動機づけに深く関わると論じている。この頃から，Gardner の社会教育的モデルで強調されたようなコミュニティとの関わりを重視した動機づけから，実際の学習環境(教室)における動機づけへと関心がシフトしていったとも言える(McGroarty, 2001のレビュー参照)。

　Noels, Clément, & Pelletier(1999)は，社会教育的モデルの中で「学習状況に対する態度」については調査されたが，内発的／外発的動機づけのパラダイムで教室の変数が調べられたことはないとして，カナダのオタワで 6 週間の夏期イマージョンプログラムに登録した78人(L1英語，L2フランス語)の動機づけについて質問紙調査を行っている。質問紙には，内発的／外発的動機づけに関する項目，教育的変数(教室での不安，動機づけの強さ，L2学習継続の意思，コースの最終グレード，コントロールされているという認識の程度)に関わる項目，教師に関する認識についての項目が含まれていた。分析の結果，外発的動機づ

けの同一視的調整や内発的動機づけの段階にある学習者は，教師にコントロールされているという感覚があまりなく自己決定感も強かった。一方，教師にコントロールされていると感じるほど不安が高く，動機づけが弱いことが明らかになった。動機づけのタイプと最終グレードとは関連が見られなかったが，学習継続の意思とは相関があったこともわかった。よって，Noels et al. は，自己決定理論によるL2の動機づけ研究は，学習者の動機づけの志向が変化するプロセスがわかり，そこで教師が果たす役割もわかるので有益だと述べている。

　続いて，Noels, Pelletier, Clément, & Vallerand(2000)は，自己決定理論の内発的／外発的動機づけ，及び無動機といった構成概念の妥当性を検証している。この中で，内発的動機づけの下位カテゴリーを三つに分類している。一つ目は「内発的―知識」で，新しい思考の探求や知識の発達に関連する感情から行動する場合である。二つ目は「内発的―達成」で，課題遂行や目標達成を試みることによりもたらされる感情から行動する場合である。三つ目は「内発的―刺激」で，課題遂行によりもたらされる審美的評価や楽しみに関わる感情から行動する場合である。内発的動機づけがあって行動の選択権があれば，さらに興味深い，やりがいのある行動を求めるようになると考えられる。外発的動機づけは，少なくとも外的調整，取入れ的調整，同一視的調整の三つのレベルがあるとしている。Deci & Ryam(1985)は統合的調整という四つ目のレベルを含めているが，Noels等は，これがGardnerの「統合的志向」に相当するものとして，別途調査(Noels, 2001a)を行っている。

　Noels et al.(2000)は，カナダの大学生(L1英語，L2フランス語)159人に質問紙調査を行い，内発的／外発的動機づけは明らかに無動機とは切り離された変数であることが明らかになった。内発的／外発的動機づけの間には重なりが見られ，これは発達段階において段階が移行していくものなので，当然の結果ではないかと見ている。また，学習者に選択権があり，有能感(sense of competence)があるほど自己決定感が高く，その反対である場合は無動機により近づくことも明らかになった。さらに，スキルが高いという自己認識があり，旅行や友情のために言語を使いたい場合は，自己決定感や自律性が高いということもわかった。このような調査のために言語学習志向尺度(Language Learning Orientation Scale)が開発され，内発的／外発的動機づけ，及び無動機の下位尺度が測定できるようになっている。

　Noels, Clément, & Pelletier(2001)は，前述の1999年の自らの研究と同様，夏期イマージョンプログラムで調査を行ったが，この研究ではケベックの大学

生(L1フランス語，L2英語)58人の英語学習の動機づけを検証した。質問紙調査の回答を相関分析，多重回帰分析にかけた結果，Noels et al.(1999, 2000)の先行研究と同様の結果が得られた。また，内発的動機づけが高いと，言語学習に努力を注ぎ，言語学習を継続する意思が強く，自律的に言語学習に関わると最終到達度も高い傾向にあることがわかった。この中では統合的志向についても調べているが，統合的志向は，動機づけの中でも自己決定感がより高い段階の動機づけに関連があるとしている。道具的動機づけは外的調整に最も強い相関が見られた。

　このような研究の流れの中でNoels(2001a)は，内発的／外発的動機づけは，統合的／道具的動機づけと平行する概念ではないという前提で，統合的志向と自己決定理論の動機づけとの関係をより綿密に調査を行っている。統合的志向にはL2コミュニティへの好意的な態度があるが，それは内発的志向には含まれないものであり，むしろ外発的動機づけの最も自己決定感が高い段階に相当するのではないかと仮定したのである。この調査では，これまでのカナダの文脈から離れ，米カリフォルニアの大学のスペイン語履修の一年生322人を対象に，まず，第一の研究課題として教師の伝達スタイルと学習者の動機づけとの関連を探った。教師に対する認識と自律性，有能性に関する認識及び内発的／外発的志向との関係を，構造方程式モデリングによるパス解析で調べたところ，教師のコントロールが強いと学習者の自律性への自己認識が低く，教師が建設的で有意義なフィードバックを与えると有能性への自己認識が高くなることがわかった。また，学習者自身がスペイン語学習を選択したという意識が高いと，無動機になりにくいことが明らかになった。さらに，スペイン語の能力に関する自己認識が高いと，内発的志向がいっそう増すということがわかった。

　さらに第二の研究課題として，内発的／外発的動機づけと統合的志向との関係を探り，統合的志向は自己決定理論の枠組みの同一視的調整及び内発的動機づけとの相関が高いことを見いだした。ただし，Noels(2001b)は，だからといって，同一視的調整や内発的動機づけが統合的志向と概念的に同一というわけではないと述べている。多重回帰分析の結果，統合的志向は，自己決定感がより強い志向に類似し，ラテンコミュニティとの接触の頻度と質，ラテンコミュニティへの同一視的傾向の大きな予測因子であった。内発的志向はポジティブな学習態度の予測因子として一貫性があり，統合的志向はグループ内の変数を説明できるのではないかとしている。よって，Noels(2001a)は，自己決定理論ではL2やL2話者に対する態度や社会文化的な環境の要因が説明できないの

で，Gardnerの社会教育的モデルは自己決定理論の弱点を補い，相互に補完し合えるのではないかと論じている。

Noels(2001b)は，内発的動機づけを促進するには，三つの心理的欲求（有能性，自律性，関係性）が満たされるように社会的文脈の中でサポートすることが肝要だとしている。そのためには，まず，教師の役割が重要になるが，学習者をコントロールせずに学習者に自由度を与え，有益なフィードバックを与える教師は，学習者の有能性，自律性に関する自己認識を高めることができると主張している。次に，家族の関わり，特に両親の影響が大きいと考えられ，L2到達度に直接的な影響はないが，言語学習やL2コミュニティに対するビリーフや特定の言語コースに対する態度に直接的，間接的に影響を与えるという。両親の励ましがどの程度あるかで，子どもの言語学習の継続の意思にも影響が及ぶのである。それから，L2コミュニティとの関わりも，L2集団との接触やメディアへのアクセスもL2行動に影響し，接触が心地いいものであれば，よい影響を与えるとしている。外国語環境も視野に入れると，昨今はメディアの影響は大きく，留意すべき点であろう。

これ以降は，北米のみならず，さまざまな地域や環境でも動機づけが調べられている。中国では，学習者の動機づけを高めることを目ざした教授法を採用したクラスとそうでないクラスを比較した準実験(quasi experimental)の中で，自己決定理論の枠組みの動機づけの調査が行われている。Wu(2003)は，実験群にはより難しい課題を与え，必要なサポート（モデリング，誘導，協同学習など）を提供しながら，学習者に自由度のある課題で創造の余地を与え，個人や小グループで学ぶ機会を多く与えて自分のペースで学べるようにした。また，より身近な内容の教材で日常生活と結びつけて考えさせ，成否の原因を学習者自らが考え，自己改善につながるような評価を与えた。統制群は，このような特徴を持たない従来のやり方の授業であった。参加者は，中国の語学学校で英語をゼロから始めた年少者（4～6歳）72人である。8か月にわたる学習の終わりに，学習者は動機づけに関する半構造化インタビューを受けた。インタビューの内容は，有能性や自律性の自己認識が内発的動機づけにつながると考え，それらを4点尺度で評価するものであった。

その結果，教授法は内発的動機づけの有意な予測因子であり，実験群はより熱心，積極的で，英語の知識を得たという達成感やL2学習への高揚感を感じていた。また，L2の能力についても高い自己認識があり，学習環境や学習過程を自分でコントロールしているという実感もあった。つまり，有能性や自律性に

関する自己認識が高いほど，内発的動機づけも高いという結果になったのである。Wu は，有能性に関して，適度にやりがいのある課題を与えることが重要で，その成功経験がさらなる学習につながるとしている。また，失敗の否定的な影響から学習者を守るために，失敗の原因は努力不足や不適切な学習ストラテジーの使用によるもので，能力が劣るからではないことを悟らせる必要性を説いている。自律性に関しては，学習者に十分なコントロール権を与え，自分なりの目標や学習方法の選択に責任をもたせ，自己モニターや自己評価を促す必要があるとしている。

　自己決定理論に基づく研究は，英語，フランス語，スペイン語，中国語と広がっているが，継承語としてのドイツ語学習における動機づけの研究もなされている。Noels(2005)は，カナダの二つの大学からデータを収集し，継承語としてドイツ語を学ぶ学習者41人と，継承語ではない学習者58人とを比較している。継承語としてドイツ語を学ぶ学習者は，先祖からの言語を学ぶのであるから，当然，統合的志向が高いのではないかとの予測が成り立つ。質問紙には，動機的志向として，内発的／外発的動機づけ及び無動機，統合的／道具的志向の項目が含まれた。また，先行的変数として自律性，有能性，関係性の自己認識に関する項目が入れられた。成果的変数としてL2学習における努力の程度，自己評価，グループ内変数(民族的帰属意識，ドイツ語コミュニティとの接触，L2使用状況)などが含まれていた。分散分析による比較の結果，予測とは異なり，統合的志向において二つのグループに有意な差は見られなかったが，継承語学習者は，同一視的調整のためにドイツ語を学ぼうとしていることがわかった。つまり，先祖からの継承語を学ぶことにより，自己の帰属意識を高めるために言語を習得したいという意思が強いということである。また，継承語学習者は，非継承語学習者より，有能性と関係性の自己認識が高く，ドイツ語コミュニティとの接触やドイツ語使用も頻度が高く，ドイツへの帰属意識が高いという傾向が見られた。全体的には，言語背景による違いはそれほど顕著ではなく，言語背景に関わらず，自己決定感が高い場合は，有能性，自律性，関係性の自己認識も高く，これらの三つのニーズが満たされると，内発的な動機づけが高まることが明らかになった。

　このような研究から，学習者の言語背景による統合性より，学習状況，すなわち，教師や教室のグループダイナミクスが内発的動機づけの形成には重要だと考えられる。しかし，Noels(2013)は，西洋と異なり，自律性が文化的に重要視されないところ(特にアジア社会)もあるのではないかと疑問を呈し，カナ

ダの日本語学習者とスイスの英語学習者(L1ドイツ語)を比較している。その結果，自己決定感と心理的欲求との関係に両グループの違いは見られず，どちらも自律性が最も重要であるということが明らかになった。Noels, Chaffee, Michalyk, & McEown(2014)も，ヨーロッパ系カナダ人がヨーロッパ言語を学ぶ場合と，アジア系カナダ人がアジア言語を学ぶ場合の比較をしているが，自律性に違いは見られなかった。したがって，教室でのL2学習においては，学習の中身や学習方法に選択権が与えられていて，学習者が自律して学習に臨めているという実感があることは，どの学習のコンテクストにおいても重要だと言える。ただし，L2学習を行う場所がアジアである場合は調べられていないので，さらなる研究が必要である[2]。

　Noels等はカナダの大学の日本語(JFL)学習者について研究を行っているので，最後に紹介しておく。McEown, Noels, & Saumure(2014)は，カナダの大学の日本語学習者128人を対象に調査を行った。参加者は全員，日本語は継承語ではなく，外国語環境において日本語を学んでいる。そのような学習者の動機づけは，内発的動機づけか同一視的調整の段階にあり，無動機はほとんど見られなかったという。カナダでは日本語はほとんど話されていないが，英語と全く体系が異なる日本語を学んでみようという学習者の動機づけは高いと言える。また，統合的志向と自己決定感がより強いタイプの動機づけとはオーバーラップするところが大きいが，自己決定理論では説明しきれない，文化間の問題に関する新たな構成概念が必要ではないかとしている。Noels(2005)と同様，自己決定感が高い動機づけは学習への関わり(＝L2学習に費やす努力)を，統合的志向は言語コミュニティとの関わりを予測するという点で，両者は動機づけに異なる影響を及ぼしているようである。さらに，JFLの日本語学習者は，能力を発達させるために教師からの有効なサポートがあるほど，クラスメートとの関連性の感覚や有能感を発達させ，動機づけが高まることが明らかになった。McEown等(2014)は，外国語環境では，L2コミュニティへの直接の接触はほとんど期待できないが，自己決定感が高まると，目標言語やその文化が個人的に意味のあるものになると論じている。したがって，目標言語が話されていないところでは，一見，外国語を学ぶ理由を見つけにくい場合でも，適切な教室環境を作り出せば，学習そのものに興味や意義を見いだし，内発的に動機

---

[2]　日本における英語(EFL)学習者に関する動機づけについては，自己決定理論にとどまらず，それ以外の研究も含み1冊の書籍にまとめられている(Apple, Da Silva, & Fellner, 2013参照)。

づけられた学習者を育てるのは可能だと言えそうだ。

4. プロセス志向のアプローチ

4.1 タスクの動機づけ

　SLAのプロセスは複雑で長期間に及ぶので，その間の動機づけのレベルは一定ではなく，絶えず変化していると考えられる。動機づけ理論の変遷を経て，研究における関心も，マクロレベルの一般的な動機づけから，もっとミクロレベルの状況特有の動機づけへとシフトしていった(Dörnyei, 2002; Julkunen, 2001など)。教室ではさまざまなことが起きているが，その中で，L2学習のプロセスの時間的な境界線を定義づけるために，その行動単位としてタスクが注目されるようになった(Dörnyei, 2003)。折しも，SLAの教室研究ではインプット／インターアクション仮説の検証にタスクが用いられ，SLAの知見を組み込んだタスク・ベースの教授法(Task-Based Language Teaching: TBLT)も提案されており，その流れとも合致している(本書第5章を参照されたい)。TBLTを含むコミュニカティブ・アプローチが推奨され，教室ではグループワークやペアワークが行われることが多くなり，動機づけも個人レベルだけではなく，グループダイナミクスの中でとらえる必要も生じている。よって，このようなSLAや言語教育の動向の中で，状況特有のタスクの動機づけ(task motivation)を追求するのは意義があると言える。

　動機づけの分類は，前節の「統合的／道具的動機づけ」「内発的／外発的動機づけ」の対比が有名だが，他にも「特性的動機づけ(trait motivation)」と「状況的動機づけ(state motivation)」に分ける(Tremblay, Goldberg, & Gardner, 1995)ことがある。特性的動機づけは，安定性がある一般的な動機づけのことで，状況的動機づけは，場面や状況によって変化する動機づけのことである。Dörnyei(2003)は，この特性的動機づけと状況的動機づけの区別は有益であるものの，L2学習の状況に密接に関わる動機づけを考える場合，この区別ではまだ不十分だとしている。Dörnyei(1994b)はすでに，外国語学習の動機づけを，図4-4のように階層づける試みを行っていた。

　Dörnyeiは，外国語学習の動機づけとして三つのレベルを設定している。まず，言語レベルの動機づけとは，Gardnerの社会教育的モデルに代表されるように，コミュニティにおけるL2の価値やL2接触の機会に関わる社会的な動機づけのシステムをさす。次の学習者レベルの動機づけは，自己決定理論が説明

するように，L2学習の価値の内在化に関わる個人レベルの動機づけである。そして，さらに教室における学習環境に即した状況レベルの動機づけのコンポーネントがある。このレベルには，コースへの興味や期待などから来るコース固有の動機づけのコンポーネントと，教師との関係により形成される教師固有の動機づけのコンポーネント，さらに教室，あるいは小グループの中で生成される集団固有の動機づけのコンポーネントの三つが含まれる。

Dörnyei(2001a)は，タスクによる言語運用において，少なくとも三つの動機づけの階層があり，統合性などの一般的な動機，コース固有の動機，さらにタスク固有の動機があるとしている。そして，従来は後者二つが区別されていなかったという問題点を指摘している。コース固有の動機は，図4-4でいうと学習者レベルのコース全般に対する動機づけに相当すると思われる。

言語レベル	統合的動機づけサブシステム
	道具的動機づけサブシステム
学習者レベル	達成のニーズ
	自信
	・言語使用不安
	・L2能力の自己認識
	・原因の帰属
	・自己効力観
学習状況レベル	
コース固有の動機づけ	興味
コンポーネント	適切さ
	期待感
	満足感
教師固有の動機づけ	連帯願望(affiliative drive)
コンポーネント	権威のタイプ
	動機づけの直接的社会化
	・モデリング
	・タスクの提示
	・フィードバック
集団固有の動機づけ	目標志向性
コンポーネント	規範及び報酬システム
	集団の結束性
	教室の目標構造

図4-4　外国語学習の動機づけのコンポーネント(Dörnyei, 1994b; 小柳訳)

タスク固有の動機づけは，学習状況レベルに相当し，学習過程から切り取る単位をタスクにすることにより分析可能なものになっている。この動機づけのユニークな点は，他の参加者と共同で築く動機づけの部分が含まれていることであろう。また，Dörnyei(2002)は，特性的／状況的動機づけの区別は静的な概念であるが，教室活動におけるタスクは，学習者の一連の行動を伴い，数時間を要する中では，動機づけも一定ではないと論じている。よって，状況的動機づけでも状況固有の動機づけを説明することは難しく，動的な動機づけの概念化が必要だとしていた。

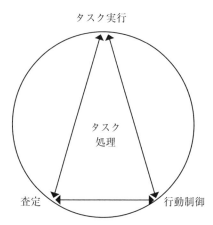

図4-5 タスク処理システムを構成する三つのメカニズムの図式
(Dörnyei, 2003; 小柳訳)

そこで，Dörnyei(2003)は，タスクを処理するメカニズムは動的なシステムに支えられたものだとして，図4-5のような図式も提案している。三つのメカニズムが相互に作用しながら，同時並行的にタスクの処理が進行すると考えられる。この図式の中で，「タスク実行(task execution)」とは，教師からタスクの指示を得たり，学習者またはタスクのチームで作成した行動プランに沿って，実際にタスクを実行する学習者の行動のメカニズムである。「査定(appraisal)」とは，現行の言語運用や，さらに予測される言語運用，さらに代案となる行動シークエンスからもたらされる言語運用を比較しながら，さまざまな刺激を刻々と処理するメカニズムである。「行動制御(action control)」とは，学習固有の行動を強化したり，足場かけをしたり，保護したりする自己調整のメカニズムのことである。タスク実行のメカニズムが働いている間も，絶えず

言語運用を評価するメカニズムが働き，必要に応じて自己調整により行動が制御されるので，これらの三つのメカニズムは相互に関わり合っている。例えば，査定システムがタスクの進捗に満足感や期待感を評価すれば，動機づけレベルが上がると考えられる。また，査定システムからタスクの進捗に関してネガティブな信号が出された場合，適切な行動制御ストラテジーが発動される。心的，行動的な調整がなされれば，行動を維持するのに十分な動機づけレベルが保たれると見なしている。

　Dörnyei は，状況特有の動機づけを詳細に検討するために，学習者にタスクを課して，その際の動機づけと言語運用との関係を調べる実証研究を自ら行っている。Dörnyei & Kormos (2000) は，ハンガリーで英語を学ぶ高校生46人に，授業の中でペアワークとして問題解決型のオラルの議論タスクを課した。参加者は，英語の到達度テストを受け，態度や動機づけに関する変数と，グループの結束性やコミュニケーションの意欲 (Willingness to Communicate: WTC) などの社会的変数に関する質問紙に回答した。学習者のタスクにおける言語運用は，タスク従事度 (task engagement) が測定された。タスクへの従事度が高ければ，生成されるスピーチの量が多いと仮定し，タスク従事度の尺度に使用単語の語数が算出された。また，議論タスクに活発に参加するペアは話順交替が多いと仮定し，話順数も算出された。

　その結果，一般的な動機づけより状況固有の要因 (コースへの態度，タスクへの態度，言語的自信) の方が語数や話順数との相関が有意に高かった。また，語数より話順数の方が WTC に有意な相関があったことから，話順数の方がタスクの従事度を反映していたのではないかと述べている。また，先行研究で示されてきた結果と異なり，一般的な L2 の到達度は，動機づけとの直接的な関連は見られなかった。さらに，グループダイナミクスがインターアクションを伴うタスクの言語運用に影響を及ぼすという予測と異なり，グループ変数とタスク従事度との相関は見られなかった。そこで，Dörnyei & Kormos は，参加者をタスクへの好意的な態度が高いグループと低いグループに分けて比較を行った。すると，タスクへの態度が高いグループは，WTC と語数，話順数に有意な相関が見られ，言語的自信，達成願望，ステイタス (グループ内の自分の立ち位置，人気) と語数に有意な相関が見られた。よって，学習者がタスクに好意的な態度を持ったときにのみ，社会的変数が言語運用に影響を与えるのではないかとしている。また，タスクにおける言語的自信があると自己効力感も増し，スピーチの量が多くなるのではないかと述べている。

続いて，Dörnyei(2002)は，Dörnyei & Kormos(2000)のフォローアップとして，さらに同様の学習環境の参加者(ハンガリーの英語を学習する高校生)44人からデータを収集している。調査の手順もDörnyei & Kormos(2000)に従った。タスクによる言語運用は，スピーチサイズとして語数が，タスクの従事度として話順数が算出された。この研究では，まず，個人差変数間の相関が調べられたが，コースへの態度とタスクへの態度に有意な相関が見られた。タスクへの態度と統合性，L2使用の不安の間にも有意な正の相関が見られた。L2使用の不安との相関は予想外であったが，Dörnyeiは，不安とWTCとの相関が見られなかったことから，この調査に関する限り，不安は参加者の本来の性格と関係があるのではないかとしている。
　次に七つの個人差変数と言語的変数との相関を見ると，コースへの態度とタスクへの態度が二つの言語的変数(語数，話順数)と有意な相関があった。自信とスピーチサイズ(語数)にも相関があり，言語的な自信があれば，より多く話すと考えられる。動機づけはコースの到達度との相関が見られなかったことから，動機づけはもっと直近の言語運用に影響を与えるのではないかとしている。コースの到達度は，学習者の言語適性や教室指導の質など他の要因に左右される可能性が高い。また，動機づけに関わる六つの変数を合わせると，言語的変数の35～40%の説明力があった。この研究でもタスクへの好意的な態度が高い学習者と低い学習者を比較したが，タスクへの態度が高い学習者は，統合性と自信がスピーチサイズと有意な相関があった。つまり，自信がある学習者はタスクへの態度も肯定的で，言語運用スコアも高く，また，一般的な動機づけが高いと状況固有の動機づけも高いと見ている。一方，タスクへの好意的な態度が低いグループは，コースへの態度とスピーチサイズに有意な相関があるのみであった。これは，裏を返すと，タスク動機が低くても，コースへの動機づけが高ければ，たくさん話そうとする傾向があるということだと解釈されている。
　Dörnyei(2002)は，タスクの動機づけはペアの相手と共同で構築するものだととらえ，このデータを用いて，さらにペアとしての動機づけも調べている。ペアの動機づけと言語的変数の相関関係を分析すると，タスクへの態度と言語的変数の間に高い相関があった。さらに六つの動機づけ変数の合成スコアと言語的変数との相関はさらに高く，動機づけは語数については72%，話順数については69%の説明力があり，WTCを加えると説明力はさらに高くなった。したがって，タスクの動機づけは，ペアやグループの総和としてとらえる必要が

あり，動機づけが高ければ言語運用にも良い影響をもたらすようである。個人ではタスク動機が多少低くても，タスク動機の高い学習者と組むことにより，言語運用が引き上げられる可能性もある。

　Kormos & Dörnyei(2004)は，過去の二つの研究では語数と話順数の二つの言語的変数しか分析しなかったので，Dörnyei(2002)のデータをさらに，正確さ，文法的複雑さ，語彙の多様性，語用的構造(論拠の数，反対論拠の数)についても分析している。その結果,正確さはコースへの態度とのみ相関が見られた。この結果について，学習者にコースへの肯定的な態度があるということは，教師や教育の質を評価しているということを意味し，良質な教育が正確さを引き上げているのではないかと考察されている。語彙の多様性と言語不安は，タスクの動機づけと負の相関があった。つまり，動機づけの高い学習者はより多く，より正確に話したが，多様な語彙を使用するほどの処理能力がなかった可能性があると指摘されている。全体的に，動機づけ変数の正確さ，複雑さ，語彙の多様性に対する説明力(9-16%)は弱かったが，論拠の数は30%あり，WTCを加えるともっと説明力が高くなった。タスクの言語運用へのインパクトは，動機づけよりむしろ，タスクの認知的難易度が関わっている可能性が高いとしている(タスクの認知的難易度と言語運用の関係については，本書第5章を参照されたい)。タスクの動機づけの高い学習者は，動機づけ変数の合成スコアと文法的複雑さと論拠の数に有意な相関があり，また，コースへの肯定的な態度とタスクの積極的な従事度とは相関があった。タスクの動機づけは，複数の動機づけ変数に影響されるが，コースに肯定的である限り，特定のタスクがそれほど好きでなくとも，一定の成果を上げられることが推察される。このような実証研究から，タスクの動機づけは，さまざまな動機づけの変数の影響を受ける動的なシステムによるものだと言える。

　さらに，Dörnyei & Tseng(2009)は，図4-5のタスク処理システムの三つのコンポーネントの関係を検証している。英語学習者である大学生(L1中国語)259人を対象に，タスク実行，行動制御，査定の三つのコンポーネントに関わる変数を調べたのである。タスク実行は，その成果とプロセスを調べるために語彙サイズと語彙知識の深さに関わる語彙学習到達度のテストと，方略的な学習行動の量と質を測る方略的学習の尺度が用いられた。行動制御については，自己調整能力に関する自己報告の質問紙が用いられた。査定は，満足度や有能感，自己効率感などを測定した。変数間の因果関係を見いだすために，構造方程式モデリングによる統計分析を行った。その結果，タスク処理のプロセスに

おいて，タスク実行に対する査定システムから出た適切なシグナルが，適切な行動制御ストラテジーの活性化を要求し，それが，さらにタスク実行のプロセスを促進するというサークル状の関係を見いだしている。しかしながら，学習者の中でも到達度の低いグループと到達度の高いグループを比較すると，このつながりに違いも見られた。到達度の低いグループは，タスク実行の進捗を適切に査定し，効率的な行動制御ストラテジーを活性化することができていないことが明らかになった。よって，Dörnyei & Tseng は，査定システムがうまく機能せず適切な行動制御ストラテジーを引き出せないということは，SLA の成否に関わる気づきや注意の問題につながる可能性があることを指摘している。

4.2　プロセスモデル

　SLA 研究では，動機づけの状況固有の側面に関心が向けられると同時に，時間の経過に伴う動機づけの変化のダイナミクスを説明するために「L2動機づけのプロセスモデル（Process Model of L2 Motivation）」（Dörnyei & Ottó, 1998）も提案された。Dörnyei(2000)は，動機づけ理論は人間の行動の三つの側面，つまり，ある行動の選択，行動の持続，それに費やす努力の相互関係を説明できると述べている。動機づけされた行動の時間的経過を説明する理論として，心理学の行動制御理論（Action Control Theory）（Heckhausen & Kulh, 1985など）をL2研究にも応用しようとしたのである。行動制御理論では，人間の動機づけには少なくとも二つあると考え，意思決定前の「選択的動機づけ（choice motivation）」と意思決定後の「実行的動機づけ（executive motivation）」を区別している。前者は，複雑なプランニングや目標設定のプロセスを伴う。後者は動機の維持と制御に関わるものである。学習者は，学期中も，また一つのレッスンの中でも，動機づけが上がったり下がったりしている。そのような時間的経過による動機づけの変化を説明し得るモデルを目ざしたのである。

　この理論を言語学習にも応用し，Dörnyei(2000, 2001b, 2005)は，図4-6に示されているように，プロセスモデルにおいて動機づけのプロセスを3段階に分けている。まずは行動前の段階で，この段階の動機は選択的動機づけである。動機を生成し，その動機づけが，個人が追求する目標や具体的な課題につながっていく。次の行動の段階で，行動前に生成された動機づけは，特定の行動が続く限り，積極的に維持，保護される必要がある。さらに，行動後の段階

は，いかに活動がなされたかを評価し振り返る段階で，行動の評価に基づき，次に追求すべき行動を決定する。行動の段階と行動後の段階の動機は，実行的動機づけである。この三つの段階は明確に分けられるのではなくオーバーラップもあると考えられている。

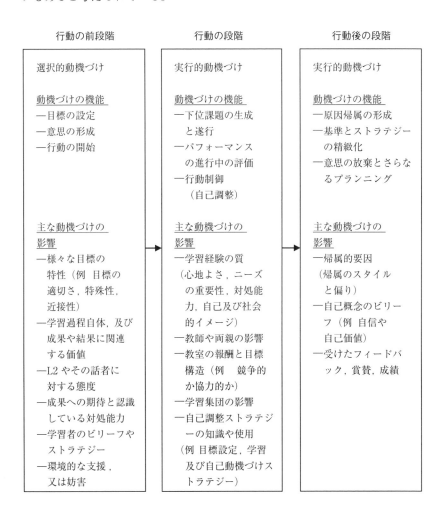

図4-6　L2教室における学習の動機づけの過程モデル
　　　（Dörnyei, 2002; 小柳訳）

4．プロセス志向のアプローチ　　173

動機づけの研究は質問紙調査による量的研究が主流だが，プロセスモデルに基づいた実証研究は，学習者へのインタビュー調査から学習過程のエピソードを質的に分析して動機づけの変化を明らかにしようとしている。例えば，Shoaib & Dörnyei(2005)は，25人の18歳から34歳までのさまざまな国籍の英語学習者に対して約15～20分の半構造化インタビューを行い，質的に分析している。インタビューの前半では，英語を学ぶ理由，英語への態度，現在の言語熟達レベルへの満足度，出席したクラスに関する様子，動機づけのレベルなどについて，後半では，年月とともにどのように動機づけが変化したか英語学習のヒストリーについて質問した。その結果，まず，学習を開始した頃は英語の重要性を理解していなかったが，次第にその重要性に気づき，英語学習への興味が増していたことが示された。環境が変化したとき，例えば，高校を卒業して大学に入って英語に関係ない分野を専攻した時などに動機づけが停滞する時期を経験する学習者もいる。そして，卒業や就職など人生の新たな局面に入り，人生目標が次第に明確になると，言語学習の理由もより研ぎすまされていくようである。学習過程では，教師と教授法は動機減退(demotivation)の要因にも，動機づけを促進する要因にもなり得るようだ。親からの期待も動機づけに影響を及ぼしていた。また，英語圏への旅行も動機づけや自信を高めるのに大きなインパクトがあることがわかった。

　このように，プロセスモデルに基づく研究では，動機づけは静的なものではなく時間の経過とともに変化する動的なものであることが明らかになっている。また，自己決定理論が主張するように，親からの期待など外発的に動機づけられることもあるが，学習が進むとともに，最終的にはそれも取り込んで内発的に動機づけを高めていくことが重要であることを改めて示す結果となった。最近の動機づけ研究が，構造方程式モデリングなどの高度な統計で分析する方向に進んでいる中で，学習者のライフ・ヒストリーを質的に分析する研究は，量的研究を補い，動機づけの異なる側面を明らかにする上で有効である。Dörnyei(2002, 2005)は，プロセスモデルの弱点として，実際の教育的文脈では三つの段階のそれぞれの始まりと終わりを特定することが困難であること，及び，学習者は同時並行的にいくつもの行動を進行させているので，行動段階を単独で見るのが難しい点をあげている。

　より最近では，Waninge, Dörnyei, & de Bot(2014)が，4人の学習者を2週間にわたり授業観察し，動機づけと態度に関する質問紙調査を行い，教室学習において動的で変化しやすい動機づけのプロセスを調べている。調査の参加

者の 4 人は，スペイン語とドイツ語を同時履修していたオランダの11〜12歳の生徒であった。授業の担当教師と相談の上，性格や成績の点でタイプが異なり，クラスの構成を代表する生徒が選ばれている。 2 週間の間にスペイン語は45〜50分の 3 回のセッション，ドイツ語は45〜50分の 3 回のセッションで授業観察が行われ，参加者は授業の中で 5 分おきに自らの動機づけを 0 〜100点で示すように指示された。授業観察では教室活動の内容や参加者の行動が記録され，参加者は，調査期間の終わりに動機づけと態度に関する質問紙に回答した。その結果，一つのセッションの中でも学習者の動機づけが刻々と変化し，また参加者間でも全く異なる動きをしていることが示された。しかしながら，その中でスペイン語の教師に好意的な態度を持つ参加者は，全体的に安定した高い動機づけを維持していたことも明らかになった。また，授業の途中で動機づけレベルは上下するものの，授業開始時と終了時の動機づけレベルを比較すると， 4 人とも動機づけレベルにそれほど変化はなく，授業開始時の動機づけレベルが重要であることも示された。すなわち，授業開始時に教師がいかに学習者に興味を持たせ，注意を引き出し，動機づけるかが重要だということである。

　本書「まえがき」でも触れたが，応用言語学や SLA において言語や言語学習を「複雑適応系」の一つと見なすことがある。Dörnyei(2009a)は，この考え方に基づき，SLA において学習者の特徴における個人レベルのバリエーションと，学習者／話者の文脈的環境との相互作用が重要だとしている。そして，個人差も静的，画一的な学習者の特性ではなく，時間により状況により変化するダイナミックなものとしてとらえるべきだとしている。複雑適応系のアプローチは，図 4 - 5 で示されたタスクの処理システムにも関連づけられる。動機づけに関わる刺激をどう評価し処理するかは，時間の経過とともに，また状況に応じ，個人レベルで変化するものである。学習者一人一人の学習のプロセスを見るという研究は，学習者集団の平均値を統計処理して因果関係を図式化する研究ではわからない動機づけの側面を明らかにできる可能性がある。

4.3　教師の動機づけストラテジー

　プロセスモデルは，教室学習者の動機づけ形成には段階があり，教師や教授法が動機づけの促進にも減退にもつながり得ることを示している。近年は，それぞれの段階において教師がどのように介入して学習者を動機づけられるかということも議論されるようになっている。Dörnyei(2002)は，この教師側の動機づけストラテジーのことを「体系的，持続的に肯定的な効果を与えるために，

意識的に動機づけに影響を及ぼすもの」(p.28) だと述べている。すでに Gardner & Tremblay (1994) が，実際の教室における動機づけストラテジーの役割に関する研究の必要性を提案していたが，現状でも実証研究はまだ多くはなされていない。Dörnyei (2001b) は，学習者の動機づけ形成の段階に応じて教師が用いることができる動機づけストラテジーの枠組みを図4-7のように提案している。基本的な動機づけを高める教室の環境作り，学習初期の動機づけを生み出すプロセスへのサポート，学習が進んでからの動機づけの維持と保護，さらに，学習を振り返って自己評価を行うプロセスへの介入がサイクルとなって，学習者を動機づけられると考えられる。

　ごく初期の実証研究として，Dörnyei & Csizér (1998) がハンガリーにおいてEFLの教師にどんな動機づけストラテジーが重要か，また，どの程度の頻度でそれらのストラテジーを教室で使用しているか，自己報告の質問紙調査により調べたものがある。調査対象者は，ハンガリーの語学学校，及び小学校から大学で英語を教える教師200人であった。質問項目にあったストラテジーの中から，動機づけを高めるために重要なマクロストラテジーとして10のカテゴリーにまとめている（それらは後に，上記の図4-7の枠組み作成の基になっている）。それらのストラテジー使用の頻度については，目標設定や目標志向性を促進するストラテジーの使用頻度が低かったという問題点を指摘し，今後教師が留意すべきことだとしている。さらに，Cheng & Dörnyei (2007) は，欧米の基準でリストにあげられる動機づけストラテジーが，欧米以外のアジアにおいても適用可能なのかを調べるために，Dörnyei & Csizér (1998) の追検証をしている。台湾のEFL教師387人に同様の質問紙で調査を行った。台湾の教師の間では，教室では教師主導で「学習者の自律」という考え方があまり浸透していないことから，「学習者の自律」を促進するようなストラテジーをそれほど重要とは評価していなかったことや，反対に「学習者の努力」を評価，賞賛するようなコメントをする傾向が強いというような，ハンガリーのEFL教師とは異なる傾向が多少見られた。しかしながら，全体的には教師が学習者を動機づけるためにどんなストラテジーが有効かという認識には同様の傾向が見られ，教師が重要と考える動機づけストラテジーは，ある程度，普遍性のあるものだと考えられる。

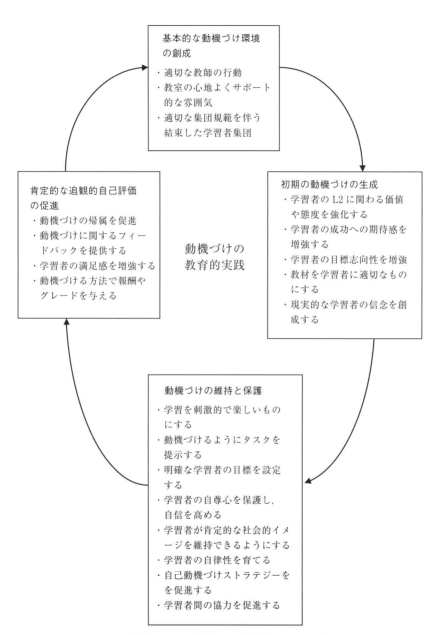

図 4 - 7　L2教室における動機づけの教育実践のコンポーネント
（Dörnyei, 2001b; 小柳訳）

これらの二つの研究は，教室場面の教師の動機づけストラテジーに焦点を当てた点で重要であるが，自己報告の質問紙調査のよるもので，教室での教師の実践や学習者の行動を実際に観察，評価したものではなかった。そこで，Guilloteaux & Dörnyei(2008)は，韓国でEFLの27人の教師と1300人の生徒を対象に，教師の動機づけストラテジーが学習者への動機づけに及ぼす影響を実証的に調べている。学習者の動機づけを高める教師の教育的実践と学習者の行動の動機づけレベルを探るために，Spada & Fröhlich(1995)が作成した教室観察スキームの「言語授業のコミュニカティブ志向性(communicative orientation of language teaching: COLT)」に倣い，「言語授業の動機づけ志向性(motivation orientation of language teaching: MOLT)」という観察スキームを開発した。MOLTでは，Dörnyei(2001b)の動機づけストラテジーの枠組みに基づいた，観察可能な教師の行動のカテゴリーにより教室イベントがコード化された。また，生徒の動機づけられた行動とは，指導イベントへの生徒の行動的従事度のレベルとし，具体的には授業に注意を払っている，または，積極的に参加している生徒，もしくは教師主導の口頭の活動で熱心に発言する生徒の割合で評価された。さらに，授業観察前には生徒に対して状況特有の動機づけに関する質問紙調査を実施した。また，MOLTの信頼性を確保するために，教師の評価尺度9項目について，観察者が授業観察直後に教師の教育的実践を評価した。分析の結果，教室での教師の動機づけの実践と生徒の動機づけられた行動との相関が統計的にも有意に高く，教室における教師の行動が生徒の動機づけに大きく関わっていることが示された。

　しかしながら，Guilloteaux & Dörnyei(2008)の研究は，なおも学期に一度のデータ収集で，統制群のある実験ではなく，また動機づけの処遇の効果を調べたものではないので，因果関係ははっきりしない。そこで，Moskovsky, Alrabai, Paollini, & Ratcheva(2013)は，教師の動機づけストラテジー使用が学習者の動機づけに及ぼす影響を明らかにしようと準実験を行った。サウジアラビアの14人の教師とおよそ300人のEFL学習者を実験群と統制群に割り当てた。実験群は8週間にわたり，あらかじめ選んでおいた10の動機づけストラテジーを用いる授業を受け，統制群は伝統的な教授法の授業を受けた。学習者には教室指導の前後に2度，動機づけに関する質問紙調査が実施された。質問紙には特性的動機づけや言語適性に関する質問も含まれていたが，多くは状況的動機づけに関するものであった。その結果，実験群は，統制群と比較すると，学習への内発的動機づけ，統合的動機づけが増し，英語のクラスへの不安が減

り，また，教師の人格への評価や自己についても肯定的評価をしていたことが明らかになった。また，処遇は，特性的動機づけより状況的動機づけへの影響の方が大きかった。これについては，教師による動機づけを高めるストラテジーの使用は状況的動機づけに影響を及ぼすが，長期的に見ると，結果的に特性的動機づけにもつながるのではないかと見ている。この研究により，教師の動機づけストラテジーが学習者の動機づけを高めるという因果関係の実証が初めてなされたと言える。Moskovsky et al. も認めているが，動機づけストラテジーがコースの到達度にもインパクトを与えられるかは明らかにされていない。

5. 自己調整システムとしての動機づけ

5.1 L2動機づけの自己システム

　Guilloteaux & Dörnyei(2008)は，動機づけストラテジーには，学習者の動機づけを引き出し刺激する教師側の意図的なストラテジー(本章4.3で言及)と，学習者が自身の動機づけレベルを維持するために用いる自己調整のストラテジーの二つのカテゴリーがあると述べている。後者に関連するストラテジーについて，Dörnyei(2005)は，動機づけのプロセスを重視する中で，「自己(self)」という概念を動機づけと結びつけた新たなモデルを提案している。心理学の「可能な自己(possible selves)」(Markus & Nutrius, 1986, 1987など)の理論と，「自己矛盾理論(Self-Discrepancy Theory)」(Higgins, 1987, 1998など)の「理想的自己(ideal self)」及び「義務的自己(ought-to-self)」の概念を取り入れ，さらに，L2の動機づけで扱われてきた「統合性／道具性」や「内発的／外発的動機づけ」とも結びつけ，一つのモデルの中で説明しようとしている。「可能な自己」というのは，Markus & Nurius(1987)によると，自分が将来どうなるか，どうなりたいか，あるいはどうなることを怖れるかという個人の考えを反映したものだという。Markus等は，従来「自己」は現在や過去になぞらえて解釈されていたが，「可能な自己」という概念は将来の自己を規定しているところがユニークな点であるとしている。

　このような考え方を基に，Dörnyei(2005)は「L2動機づけの自己システム(L2 Motivational Self System)」のモデルを提案している。将来なり得る「可能な自己(possible selves)」(Higgins, 1986, 1998)は，さらに「理想的自己(ideal self)」と「義務的自己(ought-to-self)に分けることができる。前者は，な

りたい自分が有する特性を表したもので，個人的な希望や願望のことである。後者は，期待に応えるため，あるいは否定的な結果を回避するために有するべきとされる特性を表したもので，他者に対する義務感や責任感が含まれる。Ushioda & Dörnyei(2009)によると，L2動機づけの自己システムは，目標言語の熟達度がその人の理想的な自己，あるいは，義務的自己の一部であるなら，現在の自己と将来なるべき理想的な自己，あるいは義務的自己との間のギャップを埋めたいという心理的な願望が，言語を学ぶ上での動機づけの強力な原動力になると仮定されている。この自己システムにおいて，将来の自己の基準である「理想的自己」と「義務的自己」が中心となる構成要素であるが，それに加えて三つ目に「L2学習の経験」を構成要素としてあげている。教師や学習者集団，カリキュラムといった直接の学習環境や経験に関連するもので，状況的な実行的動機づけに関わる。すなわち，「L2動機づけの自己システム」は，L2を学ぶ動機づけの主要なソースとして，効率的な L2使用者になりたいという学習者の内的な願望，L2をマスターすべきという学習者の環境から来る社会的なプレッシャー，及び L2学習過程に関わる現実の経験の三つを想定している(Dörnyei & Chan, 2013)のである。

　Dörnyei(2009b)は「L2動機づけの自己システム」と既存の動機づけのアプローチとの関係についても論じている。「理想的自己」は，Gardner(1985)の伝統的な統合的動機づけや内在化された道具的動機づけに，「義務的自己」はより外発的なタイプの道具的動機づけに対応するとしている。自己システムの「L2学習の経験」は，Gardner の社会教育的モデルの「学習状況への態度」に相当すると見る。すなわち，Dörnyei は，Gardner の社会教育的モデルをも自己システムの中に組み入れることが可能だと考えている。 また，Noels(2003)の「内発的理由」「外発的理由」「統合的理由」は，それぞれ「L2の学習経験」「義務的自己」「理想的自己」に対応させている。このようにして，Dörnyei は，他の複数の動機づけのアプローチを「L2動機づけの自己システム」の中に集約しようとしているのである。しかし，MacIntyre, Mackinnon, & Clément(2009)は，社会教育的モデルが教室の外の目標言語のコミュニティへの統合に関心があったのに対し，自己システムはより教育的な動機づけの枠組みであることを評価する一方で，動機づけにはさまざまな側面があるので，社会教育的モデルと自己システムはむしろ相互に補完し合うアプローチと見るべきだとしている。

　Dörnyei がこのモデルを提案する基になった実証研究が，Csizér & Dörnyei

(2005a, b)である。ハンガリーの13～14歳の生徒4765人を対象に，五つの目標言語(英語，ドイツ語，フランス語，イタリア語，ロシア語)について質問紙調査を行った。参加者はハンガリーの教育制度の小学校8年間の最終年度に属し，進学すれば外国語の学習が始まることになっていた。この調査で調べたのは，プロセスモデルの行動前，つまり，選択的動機づけである。Csizér & Dörnyei (2005a)は，このデータを構造方程式モデリングにより動機づけの内的構造を統計的に分析した。その結果を図式化したものが図4-8である。

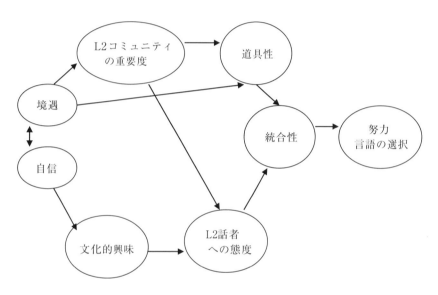

図4-8　動機づけの変数と学習行動との相互関係
(Csizér & Dörnyei, 2005a; 小柳訳)

L2学習にどれほどの努力を費やすつもりかという項目と，どの言語を選択するかという項目は動機づけされた行動と見なしているが，そこに直接つながるのは統合性(integrativeness)である。その統合性の先行条件として道具性(instrumentality)とL2話者への態度がある。道具性は，L2コミュニティ(米英，独仏伊露)の重要度を通して，学習者の境遇(milieu)(親のサポートや友人のL2学習への態度)から直接的，間接的に影響を受ける。すなわち，L2の社会的な価値により，L2学習の実用的な意味合いが変わってくるのである。また，L2コミュニティの重要度は，L2話者への態度にもつながっている。境遇と言語的な自信(self-confidence)は相関が見られるが，調査参加者はまだ外国語学習を始めて

が，その時に出会ったスペイン帰りの女性への憧れから，特定の言語に限らずとにかく完全なるバイリンガルになりたいという気持ちが強かった。よって，後からイタリア語を始めても，バイリンガルになることが，引き続き，理想的自己になったのである。Joe は，居住区の教育制度によりドイツ語が必修で，自ら選択した言語ではなかったが，勉強するうちにドイツの観光地の写真に魅せられ想像力を膨らませ，いつかドイツに行ってみたいと強く願うようになった。すなわち，学習経験が理想的自己と強く結びついたのである。Vera と Joe のナラティブは「L2動機づけの自己システム」のモデルを支持する結果となっている。

　Alex の中国語のケースは少し異なる。彼は大学時代に中国人代表団が出身州を訪れた際に，アメリカ人は，中国語があまりできないために，中国との交渉で不利になっていることに気づいた。そこで人々が普通は不可能だと思っていること（＝中国語の習得）を可能にする自分というのが強い理想的自己になっていた。また，中国人が白人に中国語がわかるはずはないというステレオタイプを持っていたため，アンチステレオタイプの自分，すなわちアンチ義務的自己というのも Alex には強い動機づけに結びついていた。社会的な期待は，場合によっては動機減退要因になるが，Alex のように，逆に反骨精神を持ち，それが強い動機づけにもなり得るのである。「L2動機づけの自己システム」は自己が強調されているが，この研究は，言語学習のプロセスにおいて，強い影響力を及ぼすロールモデルや教師がいたり，目標言語が話されている地域での居住経験における現地の人々との交流により言語学習に対する意識が変化したりといった，他者や環境との相互作用があることを示していると言える。Thompson & Vásquez は，インタビューによるナラティブデータは，個人の年代的，歴史的な個人の動機づけの変化を明らかにすることができるので，質問紙調査を補完し得るものだとしている。

5.2.3　自己システムとその他の個人差要因

　L2動機づけの自己システムの枠組みでは，その他の情意要因などと関連づけて，習得に影響を及ぼす個人差要因間との関係を明らかにしようという研究もなされている。「自己」に関連するビリーフと動機づけの関連を探ったのが，Kormos, Kiddle, & Csizér（2011）である。今まで動機づけ研究が行われていなかった地域としてチリを選択し，中等教育，大学生，大人の語学学校の生徒（L1: スペイン語，L2: 英語）計518人を対象に，言語学習の目標，L2への態度，生徒

の自己関連のビリーフとの相互作用が調べられている。この研究で調べたビリーフは，学習課題を遂行する能力があるかどうかという未来志向の「自己効力感(self-efficacy)」のビリーフと，過去に基づく一般的な自己の価値や自尊心の評価である「自己概念(self-concept)」のビリーフである。質問紙調査の回答は，構造方程式モデリングにより分析された。その結果，L2の「理想的自己」は，未来志向の目標(自己効力感)と，目標に届くかどうかという自己の能力への認識(自己概念)とが結合したものであることが見いだされた。よって，Kormos等は，「理想的自己」は将来のL2自己を導くもので，これがL2の望ましいレベルの能力に到達するために費やす努力やその持続性につながるとしている。将来のキャリアがまだ現実的ではない中学生でも，自己効力感や自己概念のビリーフが高いと，L2学習への態度，さらには「理想的自己」とのつながりが高くなる傾向が見られた。親の励ましとの関連性はあまり見られなかった。

L2自己と言語不安との関連で動機づけを調べた研究(Papi, 2010)もある。現在の自分と「理想的自己」とのギャップが大きい場合は，L2不安が増すと予測できるので，情意的要因とL2自己との関係を探ったのである。L2不安は，動機づけ，到達度，コミュニケーションの意欲(WTC)と負の関係があることは先行研究で知られているが，L2自己システムとの関係で調べた研究はなされていなかった。そこで，Papi(2010)は，イランの高校生(L2英語)1011人に質問紙調査を行い，相関分析と構造方程式モデリングによる統計分析を行った。そして，理想的自己，義務的自己，L2学習経験は，今後努力しようという意図へのインパクトがあることが明らかになった。特に，義務的自己より理想的自己の方が，影響が強く，また，理想的自己とL2学習経験は英語に対する不安を軽減するが，義務的自己は不安をより増幅させることも見いだされた。否定的なL2の学習経験はL2不安を増加させ，肯定的な学習経験はL2不安を軽減させることから，L2不安は学習者の動機づけに関わる自己システムに大きな影響を受けるのではないかとしている。不安な学習者ほど今後努力する意向を強く示していたというが，自己報告なので実際に努力する行動に結びついたかは定かではない。

さらに，Henryは，自身の研究(Henry, 2009)(**5.2.1で言及**)で男女差にも言及しているが，動機づけにおける男女差に焦点を当てて，さらに研究を行っている。スウェーデンは，国連の男女平等の指標でも180か国中一位になるほど，男女平等が浸透している国だが，その中で男女差が動機づけにどのように関わるかを調べたのである。Henry & Cliffordson(2013)は，スウェーデンで中等教

育1年次の男女271人の言語学習(L2: 英語，L3: フランス語，ドイツ語，スペイン語)について調査している。女性は，将来の理想的自己の中に対人関係を重視したL2の使い手をイメージする傾向があるとされていることから，この相互依存的な自己解釈(self-construal)に関わる質問項目が用意された。また，理想的な言語の話し手／使い手としての自己を測定する質問項目が，調査に用いられた。分析の結果，L2英語についてはHenry(2009)と異なり，男女差が見られなかったが，目標言語との接触がほとんどないL3の理想的自己については，Henry(2009)と同様の結果になった。また，女性が対人関係を重視して自己をとらえる傾向が高いことが，L3の理想的自己に影響を及ぼしていることも明らかになった。すなわち，女性の方がコミュニケーションを重視し，その中で目標言語を使用する自分を強くイメージしやすく，動機づけが高くなるということである。Henry等は，男女差は，社会文化的なコンテクストと関連づけて今後研究していく必要があると述べている。

このように，自己システムのモデルを支持する実証研究が蓄積されてきたが，近年は，L2自己と関連づけて，従来のSLA研究で調べられてこなかった新たな個人差要因と結びつけた研究も登場している。理想的自己というのは言語学習における自分の将来像を強く心に抱く必要がある。そのようなメンタルイメージが持てるかどうかという個人差も，理想的自己の形成に関連があるのではないかと考えられる。Dörnyei & Chan(2013)は，動機づけの強さと，メンタルイメージを生成する学習者の能力との関係を調べている。イメージする能力(imagery abilities)とは，鮮明で制御可能なイメージを生成し，望むイメージをリハーサルするべき時間に，十分にそのイメージを保持することができる能力と定義している。鮮明かつ詳細で具体的な理想的自己をイメージできる学習者は，目標が曖昧な学習者に比べて，L2学習を追求する行動を起こそうと動機づけられていると仮定したのである。調査に参加したのは，香港の8年生(L1広東語)172人である。自己報告の質問紙では，動機づけ(英語と北京語についてのL2の理想的自己，義務的自己)，感覚的スタイル(視覚的 vs. 聴覚的)，想像する能力と，学習に費やす努力と学期末の成績が調べられた。その結果，英語，北京語共，理想的自己と義務的自己は，学習に費やす努力と高い相関があった。コース終了時の成績は，本来は言語適性などの影響を受けるはずだが，言語適性を考慮せずとも理想的自己との相関が高かった。また，未来の自己は，視覚的学習スタイル，及び想像する能力と強い相関が見られた。この研究から，学習者が動機づけを高めるには，L2に関連する自己のメンタルイメージを

しっかり生成することが重要になると言える。

　You, Dörnyei, & Csizér(2016)も同様に，自己システムと将来像(vision)をイメージする能力との関係を調べている。中国の中等教育の生徒(平均16.5歳)と大学生(平均19.6歳)10,413人について質問紙調査が行われた。質問項目にはL2動機づけの自己システムに関するものに加え，視覚／聴覚スタイルの好みや言語学習の将来像をイメージ化する(visualization)能力に関するものが含まれていた。イメージ化する能力とは，イメージの鮮明さとイメージ活用の容易さである。前者は，イメージを精緻化し，鮮明にする能力をさし，後者はイメージ化するスキルを内在化，自動化する能力のことである。構造方程式モデリングによる分析の結果，将来像がイメージできる学習者ほど，自己システム全般，特に意図する努力(intended effort)にインパクトがあり，イメージの鮮明さは将来の自己，特に理想的自己を導くことが明らかになった。また，将来像をイメージできる学習者は，理想的自己がL2学習の原動力となり，イメージできない学習者は義務的自己がL2学習の原動力になるという結果になった。さらに，将来像の自己イメージの肯定的な変化を経験する学習者は，イメージ化する能力が高く，L2学習経験についても肯定的であった。このように，将来の自分を心にしっかりイメージすることができる能力には個人差があり，理想的自己の形成にはイメージ化する能力も必要だと言える。

6. 動機づけと言語適性，L2熟達度

　大人のSLAにおいて動機づけは，言語適性と並んで重要な個人差要因だが，先行研究は概ね，動機づけは学習を続ける意思や意欲につながるが，熟達度については言語適性の方が説明力が高いことを示唆している。しかし，動機づけが高ければ，言語学習を長期にわたって続けることができるので，間接的には言語能力の高いレベルにまで到達できるであろうという予測が成り立つ。Dörnyei & Chan(2013)は，動機づけの理想的自己とコース終了時の成績との強い相関を見いだしているが，コースの成績は出欠やクラス参加，宿題の提出などが含まれた総合評価であるので，純粋な熟達度との相関とは言えない可能性がある。動機づけと熟達度との関係を直接明らかにしようと試みたのが，Moskovsky, Assulaiani, Racheva, & Harkins(2016)の研究である。参加者は，360人のサウジアラビアの二つの大学の英語(L2)専攻の学生である。質問紙調査の項目には，L2自己システムの調査項目に加え，Gardner(本章第2節で言

及)の「態度／動機づけテスト・バッテリー(AMTB)」から，教師や教科書，クラスメートに対する評価や，意図した学習努力(動機づけられた，現在及び将来のL2学習行動)の項目が採用された。英語(L2)の熟達度のテストとして，IELTSのリーディングとライティング[3]が用いられた。

　因子分析や回帰分析によりデータを分析した結果，L2自己システムの三つの構成要素である義務的自己，理想的自己，L2学習の経験は，動機づけられたL2の学習行動に対する予測力があることが明らかになった。また，特に，義務的自己より理想的自己の方が，L2の学習行動を予測できることがわかった。しかしながら，学習しようという意思が高いからといって，L2の熟達度にそれが反映されているわけではないことも明らかになった。すなわち，動機づけのみでL2の熟達度を予測するのは難しいということである。Moskovsky等は，参加者の熟達度レベルがもともと低かったことが結果に影響した可能性があるとしているが，同時に，自己報告による質問紙調査の限界も指摘している。

　SLAの個人差研究は，個人差要因のそれぞれが独立して研究されてきたが，SLAのダイナミックなプロセスを考えると，実際には，さまざまな要因が絡み合って習得が進むはずである(Dörnyei, 2010)。そこで，Serafini(2017)は，アメリカのスペイン語学習者を対象に，大人のSLAに重要とされる個人差の動機づけと言語適性を同時に扱った研究を行っている。97人の参加者には大学でスペイン語を始めて2学期目(初級)4学期目(中級)6学期目(上級)の学習者が含まれ，一学期間3.5か月にわたり計4度のデータ収集を行った。動機づけについては，Gardner等の「態度／動機づけテスト・バッテリー(AMTB)」の質問78項目と，Dörnyei等のL2自己システムの質問30項目が用いられた。Serafiniは，AMTBの方がL2自己システムより量的研究が多くなされ，信頼性が高く，言語不安などの個人差要因を含んでいる点で，外国語環境の学習者に適していると見ている。一方，L2自己システムに関する質問項目は，SLAをダイナミック・システムとしてとらえる理論として適切だとしている。それで，これらの二つを組み合わせた質問紙調査を行った。言語適性の測定には，Serafini & Sanz(2016)(第2章4.1参照)と同様，作動記憶(WM)の実行機能を測る演算スパンテストと，音韻的短期記憶を測る数唱テストが用いられた。

---

3)　IELTS(International English Language Testing System)は，日本では日本英語検定協会が実施している。海外留学や移住申請に適切なテストだとされている。IELTSにはリスニングとスピーキングもあるが，リスニングは実施上の技術的な難しさから，スピーキングはサウジアラビアのEFLではほとんど重視されていないという理由で，この研究からは除外されている。

学習者の認知能力と動機づけのコンポーネントの時間的経過による変化を見ていくと，初級学習者には音韻的短期記憶に優れている学習者ほど，肯定的な理想的 L2 自己を形成している傾向が見られた。また音韻的短期記憶が高いと，学習開始時から教室不安や言語使用不安が低く，時間が経過してもそれが維持されていることがわかった。中級の学習者は，学習開始時に音韻的短期記憶に優れているほど統合性が高く，音韻的短期記憶の高さは，時間が経つと，さらに学習に費やす努力やスペイン語をもっと学びたいという欲求，コースや教師に対する好意的な態度と結びついていることが示された。また，中上級では，認知的能力が高いほど，スペイン語コミュニティへの同化とも関連していた。上級になると，Skehan(1998) のモデルの予測通り，音韻的短期記憶より，WM の実行機能の方が重要になり，1 回目のデータ収集では，実行機能が非効率的な学習者は，努力や義務的 L2 自己との関連が強いことが明らかになった。また，上級では，効率よく処理できる学習者は，時間が経つにつれ，言語不安も下がっていた。このように，Serafini のデータは，WM や動機づけのコンポーネント，言語不安などが相互作用して変化していく様を示している。Serafini は，初級と上級は，認知的能力が教室不安や言語使用不安と相互作用し，中級ではコースや教師への態度と相互作用する傾向が強いと述べている。このように，大人の SLA に重要な言語適性と動機づけは，時間的経過に応じて，熟達度により異なる側面が相互作用して変化していくことがわかる。

7. 情意と認知の接点

　これまで学習者の個人差を論じる際に，動機づけや言語不安などの情意的要因は，知性や言語適性などの認知的要因とは区別されるのが常であった。しかし，前節で見てきたように，動機づけと言語不安など，個人差要因は相互に関連し合い，SLA のプロセスにさまざまな影響を及ぼしているようである。また，第 2 章(**4.2.2.2**)で言及したように，作動記憶(WM)の容量が小さい学習者は，ストレスのある状況では言語不安が高まり，パフォーマンスに影響が現れるという研究(Rai, Loschky, Harris, Peck, & Cook, 2011)も出ていて，認知的要因と情意的要因の相互作用が見られた。折しも，言語を複雑適応系(Complex Adaptive System)[4] で言語や言語学習をとらえ，さまざまな要素が相互作用し

---

4)　複雑適応系(Complex Adaptive System) は Complex Dynamic System, Dynamic System Theory と呼ばれることもある。

て全体的な言語発達がなされていくという考え方が提唱されるようになっている(Beckner et al., 2009; N. Ellis & Larsen-Freeman, 2009; Hiver & Al-Hoorie, 2016など)。個人差要因についても,認知的要因,情意的要因と二分割して個別に論じるだけでは不十分で,それらの関連性,相互作用を解明することの重要性も問われている(Dörnyei, 2010)。

　近年は,脳の活動領域を突き詰めていくと,脳科学分野からも,実は情意も認知とつながっていることが明らかにされている。Schumann(2004b)は,神経生物学とSLAを結びつけて言語学習のメカニズムを解釈しようという試みの中で,動機づけにも言及している。Schumann(1997)は,神経科学者,テニス選手,バイオリニスト,建築家,L2話者のように,専門性が高く習得に何年も要する知識やスキルの学習を,持続的深層学習(sustained deep learning: SDL)と見なしている。これは,「立つ」「歩く」など生得的に予定されている学習とは区別され,その最終到達度には個人差が大きい。Schumannは,動機づけはこのSDLを支える源だとしている。脳には,経験や社会化,教育などを通して人生において習得された好みや嫌悪といった価値に対する記憶が形成されている。価値を決定するのは,①刺激の新奇性,②刺激の心地よさ,③個人の目標やニーズに対する刺激の適切さ,④対処できる能力,⑤自己や社会的イメージとの両立性の五つの要素である。過去の記憶に基づき,これらを判断し,刺激の情意的適切さを評価する。これが喜び,幸福感,恐れ,怒り,恥などの感情を生み,刺激に対応する心的,運動的活動のレディネスにつながると考えられている。

　Schumann & Wood(2004)によると,この脳の刺激評価のメカニズムは,扁桃体(amygdala)と眼窩前頭皮質(orbitofrontal cortex)及び周辺の神経システムが関わっていて,肯定的評価をするとドーパミンが放出されるという。ドーパミンは快感や多幸感があるときに放出される神経伝達物質で,脳が心地よいと感じた過去の記憶に基づき,次に起きる同様のイベントでもう一度そのような快感を味わいたいという意欲,動機づけにつながると考えられる。

　また,情意と認知は神経生物学的に見ると,もはや切り離すことができないという。Schumann & Woodは,脳内メカニズムに照らして,効果的な学習に伴う認知は,学習に駆り立て維持する情意や動機が不可欠で,言語学習に対する肯定的評価は,言語の構成要素(音,屈折形態素,要素の順序,語用的特徴など)に注意を向けることにつながるとしている。よって,価値を決定する上記の五つの要素のうち一つ以上において十分肯定的な評価が得られないと,5～

8年はかかるL2学習に努力を費やすのは難しいと述べている。

　また，自然習得環境では，発話以前の伝達意図や相手を理解しようとする動機の源は，脳内の大脳辺縁系(limbic system)の領域で，手続き的記憶の発達に役立つという(Lamendella, 1977)。言語処理及び言語学習のメカニズムは手続き的記憶に支えられて機能する(小柳, 2016b 参照)ので，教室習得環境においても，大脳辺縁系の働きは重要だと考えられる。Paradis(1994, 1997)も，外国語教育において大脳辺縁系の参加を促すような指導をすべきだとしている。現在 SLA から提唱されているようなタスク・ベースの教授法(Task-based Language Teaching: TBLT, 第6章を参照)のように，コミュニケーションを重視し，学習者が主体となって教室活動に従事する教授法は，動機づけを促し，認知と結びつけるという意味でも有効だと言える。

第5章

SLA 研究と
タスク・ベースの教授法
(TBLT)

1. SLA 研究と外国語教授法

　純然たる第二言語習得(SLA)の基礎研究と，その応用，すなわち，教育実践には常に大きな隔たりが存在する。日本語教育においても教育に寄与する SLA 研究が求められているものの，一つの研究結果を基に，それを即教育につなげるというのは短絡的である。同じ研究課題を扱ったものでも，研究結果に一貫性が見られないことがあり，その理由を追求し，実験デザインを改良し，さらなる検証を行うことで，研究結果の信頼性が高められる。一つ一つの研究論文に「教育的示唆」が書かれていることが多いが，実際には綿密な検証のプロセスを経てからでないと，容易に教育現場に提言することはできない。したがって，SLA 研究から教育実践までには，極めて長い道のりがあると言わざるを得ない。最も教育現場に寄与する可能性が高いと推定される SLA 研究は，認知的アプローチによる教室習得(Instructed SLA/Classroom SLA)と言われる分野だが，日本語教育においては，特に日本国内で，そのような研究自体が不足している(小柳・峯, 2016; Koyanagi, 2016)。

　また，SLA の研究と教育実践では，そもそも言語学習へのアプローチは全く異なると言ってもよいだろう。SLA の研究は，学習者の習得のほんの一端のプ

前者三つの教育的配慮に基づいた定義とは対照的に，Long(1985)は実生活の経験を強調した「タスク」の定義づけをしている。タスクとは実生活で行う具体的な課題をさしている。TBLTの授業では，これらの課題を学習ユニットの目標タスク(target task)とし，そこに到達させるための教育的タスク(pedagogic task)をデザインして，目標タスクの言語運用に近づけようというものである(Long, 2000を参照)。

> 自分，または他人のために，もしくは自由意志で，またはある報酬のために行われる仕事のことをいう。したがって，タスクの例としては，フェンスにペンキを塗る，子供に服を着せる，用紙に書き込む，一足の靴を買う，飛行機の予約をする，図書館の本を借りる，運転テストを受ける，手紙をタイプする，患者の体重を計る，手紙を仕分けする，ホテルの予約を取る，小切手を書く，通りの行き先を見つける，道を渡る人を助けるなどがあげられる。言い換えるなら，「タスク」の意味するものは，仕事で，遊びで，またはその間に日常生活で人々が行っている101の仕事のことである。　　　　　　　　　　　　　　　　(Long, 1985, p.89; 小柳, 2004a 訳)

TBLTとひとくくりに論じられることも多い(Richards & Rodgers, 2001; Samuda & Bygate, 2008など)が，タスクの定義がさまざま存在するように，実は，根底にある理論や成り立ちの異なるいくつかのTBLTが存在している(Long & Crookes, 1993などを参照)。Long(1985)は，1980年代からすでに，SLA研究の立場からTBLTを提唱してきた。本章ではSLAの研究者達が提唱しているTBLTを扱うが，英語教育の現場や教師教育に関わる中からコミュニカティブ・アプローチのアクティビティとしてのタスクが推奨される(Nunan, 2004)こともあり，R. Ellis(2003)は，そのようなアプローチを"task-supported"と見なし，"task-based"とは一線を画している。また，英語のコーパス研究のデータから，実際の生活場面に即した頻度の高い語彙や慣用表現などを抽出し，それらを基にした語彙シラバスによるタスク学習の提案(Willis, 1996)などがあることは留意しておきたい。

2.2　インターアクション仮説の検証

SLA研究においては，「インターアクション仮説」(Long, 1980, 1996)や「アウトプット仮説」(Swain, 1995)の検証において，研究手段として用いられた

のがタスクである(インターアクション仮説の検証に関する先行研究のまとめは,小柳(2004a, 2016d)を参照されたい)。インターアクションにおける意味交渉(＝お互いの意志疎通がなされるまで発話意図やメッセージの意味を明確にしようとして起きる)(小柳, 2012b, p.48)が,インプットを理解可能にし,習得が促進することを示そうとしたのである。その検証を通して,意味交渉が高頻度で生じるタスクの特徴も明らかになった。その特徴は以下の4点に集約される。

1. インターアクション参加者の関係：インターアクション参加者がそれぞれタスク達成に置いて,情報の異なる部分を保持していて,それを交換するか,もしくは操作する必要があること。
2. インターアクション参加者の情報の必要度：インターアクション参加者の双方が相互に情報を要求し提供し合うこと。
3. ゴールの志向性：インターアクション参加者が同一,もしくは収束的ゴールを目ざしていること。
4. 結果のオプション：このゴ〜ルを達成しようとする際に出てくる結果はただ一つであること。

(Pica, Kanagy, & Falodun, 1993, p.17; 小柳, 2004a 訳)

　さらに,タスクにおける言語運用に影響を及ぼす要素として,タスクの特徴のみならず,学習者の年齢,性別,能力のレベル差などの学習者要因も研究されてきた。例えば,Scarcella & Higa(1981)は,大人の母語話者と,非母語話者で年齢の低い子ども及び年齢の高い子どもとのインターアクションを調査した。低年齢の子どもは母語話者とより多くのインターアクションがあり,多くのインプットを受けているように見えた。しかし,文字起こしデータを詳しく調べてみると,年齢の低い子どもは母語話者側が簡略化したインプットを受けていたことが顕著だったのに対し,年齢の高い子どもは,自分のニーズに応じてインプットの理解を高めるインターアクションの調整ストラテジーを使うことができたことがわかった。性別に関しては,Gass & Varonis(1985)では,男性の方が女性より繁雑に非理解のサインを示していたことが明らかになった。Pica, Holliday, Lewis, Berducci, & Newman(1991)も,Gass & Vasonis と同様の結果を得ている。しかしながら,女性の方が男性とのインターアクションに自信がなく消極的になっていたのか,女性の方が賢明故に,明確化要求をしなくても理解できていたのかは定かではないとしている。

また，学習者の熟達度もタスクにおける言語運用に影響を及ぼす。例えば，Porter(1986)は，中上級の学習者は母語話者と同じように相互理解のために意味交渉をすることができると述べている。また，言語能力の低い学習者でも，言語能力の高い学習者とペアにすることで，グループ・ワークから恩恵を受けることができるのではないかとしていた。実際，Yule & MacDonald(1990)は，ペアの中で言語能力が低い方の学習者を情報提供者の役に割り振り，言語能力の高い方の学生を聞き役に回らせると，両方の学生がインターアクションから恩恵を受けることを示している。つまり，言語能力の低い方の学習者は，他者へ情報を移行させるために自らが話すことが課され，一方，言語能力の高い方の学習者は，自分の知識を誇示する代わりに相手の立場に立つ機会を持つことにより，社会的インターアクション・スキルを上達させることができたのである。したがって，だれとペアまたはグループにするかを考慮することにより，グループ・メンバーの能力差がかえって学生間の積極的なインターアクションを生み出す効果をもたらす可能性があると言える。

　学生の言語能力レベルに関連して，インターアクションにおける学習者の積極性を調べた研究もある。Cameron & Epling(1989)は，問題解決タスクにおいて，消極的な学生同士のペアと比較すると，積極的な学生と消極的な学生とのペアは，積極的な学生同士のペアと同様の高いパフォーマンスが見られたことを示している。ただし，Day(1984, 1985)のように，クラス参加の積極性と言語能力の間，また教室の外での目標言語の使用と言語能力の間に何らの関係も見いだせなかった研究もある。しかしながら，先行研究を総合的に見ると，言語能力が低い学習者や消極的な学生でも，グループ編成を操作することにより，間違いなくタスクによるグループ・ワークから恩恵を受けると考えられる。

　さらに，タスクの親密度や対話相手との親密度もまた，学習者の言語運用に影響を及ぼす。Gass & Varonis(1985)は，同じような種類のタスクを繰り返すのは，意味交渉のチャンスを減らしてしまうと報告している。同様に，Plough & Gass(1993)は，タスク親密度が高いグループはタスクへの熱中度が低い一方で，タスクに不慣れなグループは何をすべきか落ち着かなかったとしている。対照的に，Wong-Filmore(1985)は，Gass & Varonis(1985)やPlough & Gass(1993)と異なり，子どもを対象に調査を行い，うまくいっている教室というのは，生徒が何が起こっているか，自分たちに何が言われているのか容易に理解できるように，教師が日々のレッスンで同じルーティンを使っていることだと報告している。タスクの最中でも，教室活動のどの局面で学習者がタスク

を行うことになっているのか,またタスクで何をすることになっているのかを,日々の教室活動のパターンから教師は明瞭にしていたのである。学習者の年齢や性格も関係しているようである。

対話相手との親密度については，Gass & Varonis(1984)が,非母語話者のスピーチに慣れていることが，母語話者の理解を高め，それが潜在的に意味交渉のチャンスを減らしていると指摘していた。Scarcella(1983)は,母語の異なる学生同士は，母語を同じくする学生同士よりもずっと多くのインターアクションを行い，意味交渉していると見ている。しかし，Plough & Gass(1993)は,親密度の低いペアは，特にインターアクションの初期の段階で明確化要求をあまり行わず，会話を保つための問い返し(echo)のような，会話継続ストラテジーを多用することを示している。対話相手との親密度はインターアクションの質に微妙な影響を与えているようである。

先行研究を総括的に見ると，さまざまな要素が複雑に絡み合って学習者の言語運用に影響を与えていると言える。タスクを使用する危険性として，Tong-Federickes(1984)は,タスクがインターアクションに積極的に参加することを促し，学習者にプレッシャーを与え，言語形式の正確さに注意を向けることを妨げるのではないかと論じていた。同様に，Tarvin & Al-Arishi(1991)は，タスクが即座に反応できる瞬発的な学習者のみにアピールする傾向があるので,自己の内面における既存の知識との相互作用(トップダウン処理)を促進するために，熟考するプロセスもタスクに盛り込むべきだとしている。実際，Crookes(1989)やFoster & Skehan(1996)は，作文のようなモノローグ型のタスクでプランニングの時間を与えられた場合，学習者はより長く統語的にも複雑な言語を産出したことを示している。よって，どんなタスクをどのような手順で行うかを慎重に考えていく必要がある。そのような研究の理論的な枠組みができつつあり，より最近の研究動向を順次取り上げていく。

2.3 教室指導の効果と Focus on Form

1990年代以降は，インターアクションを行う学習者の認知面，特に注意や記憶といった心理的特性に目が向けられ，習得のプロセスを解明しようとしてきた。学習者が言語のある側面に選択的に注意を向けることが習得の第一歩として重要であるという「気づき仮説」(Schmidt, 1990, 2001)が提唱され,教室指導において学習者の注意をどのように操作するか,いわゆる Focus on Form (FonF) (Doughty & Williams, 1998a; Long, 1991, 2000)が研究課題となった。

習得が起きる場としてインターアクションの重要性は，このような研究動向においても認識され，今でもタスクを用いた研究は続いている。

また，近年は，教室指導のSLAに対する効果に，認知心理学の「転移適切性処理の原理(Transfer-Appropriate Proceessing Principle (Morris, Bransford, & Franks, 1977))が適用され，解釈されるようになっている(Norris & Ortega, 2000など)。もともとは認知心理学の記憶の理論で，情報を記銘する(=覚え込む)際の処理の方法と，テストにおいて記憶した情報を検索する(=思い出す)際の処理の方法が一致しているほど成績が良くなるというものである。この原理をSLAにあてはめると，規則の提示から始まる明示的学習は，個別項目文法(discrete-point grammar)のペーパーテストに効果があり，意味あるコンテクストにおける体験的な暗示的学習は，実生活に近い場面における自発的な言語産出に有利だと考えられる。TBLTはまさに後者を意図した教授法だと言える。

FonFは，Long(1991)が提唱した当初は，ミクロレベルの指導テクニックをさす語として用いられ，比較対象としてFocus on Forms(FonFS)とFocus on Meaning(FonM)という語も生まれた。その後，学習者の言語学習のプロセスを厳密に検証するため，近年は言語処理モードを表す語として使われるようになった(Doughty, 2001, 2003)。言語処理とは，言語運用の理解と産出のプロセスを，情報処理の観点から認知的に表現した用語である。ヒトは通常，メッセージの意味を理解するため，あるいは意味を伝えるために言語を用いる。これが言語処理のデフォールト値(初期設定値)のFonMである。FonMの言語処理モードでは，注意は意味／機能に向けられ，言語形式には注意が向けられていない。一方，学習者は，文法説明を聞いたり，文法問題を解いたりして言語形式のみに注意を向けることがある。これがFonFSで，コンテクストから遊離して意味／機能に注意を向けることなく，言語形式にのみ注意が向けられている処理モードである。学習者は，文法書や辞書を見るなど，自らFonFSにスイッチすることもできる。

FonFは，FonMとFonFSの中庸を目ざしたもので，言語形式と意味／機能を同時に処理し，習得が促進される言語処理モードである(Doughty & Williams, 1998a; Long & Robinson, 1998)。基本的には意味あるコンテクストにおいてFonMモードで言語処理を行っているところに，適宜FonFにスイッチすることがSLAにおいて重要になる。しかし，学習者が自らFonFにスイッチするのは，実際にはそれほどたやすくない。コンテクストが明らかで認知的要求度が適切であれば不可能ではないが，そのような瞬間は頻繁には起こらない。そこ

表 5-2　TBLTの方法論上の原則（Doughty & Long, 2003; 小柳, 2004a 訳）

	原　　則	L2における実行
活　動	1. 分析単位としてテキストではなくタスクを用いる	TBLT（目標タスク，教育タスク，タスクの配列）
	2. 何かをやることにより学習を促進	
インプット	3. 精緻インプット（簡略化しない，生教材のテキストのみに頼らない）	意味交渉，相互交流的な修正，精緻化
	4. （貧弱ではない）リッチなインプットの提供	様々なインプット源にさらす
学習過程	5. 帰納的（チャンク）学習を奨励	暗示的インストラクション
	6. Focus on Form	注意：言語形式と機能のマッピング
	7. 否定的フィードバックの提供	誤りへのフィードバック（例：リキャスト），誤りの訂正
	8. 「学習者のシラバス」／発達過程を尊重	発達上のレディネスに対する教育的介入のタイミング
	9. 共同／協力学習の促進	意味交渉，相互交流的な修正
学習者	10. （伝達ニーズにより，また心理言語面への配慮から）インストラクションを個別化	ニーズ分析，個人差（記憶，適性）や学習ストラテジーへの配慮

3. SLAにおけるタスク研究の理論的枠組み

　TBLTは，これまでのSLAの研究成果を反映させてすでに提唱された（Long, 2015参照）ものであるが，SLAの研究課題のすべてに解決を見てから教育実践を始めようとするなら，なかなか実践することはできないだろう。それで，ある一定の成果を持って教授法として提案され，実践の試みがなされている。その一方で，タスクに関して，さらなるSLA研究も同時進行している。タスクは意味ある伝達的なコンテクストを提供する手段であり，意味に注意を向けたFonMの処理モードから，言語形式にも注意を向けさせるためにFonFの処理モードに時折りスイッチさせる指導技術が必要になる。そして，FonFの指導技術に加え，言語形式に注意を向けさせるもう一つの方法が，タスク自体の認知的要求度を操作することである。タスクが推論を必要とするかなど，学習者に認知的に何を要求する課題であるかにより，産出する言語に影響を及ぼすと考えられている。タスクの認知的要求度のとらえ方，及び，認知的要求度の操作から得られる成果に関しては，二つの異なる見解が存在する。一つはSkehan

(1998)の「容量制限仮説(Limited Capacity Hypothesis)」で，もう一つはRobinson(2001b, c など)の「認知仮説(Cognition Hypothesis)」である。注意資源をどうとらえるかに見解の相違があり，そのため，タスクの認知的要求度を操作して得られる学習の成果についても異なる予測をしている。これらの二つの仮説を以下に紹介する。

3.1 Skehanの「容量制限仮説」

　Skehan(1998)は，早くから従来の教授法のタスクは，特定の言語形式を練習するための伝達活動という意味合いが強く，学習者の情報処理から見た心理言語的な側面への配慮が欠如していることを指摘していた。Skehan(1996, 1998, 2001)は，情報処理の観点から注意資源に着目したタスクの提案を行ったのである。Skehan の見解は，注意は単一資源のプールから成り，容量制限があることが前提となっている。この注意モデルで見ると，認知的要求度の高いタスクは注意資源をより多く消耗するので，言語形式への注意の配分，すなわちFonFが難しくなると考えられる。

　Skehan & Foster(2001)は，注意資源において競合する要素として，流暢さ，正確さ，複雑さをあげている。そして，図6-1のように，意味を流暢さと同等にとらえ，言語形式を正確さと複雑さに対応させている。学習者は，言語形式，すなわち，正確さと複雑さの両方に注意を向けようとしても，注意資源が限られているのでトレードオフ効果が生じ，両方に注意を向けることはできないとしている。Skehan & Foster の枠組みでは，タスクの難易度(task difficulty)は，言語的コードの複雑さ，タスク自体の認知的複雑さ，伝達的ストレスの三つの要素から構成される。言語コードの複雑さとは，統語的，語彙的な複雑さのことで，タスクがどんな文構造や語彙の使用を必要とするかに関係がある。認知的複雑さとは，タスク遂行に伴う思考などの認知的負担や，学習者にとってのタスクの親密度などである。伝達的ストレスには，時間的なプレッシャーやモダリティ(4技能)など言語運用に直接影響を与える要素が含まれる。

　Skehan & Foster(2001)は，タスクのデザインにおいて最も重要なのはタスクの認知的複雑さで，それに加えて，事前タスク，事後タスクの活動を行い，言語運用の正確さ，複雑さ，流暢さのバランスの良い発達を目ざすべきだと述べている。Skehan(2009)は，SLA研究でしばしば引用されるLevelt(1989)の言語産出モデルにも言及し，タスクの性質は，メッセージの概念化段階及び／または形式処理段階に何らかのプレッシャーを与えるとしている。そして，

作動記憶や注意の制約がある中で，概念化処理や形式処理のプロセスに課された認知的負荷にどの程度対処できたかにより，言語運用が影響を受けると述べている。

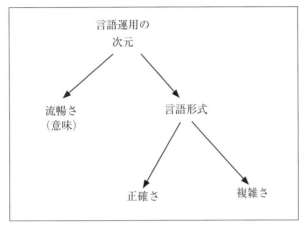

図5-1 言語運用の理論上の次元
(Skehan & Foster, 2001, p.190: 小柳一部加筆)

　Skehan の提案における言語運用の正確さ，複雑さ，流暢さの予測は，自らのタスク研究に基づいたものである。例えば，Foster & Skehan (1996) は，学習者のペアに3種類のタスクを課して，正確さ，複雑さ，流暢さの観点から言語運用を分析している。正確さとは言語運用において誤りを避けることができる能力で，高度な言語コントロールができ，誤りを犯しそうなそうな難しい構文を回避することも含まれる。複雑さは発話中の複文の割合で，学習者は，まだうまく言語をコントロールできないかもしれないというリスクを冒しながら上のレベルの構文にチャレンジするので，中間言語文法体系の再構築，発達を促す可能性がある。3種類のタスクの一つ目のタスクは個人情報タスクで，外出時につけっぱなしにしてきたガス・オーブンをパートナーに消しに行ってもらうため，家までの道順とガスの消し方を説明するというものであった。二つ目はナラティブ・タスクで，ストーリーラインの決まっていない絵を何枚か渡され，絵の順番を決めてストーリーを作り，ペアの相手に話すものであった。三つ目は意思決定タスクで，裁判官になったつもりで，見せられたいくつかの問題についてそれぞれ刑罰を決めるというものであった。一つ目から三つ目に進むに従い，なじみのないコンテクストになり，予測できないインターアクショ

ン構造になることが想定されていた。

　分析の結果，正確さは，個人情報タスクと意思決定タスクがナラティブ・タスクより高く，複雑さは，個人情報タスクが三つの中で最も低かったことが明らかになった。それに対し，流暢さは個人情報タスクが他の二つより顕著に高かったこともわかった。すなわち，タスク構造は言語運用の三つの側面に微妙な影響を与えていて，流暢さは身近なコンテクストで引き出され，複雑さはより抽象的なトピックの方が引き出されていたのである。さらに，プランニングの有無で三つのタスクを比較すると，プランニングの時間がある場合は，複雑さと流暢さが増加し，その効果は特にナラティブ・タスクと意思決定タスクで顕著だった。つまり，難しいタスクほど，プランニングの時間は有効だったと言える。しかし，正確さにおいては，プランニングにおいてどうやってタスクを行うかを詳細に考えるように指示をされたグループより，ただ漠然とプランニングをするようにと言われたグループの方が優れていたことが明らかになった。すなわち，長い時間をかけて準備したからといって，オンラインの言語運用の正確さが即座に改善するわけではないようである。このようにして，Skehanは，タスクの内容的な親密度などによる難易度や，タスクの事前／事後活動を使って言語を発達させることが可能だとしているのである。

　Skehan(2001)は，その時点での先行研究を総括して，一般化できることをまとめている。まず，具体的または親密度の高い情報に基づくタスク，及び明確な構造を含んだタスクは，正確さと流暢さに有利だとしている。また，インターアクションを伴うタスクは正確さと複雑さに有効だとしている。さらに，情報の操作を必要とするタスクは複雑さが高くなり，人前でのパフォーマンスや自らのパフォーマンスの書き起こしなどの事後タスク活動は，正確さをあげるとしている。このような結果は，Skehan自身の仮説を支持しているとの主張で，その後もさらなる研究を展開している。

3.2　Robinsonの「認知仮説」

　注意資源を単一プールから成るものと見なし，注意に容量制限があることを前提としているSkehanとは対照的に，注意資源を多次元プールとしてとらえた見解もある。Robinson(2001a, b, 2005b, 2007, 2011)は，まず，Cromer(1974)の，第一言語(L1)において子どもの概念的な発達が言語発達を牽引するという「認知仮説」を第二言語(L2)に応用している。また，Slobin(1993)の見解に基づき，L2学習をする大人は，すでにL1の習得とともに認知的な発達を

遂げているが，それでも L2 でもう一度同様のプロセスをたどる必要があるとしている。さらに，Robinson は，Givón（1985）の主張も取り入れ，言語構造的複雑さは概念的，機能的な複雑さを伴うことを前提としている。認知仮説によれば，L1 の子どもと同様，L2 学習者においても，タスクの認知的な複雑さを増していけば，それに伴い，文法的により正確で，統語的により複雑な言語産出につながり，さらには言語発達が促進されるということになる。

Robinson（1995a, 2003）は，Wickens（1989）の注意の多次元モデルを早くから取り入れ，Skehan（1998）が依拠する注意の容量制限という考え方はもはや無効だとしていた。注意に容量制限があるとは見ていないので，正確さと複雑さは競合するものではなく，むしろ同時に伸ばすことが可能だとしている。ここが，Skehan の予測とは異なっている点である。そして，注意を言語形式に向けられないのは，情報処理において類似する手がかり（キュー）が複数ある場合の注意の逸脱や，課題遂行上の時間管理の制約によるものだとしている（最近の議論については Wickens（2007）も参照されたい）。近年，言語学習が起きる認知的な作業場として作動記憶（WM）の役割が重視されている（Doughty, 2001）が，WM のサブコンポーネントの一つである中央実行系には注意配分を制御する機能があり（Baddeley & Loggie, 1999 等），その意味では注意と記憶は表裏一体を成すものである。よって，記憶のしくみから見ると，注意に容量制限があるというより，WM の中央実行系における注意のシフトや時間管理に制約があるととらえるのが妥当であろう（小柳，2005, 2016b 参照）。

Robinson 自身の初期のタスクに関する研究（Robinson, 1995b）として，セリフのない漫画を見ながら現在形で叙述する単純なタスク［＋今ここ］と，絵を見た後で絵を見ないで過去形で叙述する複雑なタスク［−今ここ］を比較したものがある。参加者は初級上から中級の英語学習者であった。言語運用を分析した結果，複雑なタスクの方が冠詞の使用においてより正確で，語彙的に複雑な言語が産出されたことが明らかになった。ただし，統語的な複雑さに違いは見いだせなかった。また，一つの発話の語数で見た流暢さは単純なタスクの方が優っていたことがわかった（発話のポーズ時間については違いが見られなかった）。これが，Robinson のタスク研究の出発点になったものである。

また，Robinson（2001c）は，タスクの複雑さ（認知的要因），タスクの遂行条件（相互交流的要因），タスクの難易度（学習者要因）がタスクの言語産出にどのように影響を及ぼすかを調べている。プランニング，単一タスク，先行知識，少数の要素の四つの変数を操作して，タスクの認知的複雑さの第 3 段階（単純なタ

3．SLA におけるタスク研究の理論的枠組み　　211

スク)と第 5 段階(複雑なタスク)の地図の道順タスクを学習者に課した。具体的には，単純なタスクとは大学のキャンパスの地図を用い，複雑なタスクでは，未知のより大きい地域の地図が使われた。単純／複雑な両タスクでは，ペアの一人は A 地点のみが記載された地図を持ち，ペアの相手は A 地点から B 地点の道順を説明した。

分析の結果，タスクの複雑さが増すほど，情報提供側の語彙が多様化し，統語的複雑さが増していたことが明らかになった。しかし，正確さへのインパクトは見られなかった。また，情報の受け手側からの明確化要求や確認チェックの頻度が増し，インターアクションが活発に行われたこともわかった。さらに，タスクの複雑さは，学習者が認識する難易度やストレスを感じる程度とほぼ一致していた。複雑なタスクの方が自分の能力に対する確信が低くなるが，より興味を持ち，動機づけが増すという傾向も見られた。さらに，単純なタスクから複雑なタスクという順序でタスクを行ったグループと，その逆の順序でタスクを行ったグループが，複雑なタスクの難易度判定を行ったところ，感じる難易度に大きな違いは見られなかった。しかしながら，単純なタスクから複雑なタスクへの遂行順序は，その逆より言語産出における正確さ，文の複雑さが増していたことも明らかになった。

Robinson は，このような研究をさらに推し進めて理論化し，さらにタスクの分類，分析のために，三つの構成要素から成るタスクの枠組み(Triadic Componential Framework)を提案している(表 5-3 を参照)。一つ目の構成要素は「タスクの複雑さ(task complexity)」で，タスクの認知的な要求度による難易度をさし，TBLT のシラバス・デザインにおけるタスクの配列の唯一の基準だとしている。タスクの複雑さの変数には 2 種類あり，認知的，概念的要求度に関わる「資源集約変数(resource-directing variables)」と，パフォーマンス的，手続き的スキルの要求度に関わる「資源分散変数(resource-dispersing variable)」[2]に分けられる。これらの二つの変数は，L2 の言語産出に異なる影響を及ぼすとされる。

---

2) Robinson(2001b, c など)は，もともと「resource-depleting variable(資源消耗変数)」という語を使っていたが，最近(Robinson, 2010, 2011a, b 等)は，「resource-dispersing variable(資源分散変数)」という語に変えている。

表 5-3　三つの構成要素から成るタスクの枠組み
(Robinson (2009, 2011) に基づく，小柳 (2013) 訳)

タスクの複雑さ <task complexity> (認知的要因)	タスク遂行条件 <task condition> (相互交流的要因)	タスクの難易度 <task difficulty> (学習者要因)
分類基準：認知的要求度 分類手順：情報理論的分析	分類基準：相互交流の要求度 分類手順：行動記述的分析	分類基準：能力の要件 分類手順：能力評価分析
下位分類 a. 資源集約変数 　(認知的／概念的要求度) 　+/−　今ここ 　+/−　少数の要素 　−/+　空間的推論 　−/+　因果的推論 　−/+　意図的推論 　−/+　視点取得	下位分類 a. 参加型変数 　(相互交流的要求度) 　+/−　開かれた解決 　+/−　一方通行の情報の流れ 　+/−　収束的解決 　+/−　複数の参加者 　+/−　複数の貢献の必要性 　+/−　意味交渉不要	下位分類 a. 能力変数及びタスクに適切な認知資源の違い 　高／低　作動記憶 　高／低　推論 　高／低　課題のスイッチ 　高／低　適性 　高／低　場独立型 　高／低　心(mind)の察知
b. 資源分散変数 　(運用的／手続き的要求度) 　+/−　プランニング・タイム 　+/−　先行知識 　+/−　単一タスク 　+/−　タスク構造 　+/−　少数の段階 　+/−　各段階の独立性	b. 参加者変数 　(相互交流参加者の要求度) 　+/−　同様の熟達度レベル 　+/−　同一のジェンダー 　+/−　親密度 　+/−　内容に関する知識の共有 　+/−　平等のステータスや役割 　+/−　文化的知識の共有	b. 情意的変数及びタスクに適切な状況-特性の違い 　高／低　オープン性 　高／低　感情の制御 　高／低　タスクの動機づけ 　低／高　不安 　高／低　伝達の意志 　高／低　自己効力感

　資源集約変数には，文脈からの補助があるか否か，言及すべき要素が多いか否か，推論を伴うか否かといった変数が含まれる。この変数に沿ってタスクの複雑さを増すと，複雑な概念を言語コードとして表出しようとするために，注意や記憶といった認知資源が言語的側面に向けられるので，より正確で複雑な言語形式が産出され，さらに気づきやアップテイクを促し，その後の言語発達にもつながると考えられる。一方，資源分散変数は，プランニングの有無や先行知識の有無などを含む。この変数は，特定の言語コードに注意を向けるというより，リアルタイムでの複雑なスキルのパフォーマンスが求められるので，言語運用全般に対して認知資源が消耗される。よって，この変数に沿ってタスクの認知的要求度を下げる(例えば，プランニングの時間を与える)と，言語形式

面への注意は向きにくいが，言語運用全般に注意が向き，言語産出の流暢さにつながるとの予測が成り立つ。Robinson(2010)は，まず資源分散変数に沿って認知的要求度を下げて学習者の現行の中間言語へのアクセスを促し，その後，資源集約変数に沿って認知的要求度を増して，言語発達を促進すべきだとの提案をしている。

　構成要素の二つ目は「タスクの遂行条件(task condition)」で，情報が流れる方向やゴールの志向性などのインターアクション構造に関する参加型変数と，参加者間の熟達度レベルや親密度などの参加者変数に分類される。これらは本章2.2で言及したインターアクション仮説の実証研究の成果が反映されている。Robinson(2009, 2011)は，タスクの遂行条件はTBLTにおけるタスク配列の基準にはならないが，教育現場における意思決定に委ねるべきだとしている。つまり，学習者のことを知り得る教師が，現場の状況に合わせて後から決めるものだと考えているのである。

　構成要素の三つ目は「タスクの難易度(task difficulty)」で，タスク自体の認知的な複雑さとは異なり，学習者が体感するタスクの難しさをさす。タスクの難易度は，言語適性などの学習者の能力変数と，動機づけや不安などの情意的変数から成り，本書で扱った近年の個人差研究の成果が反映されている。本章後半では，タスクに関してなおも継続して行われているSLA研究の成果を概観する。

4. TBLTに関わるSLAのさらなる研究課題

4.1　タスクの認知的複雑さと言語産出

　言語教育のシラバスは，文法や言語機能による記述ではなく，タスクを分析単位にすべきだという提案は早くからあった(Long, 1985; Long & Crookes, 1993など)が，Robinson(2001b, 2005cなど)も，タスクの認知的要求度がタスクの配列の唯一の基準だとしている。ただし，言語面をタスクの基準にしないとしても，タスクの認知的な複雑さ[3]は，言語的な複雑さとも連動するという考え方が根底にはある。タスクの認知的な複雑さを操作すれば，言語形式に注意が向き，意味とのマッピングが進み，言語発達が促されると考えられる。よって，これを実証することはSLA研究において重要な研究課題である。タスク

---

[3]　Robinsonは「複雑さ(complexity)」という語を用いているが，難易度(difficulty)と明確に区別するため，本セクション以降は「認知的複雑さ」を用いる。

により認知仮説を検証した研究を以下に概観する。

4.1.1 モノローグのタスク

　認知仮説では，認知的に複雑なタスクほど注意が言語形式に向くので，より正確で複雑な言語を産出するが，流暢さは下がるとの予測が成り立つ。実証研究では，タスクの認知的な複雑さを操作して，単純なタスクと複雑なタスクにおける言語運用を比較する実証研究が行われてきた。教室で行われるタスクはペアやグループ活動が多いが，実証研究では口頭によるナラティブなどのモノローグのタスクがしばしば使われている。会話の参加者の発話が重なったり，複数の参加者の短い発話が連続するインターアクションを伴うタスクに比べると，モノローグのタスクは，一人がまとまった長さの発話をするので，言語的な複雑さを分析するのが比較的容易である。これが，モノローグのタスクの研究が多いことの一因でもあろう。

　3.2で言及したように，Robinson(1995b)が，情報の流れが一方向でオープンタスクであるナラティブ・タスクで［±今ここ］を操作した実験を行った。また，Jackson & Suethanapornkul(2013)は，Robinson(1995b)の研究を出発点として，1995年から2010年までに刊行された，認知仮説に依拠したタスクの認知的複雑さに関する論文の系統的なレビューを行っている。その中で，同一の参加者が単純なタスクと複雑なタスクの両方のタスクを行った際の口頭産出のパフォーマンスを調べた論文9本(Gilabert, 2007a, b; Iwashita, McNamara, & Elder, 2001; Michel, Kuiken, & Vedder, 2007[4]など)についてメタ分析がなされた。資源集約変数に沿ってタスクの複雑さを増した場合，効果量(effect size)[5]の平均値で見ると，認知仮説の予測通り，正確さに関しては正の効果($d=0.28$)が見られたが，流暢さに関しては負の数値($d=-0.16$)となった。ただし，正確さは，誤用を含まない節の割合などの全体的な誤りの指標で見るより，特定の言語形式の正用率を見る方が，効果量が大きかったことも示された。また，語彙的複雑さはかろうじて正の効果($d=0.03$)があったが，言語的複雑さに

4）　Michel, Kuiken, & Vedder(2007)は，ダイアローグとも比較しているので，次のセクションで言及する。

5）　効果量(effect size)とは，独立変数の従属変数に対するインパクトがどれほど大きいかを示す数値である。t検定や分散分析の有意差検定では，サンプル・サイズの異なる研究間で比較するのは難しいが，効果量を計算すれば，客観的な効果の大きさの数値で比較が可能になる。効果の大きさは，0.2以上で小程度，0.5以上で中程度，0.8以上で大程度とされている。

関しては負の効果($d=-0.02$)となり，仮説を全面的に支持する結果にはならなかった。すなわち，タスクの認知的複雑さのインパクトは正確さに対してのみで，複雑さに関してはそれほどの影響を及ぼしていなかったことがわかる。メタ分析に含むことができた論文数が限られてはいるものの，モノローグのタスクにおいて「認知仮説」はまだ部分的にしか実証されていない。

　Skehan(1998; Skehan & Foster, 2001)の「容量制限仮説」の枠組みで行われた研究ではあるが，タスクの複雑さの影響が，統語的な複雑さに及んだ研究もある。Tavakoli & Foster(2008)は，ロンドン(ESL)とテヘラン(EFL)の中級レベルの英語学習者を参加者としてナラティブの複雑さと言語運用の関係を調べている。タスクの複雑さは，筋書きの複雑さとタスク構造を操作した。筋書きが前景(foreground)のみのナラティブは，時間軸に沿って出来事を叙述するだけなので単純なタスクである。一方，後景(background)もある筋書きは，前景の出来事をさらに精緻化して説明する必要があり，複雑なタスクと見なす。後景描写においては条件や理由，目的，設定，様式などが従属節で示されるので，複雑なナラティブでは多くの従属節を形成する必要がある。また，タスク構造については，出来事の叙述の順序に選択の余地がある自由度が高い構造と，出来事の順序に選択の余地がない自由度の低い構造を比較した。

　研究デザインは，物語の筋書きの複雑さによる被験者間比較と，タスク構造による被験者内比較であった。その結果，後景情報が必要な複雑なタスクの方が，統語的に複雑な言語(ASユニット[6]に対する節の割合)が生成され，筋書きの複雑さは，言語的複雑さに影響することが明らかになった。また，自由度が低い構造の方が，正確さが高かったことも明らかになった。いずれにしても，この研究でも，正確さと複雑さの間でトレードオフ効果が見られ，Skehanの容量制限仮説を支持する結果となっている。Tavakoli等は，さらに，ESLとEFLの異なる学習環境を比較し，正確さと流暢さへのインパクトの違いはなかったが，統語的複雑さや語彙的多様性の点でESL環境の方が有利であったとしている。第二言語環境は言語使用の機会が多く流暢さを促進しそうだが，統語的複雑さの発達に有利であることは興味深い結果である。日頃から複雑な概念を表現しなくてはならない場面に遭遇するため，教室のタスクでも学習者が複雑な概念を表現しようとする傾向が見られたという可能性もあるが，環境

---

[6]　ASユニット(Analysis of Speech Unit)は，一つの独立節とそれに関連した従属節を含む発話の単位のことである。Foster, Tonkyn, & Wiggleworth(2000)が，豊富な実例とともに，ASユニットの特定方法を論文の中で明確にしている。

による比較ももっと調べてみる必要があるだろう。タスクの認知的複雑さと言語産出との関係は，単純なものではなさそうである。

4.1.2　モノローグ vs. ダイアローグ

　認知仮説の検証ではモノローグのナラティブ・タスクの研究が先行していた。しかし，モノローグのタスクでは，ギャップに気づいたり新しい情報を取り込んだりする言語学習の機会は少ないと考えられるので，SLA に必要な意味交渉が起きるダイアローグのタスクで言語産出への効果を探る意義は大きい。最近では，ダイアローグでもモノローグと同様の結果が得られるのかが研究の焦点になり，ダイアローグを扱った研究も増えつつある。

　例えば，Michel, Kuiken, & Vedder(2007)は，44人のオランダ語学習者を対象に，モノローグのタスク(留守番電話に伝言を残す)とダイアローグのタスク(電話で議論する)を比較したところ，ダイアローグ条件の方が正確さが優っていた。これは，インターアクションが言語形式への注意を促し，正確さに効果があったためだとしている。一方，ダイアローグでは，統語的な複雑さは著しく下がったが，流暢さは増していた。Michel 等は，電話によるダイアローグ・タスクは迅速な話順交替が必要なので，素早い反応が流暢さを促進し，それ故，参加者それぞれの発話は短くなるので統語的な複雑さは低下したと見ている。さらに，Michel 等は，タスクの認知的複雑さとタスク条件(モノローグ vs. ダイアローグ)を結合した言語運用への影響を検証し，タスクの認知的複雑さ(±少数の要素)を増した影響は，モノローグ・タスクにおける正確さのみにしか見いだせず，認知仮説は部分的にしか支持されなかったとしている。その後，Michel(2011)も，Michel, Kuiken, & Vedder(2007)のように，議論タスクに用いる写真の枚数を変えるなどしてタスクの認知的複雑さ(±少数の要素)を操作して，モノローグとダイアローグのタスクを比較し，同様の結果を得ている。

　さらに，Gilabert, Barón, & Levkina(2011) が，Gilabert(2007a) 及び Gilabert, Barón, & Llanes(2009)にも参加した英語学習者(L1：スペイン語／カタロニア語)のモノローグとダイアローグのタスクの言語運用を比較している。参加者は，ナラティブ，道順，意思決定の三種類のタスクにおいて，それぞれ単純なタスクと複雑なタスクを行った。その結果，タスクの認知的複雑さを操作した影響は，モノローグのナラティブ・タスクの正確さに対して見られたが，それ以外は言語産出への影響が見られなかった。タスクの認知的複雑さの操作の程度が不十分であった可能性も指摘されている。また，モノローグでは，単純な

道順タスクにおいて短い文が生成されたため最も流暢だったが，ナラティブや意思決定タスクでは流暢さが落ち，ナラティブでは正確さが最も低かった。ダイアローグでは，タスクによる流暢さに差はなかったが，複雑さは道順タスクで最も低く，ナラティブで高くなった。正確さについては，ナラティブでより多くの誤りが見られた。タスクの認知的複雑さのみならず，タスクのタイプによっても言語産出への影響が異なるようで，今後もタスクの性質のより精緻化した分析が必要だと思われる。

　Gilabert等は，タスクの認知的複雑さに加え，学習者の熟達度と言語運用の関係も調べている。その結果，モノローグでは，熟達度と言語産出との間に相関が見られたのに対し，ダイアローグでは相関が見られなかったことが明らかになった。モノローグでは熟達度が上がるほどより複雑な構造，より多様な語彙を使用し，正確さも増していたが，ダイアローグでは同様の結果にならなかったのである。これは，インターアクションでは対話相手のスピーチに影響され，断片的なスピーチになりがちであるからだと考察されている。モノローグとダイアローグでは，タスクの認知的複雑さ以外に関わってくる要因が異なる可能性が高いので，タスクの認知的複雑さの言語産出への影響は，慎重に検討する必要があるようだ。

4.1.3　インターアクションの意義

　Robinson(2011)の認知仮説では，認知的に複雑なタスクは多くのインターアクションを生み出し，インプットで提供された情報により多くの注意が向き，アップテイクが起きて学習につながるとしている。実際は，上述のセクションで論じたダイアローグのタスクのように，学習者同士のペアでタスクを行った際に，タスクの複雑さが言語産出にどんな影響を及ぼすかについてはまだ明確な答えが出ていない。では，そもそもインターアクションは，タスクによる言語産出にどんなインパクトをもたらすのだろうか。現行の研究成果から言えるのは，まず，認知的に複雑なタスクほど，意味交渉が起きていることを示す会話的調整，すなわち，確認チェック，明確化要求，理解チェックなどが高い頻度で生じることである(Gilabert, Barón, & Llanes, 2009; Révész, 2011; Robinson, 2001c, 2005b, 2007等)。

　また，認知的要求度の高い複雑なタスクは，意味交渉がない場合でも言語的ニーズから言語関連エピソード(language related episode: LRE)，すなわち，学習者間で言語について話し合ったり，自らの発話を自己訂正したりといった

学習機会が頻繁に起きる(Kim, 2009; Révész, 2011)とされる。Révész(2011)は，習得しにくい言語形式(例：英語の過去形)には余剰項目が多いので，コミュニケーションの挫折は招きにくいが，挫折がなくても資源集約変数に沿って認知的要求度を上げればLREが起きるのではないかとしている。ただし，インターアクションで意味交渉やLREといった言語学習の機会がどれほど起きるかは，学習者の熟達度にも影響される。Kim(2009)は，熟達度が高いグループは複雑なタスクでLREが生じ，熟達度が低いグループは単純なタスクの方がLREが多かったとしている。Malicka & Levkina(2012)は，熟達度の高いグループは，複雑なタスクで正確さ，語彙の多様性，統語的複雑さが向上したが，熟達度の低いグループは，複雑なタスクで流暢さのみが向上しことを報告している。熟達度が低いとタスクの概念的な要求にまで注意を向けられず，流暢さのみが改善した可能性があり，認知仮説の予測通りになるには，一定レベルの熟達度が必要なのかもしれない。

　タスクの認知的複雑さの言語産出へのインパクトを調べる際に，測定方法も問題になる。Jackson & Suethanapornkul(2013)のメタ分析では，モノローグにおいて，誤用のない節の割合のような一般的な正確さを測る指標より，過去形や冠詞の使用など，タスク固有の言語形式についての正確さの指標を用いた方が，効果量が大きかったことが示されている。インターアクションにおいても同様に，タスク固有の言語形式について正確さや複雑さを見た方が，タスクの言語産出への効果が検出されやすい可能性がある。例えば，Robinson(2007)は，他者の意図の推論の程度によりタスクの複雑さを操作した三つのナラティブ・タスクを，英語学習者42人を対象に話し手と聞き手のペアにして行った。タスクの認知的複雑さの影響は，一般的な測定方法とタスク固有の言語形式(心理状態を表す語彙)に関する測定方法を用いて調べている。タスクは，話し手が絵の正しい並びを決めて，その順序で物語を叙述し，聞き手はそれに基づき，絵を順番通りに並べるというものである。その結果，一般的な測定方法では正確さ，統語的複雑さ，流暢さに効果はなかったものの，タスク固有の言語形式の使用や使用割合から見た正確さ，複雑さには効果が見られた。また，認知的に複雑なタスクほど，聞き手のインターアクションを促し，話し手のアップテイクも増えたことが明らかになった。

　さらに，前述のRévész(2011)も，議論タスクにおいて推論の有無によりタスクの認知的複雑さを操作して，言語産出の一般的な測定方法に加え，推論に必要な接続詞(but, because, so, ifなど)の使用を評価指標に加えた。その結果，

一般的な測定方法では，複雑なタスクほど語彙が多様で正確さが上がったが，統語的複雑さについては単純なタスクとの有意差が出なかった。一方，接続詞に関しては複雑なタスクの方が発達段階の上位にある接続詞の構文使用が見られ，事後の質問紙調査でも，学習者は複雑なタスクにおいて参加者が言語的側面により注意を向けたと答えている。したがって，タスクの性質により抽出される言語形式を特定して，その言語形式の正確さや複雑さを今後も検証する必要がありそうだ。

　また，その際に，母語話者からのベースライン・データも重要になると考えられる。前述のMichel(2011)は，オランダ語の母語話者にも同一のタスクを課している。母語話者には，ダイアローグの方が認知的に複雑なタスクで正確さと流暢さが増し，言語的な複雑さは影響を受けないという傾向が見られ，L2学習者にも同様の傾向が見いだされたのである。さらにMichel(2013)は，自身の以前の研究では一般的な言語産出の測定方法しか用いなかったので，タスク固有の言語形式(接続詞)に焦点を当てた測定方法を用いて，再度同様の実験を行っている。予想に反し，接続詞の使用頻度においてタスクの認知的複雑さの影響を見いだせなかった。しかし，母語話者のベースライン・データでもモノローグよりダイアローグで接続詞の使用頻度が下がるという結果になっていたことがわかったのである。Michelは，ダイアローグでは，対話相手と情報を共有しながら談話が展開されるので，限られた接続詞を使用するだけで意思の疎通がとれるのではないかとしている。いずれにせよ，母語話者のデータに照らして，L2学習者のデータを検討することが重要だと言える。

4.1.4　モダリティの違い(口頭 vs. 筆記)

　タスクの認知的複雑さに関する実証研究の多くは，口頭の言語産出に焦点を当てているが，筆記モードへのインパクトを扱った研究(Kuiken & Vedder, 2007a, b など)(Samuda & Bygate, 2008にレビューあり)もなされている。これらの研究では，タスクの認知的要求度を増すと，正確さと語彙の多様性は増したが，統語的複雑さには影響がなかったことが明らかになり，すなわち，認知仮説の枠組みで行われた口頭モードの研究と概ね同様の結果になっている。しかし，その後の研究では必ずしも一貫性のある結果が出ていない。

　例えば，Kuiken & Vedder(2011)が，口頭／筆記モードの比較をタスクの認知的複雑さに関連づけて調べている。イタリア語中級の大学生(L1：オランダ語)91人が筆記モードのタスクに，44人が口頭モードのタスクに参加した。ま

た，参加者は，クローズテストにより熟達度の下位グループと上位グループに分けられた。タスクは，五つの選択肢から休暇の行き先選びについて友人にアドバイスをするというもので，選択のための条件（庭付き，静か，ジム付きなど）が三つあるタスクを単純なタスク，条件が六つのタスクを複雑なタスクと見なした。筆記モードのグループは40分で手紙を書き，口頭モードのグループは，留守番電話にメッセージ（所要時間3〜5分）を残した。その結果，筆記モードでも口頭モードでも，複雑なタスクの方が正確さが高かったが，語彙的複雑さへの影響は見られなかった。また，筆記モードでは統語的複雑さに影響はなかったが，口頭モードでは複雑なタスクの方が統語的複雑さが下がるという結果になり，認知仮説の予測通りにはならなかった。これは，書きながらプランニングすることが可能な筆記のタスクと異なり，口頭でメッセージを残すタスクの方がオンラインの迅速な言語処理が求められ，意味を優先して従属節を含む複雑な構文は使われなかったという可能性が考えられる。また，この研究では，タスクの認知的複雑さによる影響は，熟達度レベルが異なっていても同様に現れたことが明らかになっている。

　さらに，Vasylets, Cilabert, & Manchón（2017）は，先行研究で口頭モードと筆記モードの比較について必ずしも一貫性のある結果が得られていないことから，操作上の定義などを見直し，調査を行っている。この中では統語の複雑さに加え，命題の複雑さ（＝アイデア・ユニット）も分析に含めている。実験に参加したのはスペイン語とカタロニア語のバイリンガルの英語学習者78人で，半数ずつ，口頭モードのグループと筆記モードのグループに分かれ，それぞれタスクを行った。タスクの認知的複雑さは推論の有無で操作し，単純なタスクと複雑なタスクが用意された。その結果，口頭群の方がアイデア・ユニットをより多く生成したが，筆記群の方が，統語的に複雑な文を生成していることが明らかになった。両グループの正確さには違いがあまり見られなかったが，筆記群は，タスクが複雑になると正確さが増していた。どちらも時間制限は設けられていないが，筆記群の方がタスクの遂行時間が長かった。筆記産出は，書きながらのより長いプランニングが可能なので，認知的に複雑なタスクほど複雑な言語を産出したと考えられる。筆記群の言語運用は，認知的に複雑なタスクほど統語的な複雑さと正確さが増したという点で，認知仮説を支持する結果になっている。

　また，Zalbidea（2017）は，アメリカの大学2年のスペイン語学習者（中級前半）32人を，口頭産出と筆記産出それぞれ二つの実験群と，統制群に割り当て

た。議論タスクの単純なものと複雑なものの2種類のタスク(Kuiken & Vedder (2011)で使用されたタスク)を用い，実験群には事前に5分のプランニング時間があり，タスクは10分以内で遂行するよう指示された。言語産出を分析した結果，口頭タスクは全体的に統語的に複雑な言語産出が見られ，筆記タスクは語彙的に複雑な言語産出が見られた。正確さに関しては筆記タスクの方が誤りが少ないという傾向が見いだされた。この研究で見る限り，タスクの複雑さよりモダリティの違いの方が言語産出への影響が大きかったとしている。統計上の有意差はなかったものの，認知的に複雑なタスクの言語運用の方が単純なタスクより統語的に複雑で正確であったことから，Zalbidea は，容量制限仮説(Skehan, 1998)より認知的仮説(Robinson, 2007)の方を支持する結果だとしている。

　いずれにしても，迅速なオンラインの言語処理が求められる口頭モードと，タスク遂行中に，より長時間のプランニングやモニタリングが可能な筆記モードでは，タスクの認知的な複雑さのインパクトが異なると言えそうだ。

4.1.5　タスクの認知的複雑さと言語習得

　タスクの認知的複雑さに関する研究の多くは，同一の学習者に単純なタスクと複雑なタスクの両方を課して，言語産出へのインパクトを見ていた。そのような研究は，タスクの認知的な要求度により学習者の言語産出にどんな影響をもたらすかを明らかにすることはできるが，タスクにより言語習得が進んだかどうかまでは実証できない。最近は，事前テストと事後テストを行うデザインによる実証研究も行われるようになり，SLA で従来行われてきた教室指導の習得への効果を見る実験手法も用いられている。

　Nuevo, Adams, & Ross-Feldman(2011)は，タスクによるインターアクションにおいて，複雑なタスクほど明確化要求や確認チェックが生起することは示されているが，修正アウトプット(modified output)についてはほとんど調べられていないという問題点を指摘している。そこで，推論の要求度を操作し，アメリカの英語学習者を，無作為に複雑なタスク群と単純なタスク群の二つに分けた。両グループは，ナラティブと意思決定のタスクをペアで行った。ナラティブの目標言語形式は過去形で，意思決定タスクの目標言語形式は位置を表す前置詞である。事前テストと事後(直後と遅延)テストを行い，口頭産出テストと時間制限なしの文法性判断テストにより効果を測定した。また，発話の修正アウトプットは，個人によるものを「自己訂正(self-repair)」，共同でなされたも

のを「強要アウトプット(pushed output)」としてコード化された。その結果，複雑なタスク群は修正アウトプットが全般に少なく，唯一の違いは複雑なタスク群の方が単純なタスク群より前置詞の自己訂正が多かったことであった。また，複雑なタスク群で自己訂正が多かった学習者は，文法性判断，口頭産出共，遅延テストでの伸びが有意であった。過去形に関しては，複雑なタスク群に修正アウトプットと学習との関係は見いだせなかったが，単純なタスク群では文法性判断テストの遅延テストで見る限り，修正アウトプットと学習の関連性が見いだされた。この研究で見る限り，自己訂正を多くするかといった学習者のタイプにより，タスクの認知的複雑さから受ける恩恵は異なると考えられる。

　また，Kim(2012)は，韓国の英語を学ぶ大学生191人を，タスクの認知的複雑さが異なる三つの実験群と，タスクを行わずに伝統的な指導(＝実験群と同じトピックの聴解と読解，学習者間のインターアクションなし)を受ける比較対照群に振り分けた。タスクの認知的複雑さは，推論とタスクの要素の数を操作して認知的な要求度を3段階に設定した。目標言語形式は疑問文で，3種類の口頭産出テストにより疑問文の発達段階を特定した。また，インターアクションにおける言語関連エピソード(LRE)がコード化された。その結果，最も複雑なタスク群は，単純なタスク群との間にLREの生起数で有意差があり，特に発達段階の上位の疑問文に関するLREが多かったことがわかった。また，最も複雑なタスク群は，比較対照群と比べると疑問文の発達が顕著であった。よって，最も複雑なタスクを行った学習者は，疑問文において発達段階が押し上げられ，習得が進んだと言える。Kimの研究が示すように，タスク研究をSLA研究として位置づけるなら，今後は一般的な正確さ，複雑さ，流暢さの指標でタスクによる言語産出を測定するだけでなく，事前テストと事後テストのデザインで，効果の持続性を検証する研究も必要だと思われる。また，その際にはタスクに必須または自然に現れる言語形式(Loschky & Bley-Vroman, 1993)を特定し，その正用率や使用頻度，SLA上の発達段階を調べ，習得という側面から見てタスクのインパクトがどれほどあったかを実証しなくてはならないだろう。

4.2　タスクの実施手順：プランニング

　Crookes(1989)は，学習者がプランニングの時間を与えられると，複雑な言語を生成することを早くから見いだしていた。それ以来，SLAではプランニングの機会があることは自然習得環境にはない教室習得環境の利点だと考えられてきた。プランニングの有無は，Robinson(2011)のタスクの枠組みでは資源

分散変数に分類される。図5-2に示したように，プランニングには，大きく分けると，タスクの前に行う「事前プランニング」と，タスク遂行時の「タスク内プランニング」がある。事前プランニングは，あらかじめ準備としてタスクを行ってみてから再度同じタスクをする「リハーサル」と，タスクをどのように遂行するかを方略的に考える「方略的プランニング」に分けられる。タスク内プランニング，すなわち，オンライン・プランニングは，プレッシャー（時間制限）の有無で二つに分類される。このような分類に基づき，先行研究を概観する。

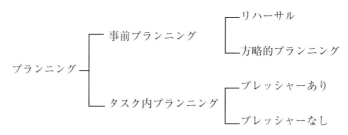

図5-2　タスク・ベースのプランニング（R. Ellis, 2005）

4.2.1　タスクの繰り返し

「タスクの繰り返し(repetition)」は「リハーサル」とも称され，本タスクの遂行前に通しでやってみるという事前プランニングの一種である(R. Ellis, 2005)。図5-2では「リハーサル」として分類されているが，タスク直前のリハーサルという意味での繰り返しだけでなく，時間をおいて同一または同様のタスクをもう一度やってみるという教室実践や実証研究も行われているので，リハーサルより意味が広い「繰り返し」を本セクションでは用いることにする。Lynch & Maclean(2000)は，学会発表を目標に掲げる医学英語の授業において，ポスター発表の発表者と参加者との質疑応答の談話を質的に分析している。その結果，質問に答える相手や質問の内容は全く同一というわけではないが，同じタスクを繰り返すことにより語彙や文法の正確さが改善することを明らかにしている。

　タスクの繰り返しの効果を量的に分析した初期の研究にGass, Mackey, Fernandez, & Alvarez-Torres(1999)とBygate(2001)がある。Gass等は，104人のスペイン語学習者にMr. Beanのビデオを見ながら内容を描写させ

た。ビデオ A を 3 回見せてもう一本別のビデオ B を見せたグループ，4 回異なるビデオ（1 回目はビデオ A，4 回目はビデオ B）を見たグループと，2 週間の間隔をあけてビデオ A とビデオ B を見せたグループを比較した。その結果，同じタスクを繰り返すと言語運用全般に改善が見られ，特に特定の言語形式の使用が改善し，語彙が洗練されたことがわかった。同じビデオを繰り返してみることで，意味へ注意を向ける負担が軽減し，言語形式をコントロールすることができたのではないかと考えられる。しかしながら，その効果は異なるビデオの描写には転移できていなかった。Bygate(2001) も同様に，10 週間の間にビデオの漫画を描写するタスクを 5 回行い，5 回目に 1 回目と同一のタスク，及び少し異なる新たなタスクの両方を行ったが，新たなタスクには言語運用の転移は見いだせなかった。

　さらに，Bygate & Samuda(2005) は，Bygate(2001) の同一のタスクの繰り返しのデータをより詳細に分析した。10 週間の間に語彙や文法の変化は見られなかったが，談話の枠付け(framing)の観点から発話を再分析すると，枠付けは顕著に増加し，談話が精緻化されていたことが明らかになった。タスクの繰り返しの際にはさらにオンラインでもプランニングができるので，学習者の注意を言語的側面に向けることが可能だからだとしている。Bygate & Samuda は，タスクを繰り返す度に，メッセージの概念化，言語的符号化，モニタリングにバランスよく注意が配分され，言語処理が効率よく行われるようになると述べている。また，タスクの繰り返しは，概念的な内容とそれを表現する言語形式を結ぶ「統合的プランニング(integrative planning)」として有効だとしている。

　実際の教室指導を考えてみると，同一のタスクを何回も繰り返すのは学習者を飽きさせてしまうのではないかという懸念がある。Lambert, Kormos, & Minn(2017) は，学習者の繰り返しに対する認識に関する質問紙調査も含め，流暢さに焦点を当てた実証研究を行っている。この研究では，参加者の英語学習者(L1：日本語) 32 人が，ペアの相手を変え，また話し手，聞き手の役割を交換しながらタスクを 6 回繰り返した。また，タスクは，8 枚の絵を見ながら問題解決の方法を相手に指示するタスク，4 コマ漫画の描写タスク，写真 2 枚を見て意見を話すタスク，ダイアローグ形式の意見タスクの 4 種類が行われた。その結果，繰り返しの効果は，流暢さ，特に発話速度に対して顕著であった。3 回目の繰り返しまでは，発話速度の改善が著しかったが，それ以降は効果量が小さかったことも示されている。節間のポーズの数は，最初の繰り返しにはイ

ンパクトが大きいが，それ以降は緩やかにしか減少しなかった。しかし，節中のポーズは 6 回にわたり徐々に減少していく傾向が見られた。自己訂正は，繰り返し 5 回目と 6 回目で減少し，これは概念化や言語的符号化の処理が効率よく行われるようになった結果，モニタリングが働くようになったからだとしている。流暢さと一口に言っても，繰り返しによって流暢さの異なる側面にインパクトを与えられるようである。

　Lambert 等は，さらに，熟達度の違いでも比較しているが，熟達度の高い学習者でも相手を変えることで，流暢さを伸ばしていたことも明らかになった。また，6 回の繰り返しでも疲労や退屈さを報告した学習者は少なく，タスク遂行に集中できたようである。ただ，絵描写のように，話す内容が構造化されたものは，学習者は，タスクの繰り返しによる達成感を感じていたが，話す内容が限定されない意見タスクでは，繰り返しの意義を感じなかった学習者が少なからずいたようである。いずれにしても，学習者は思ったより繰り返しを肯定的にとらえている傾向が見てとれた。

　他にも，繰り返す度にタスク遂行にかけられる時間を短縮してプレッシャーを与える方式で，流暢さの促進に結びつけようとした研究もある。Nation (1989) や Averart & Nation (1991) が考案したのは，4/3/2 タスクという方式で，学習者はペアになり，与えられたトピックについて相手に 4 分話し，次にペアの相手を変えながら，3 分，2 分と時間を短縮しながら同じ内容を話す方式である。これらの研究で，遂行時間の短縮による繰り返しで，流暢さが向上したことが実証されている。De Jong & Perfetti (2011) は，この方式による持続効果や新しいトピックへの流暢さの転移を，事前／事後テストのデザインによる実験で検証している。この研究では，Nation 等と異なり，ペアの相手の影響を排除するため，コンピュータ上のモノローグのタスクとして実施された。参加者は，アメリカの ESL の学生 24 人で，4/3/2 で同じトピックを 3 回繰り返すグループ (繰り返し有り)，異なるトピックで 4/3/2 方式で話すグループ (繰り返し無し) と，前半は処遇を受けず (前半は統制群)，他グループの直後テストの後に 4/3/2 の処遇を受けるグループの三つのグループに無作為に分けられた。二つの実験群は，4/3/2 方式のタスクのセッションを 3 回行った。参加者は，事前テストと事後テスト (処遇の翌週，4 週間後) を受けた。

　その結果，繰り返しがあったグループは，ポーズの長さが減少し，実質的な発話の長さが増していたことが明らかになった。そして，4/3/2 方式で繰り返したグループは，新しいトピックのタスクにも流暢さが転移し，4 週間の維持

効果があったことが示された。繰り返しのなかったグループは，流暢さの改善はほとんど見られなかった。Bygate(2001)の研究では，新しいトピックへの転移は見いだされなかったが，de Jong 等の研究は，異なる三つのトピックをそれぞれ 3 回，4/3/2方式で繰り返しており，集中的にタスクの繰り返しを行えば，異なるタスクにも流暢さを転移できる可能性が示されたことになる。流暢さは，現場の教師からは，とかく教室外の母語話者とのインターアクションで培うものと期待されがちだが，教室のタスク活動によっても流暢さ全般の向上が見込まれるということである。

4.2.2　方略的プランニング

「方略的プランニング(strategic planning)」とは，タスクを遂行する前にタスクをどう遂行するか，どんな言語を用いるかを準備することである。3.1でも言及したように，Foster & Skehan(1996)は，学習者のペアにタスク構造の異なる個人情報タスク，ナラティブ・タスク，意思決定タスクの三つのタスクを課し，さらに言語運用をプランニングの有無で比較している。その結果，プランニングの時間がある方が全体的に複雑さと流暢さが増し，その効果は特にナラティブ・タスクと意思決定タスクにおいて顕著で，難しいタスクほどプランニングの時間は有効だとしている。正確さについては，どうやってタスクを行うかを詳細に考えるように指示されるより，ただ漠然と準備するように言われた方が，正確さが優っていたことがわかった。プランニングは，複雑さと流暢さにインパクトを与えると考えられてきたが，プランニングの時間を与える際の指示の出し方によっては，正確さにもインパクトを与えることができる可能性がある

Mehnert(1998)は，プランニングの時間を変えて，学習者のタスク遂行中の発話を比較した結果，流暢さはプランニング10分までは徐々に上がるが，それ以上の時間になると効果が減少すること，正確さは 1 分なら増すが，それ以上は効果が上がらないこと，複雑さは10分が最適で，それより短ければ効果がないことを示している。よって，プランニングの時間により言語産出のどの側面に効果があるかは異なると言えそうである。ただ，常に10分が適切というわけではなく，適切なプランニングの時間の長さはタスクの認知的複雑さや学習者の熟達度によっても異なるのではないかと考える。

また，プランニングで学習者が何をしているかを探るため，Ortega(1999)が，スペイン語学習者に10分のプランニングの時間を与えて物語再生タスクを

行い，その言語産出と事後の内省インタビューの結果を分析している。その結果，複雑さと流暢さに関してはプランニングの効果が大きかったが，正確さに関しては名詞と所有形容詞の一致と冠詞について分析して，前者のみにしか効果が見られなかったことが明らかになった。冠詞に効果が見られなかった理由として，欧米語の冠詞は，概して習得が難しい言語形式とされるので，もともと習得されていない言語形式は，プランニングの時間が与えられても即座に改善することが難しかったのではないかと考えられる。

Ortega は，この結果を踏まえ，方略的プランニングの SLA における役割を二点論じている。まず，プランニングは，タスクの認知的負荷と伝達的プレッシャーを軽減し，オンラインの言語運用の負担軽減につながる。また，認知的負荷が減少して自由になった注意資源を用いて，学習者は，自分の中間言語の上限のスキルを試みることができ，言語の複雑さにつながると見ている。もう一点のプランニングの役割は，学習者がタスクの認知的要求度と自らの言語資源を査定し，注意や心的努力をどう配分するかを方略的に考える余裕を与えてくれることである。Ortega は，プランニングにおいて学習者は自然に自ら言語形式に注意を向けることが多く，それが言語形式と意味のマッピングやギャップへの気づきを促すとしている。

方略的プランニングは，教室の実践でもよく行われると思うが，言語産出に与える影響は，単にタスクに事前準備の時間を与えるかどうかという単純な問題ではないようだ。例えば，Kawauchi(2005)は，ナラティブ・タスクのプランニングにおいて，熟達度が高い学習者は流暢さと複雑さに恩恵を受けるが，熟達度が低い学習者は正確さの点で恩恵があったとしている。また，Skehan & Foster(1999)は，統計上の有意差は出なかったものの，プランニング条件(事前かオンラインか)と，タスク構造(描写すべき出来事が予測できる順序で起きるか否か)の交互作用が正確さに影響したことを報告している。よって，プランニングが言語運用にインパクトを与えるかどうかは，学習者の熟達度やプランニングのやり方やタスクの性質とも複雑に絡み合っていると言えそうである。

Ortega(2005)は，さらに自身が行った熟達度の異なる学習者のプランニングの研究を比較，再検討して，学習者がプランニングにおいて用いるストラテジーは検索とリハーサルだとしている。熟達度が低いと検索ストラテジーに頼りがちだが，熟達度が高い学習者は，検索とリハーサルの二つのストラテジーがバランスよく使用され，それに加えて言語産出のモニタリングのストラテジーも効率的に使用されていたとしている。参加者は，プランニングの時間は有効だ

と感じているものの，学習者のストラテジー使用には，伝達志向か言語形式志向かといった個人差が存在することや，聞き手が存在することの重要性も指摘している。

　プランニングの実証研究は，Ortega (1999, 2005) を除き，その大部分が量的研究であるが，Pang & Skehan (2014) は，質的研究により学習者のプランニング行動を探っている。Ortega の研究は，プランニング時間に学習者が何をしていたかのみにフォーカスされ，タスクによる言語運用との関連が明らかになっていないことから，絵描写のナラティブ・タスクにおいて，プランニングに関する回想的インタビューのコメント内容と言語運用との関連を検証しようとしたのである。参加者はマカオの EFL 学習者で，24人が中級上，24人が中級下のレベルであった。回想的インタビューの分類カテゴリーは，Ortega (1999, 2005) が学習者ストラテジーに基づいていたのに対し，この研究は，Levelt (1989) や Kormos (2006) の言語産出モデルの産出段階に合わせたより広範な分類カテゴリーを開発して調査を行っている。

　その結果，同じプランニング時間でも，その間に何をするかは学習者により異なるが，タスクの言語運用が優れていた学習者は，概念化段階のプランニングを十分行っており，それが複雑さや流暢さにつながっていたとしている。一方，言語運用がうまくいかなかった学習者は，言語形式に注意を向けすぎる傾向があり，だからといって，正確さに優れていたわけではないことが明らかになった。Pang & Skehan は，このような分析を通して，タスクに成功するストラテジーを五つあげている。一つ目は，自分の考えをまとめ，どのように話すかをプランニングすることである。二つ目は，語彙や文法にとらわれすぎず，現実的にできる範囲内でリハーサルすることである。三つ目は，タスク遂行中にトラブルが起きたら，新たな再スタート地点を見いだし，言語運用を止めないことである。四つ目は，全体的なプランニングをするより，局所的な部分の詳細に焦点を当てること，また全体的なリハーサルをするより，正確に流暢に話すようリハーサルをする方が効果的であるということである。五つ目は，文法に焦点を当てすぎないことである。文法を気にしすぎても，正確さに決して正の効果をもたらさないということであろう。

　今後の課題は，Pang & Skehan (2014) で見いだされた，効率がいいとされるストラテジーが使えるように，学習者を訓練することが可能かどうかである。また，方略的プランニングは，概して複雑さと流暢さを高めると考えられているが，正確さを促進する特定のプランニングのストラテジーが存在するかは，

究の実験の処遇には，現在及び過去の反実仮想，二重目的，to-前置詞句などが含まれていたことが，結果が出なかったことの一因ではないかと考察されている。

　TBLT は意味あるコミュニケーションのコンテクストを創出する手段であるが，同時にその中で言語形式の習得を促進させることは教授法の重要な側面である。タスクの認知的複雑さをコントロールすることはもちろんだが，教室における教師の役割として，そこに，いかに Focus on Form を組み込めば習得が最大限に効率よく起きるかを実証的に研究することは有意義なことである。タスクの認知的複雑さに加え，そこにリキャストを組み込んだり，インプット中の頻度を操作したりすることにより，どんな複合的な効果が生まれるのか，今後も成果が期待される研究課題であり，従来の教室指導の効果の SLA 研究と TBLT 研究が融合された形だと言えるだろう。

4.4　タスクの難易度と個人差
4.4.1　情意変数

　Robinson(2005c) の枠組みでは，「タスクの認知的複雑さ」と区別して「タスクの難易度(task difficulty)」を構成要素にあげ，後者を学習者が感じるタスクの難しさをさす語として用いている。SLA 研究において近年，学習者の個人差に関する研究が増えているが，タスクによる言語産出においても個人差と関連づける研究が出てきている。Robinson(2011) は，学習者の内的要因は，単純なタスクより複雑なタスクにおいてより顕著に現れると述べている。Robinson(2001c) の初期の研究では，学習者に複雑なタスクと単純なタスクを課し，質問紙によりタスクの難易度に対する学習者の認識を調べている。その結果，学習者は，複雑なタスクにおいてより難しいと感じ，ストレスも高かった。また，単純なタスクの後，複雑なタスクを行った学習者と，その逆の順序でタスクを行った学習者を比較して，タスクの難易度に対する判定に違いが見られなかった。つまり，学習者は認知的に複雑なタスクを難しいと順当に判定していたということである。さらに，タスクへの興味や動機づけはタスクの認知的複雑さに関わらず維持できていたことがわかった。よって，Robinson は，実生活のタスクに近づけるべくタスクの認知的複雑さを上げていっても，学習者はタスクへの興味や動機づけを失うことはないとしている。

　同様に，Révész(2011) と Ishikawa(2011) も質問紙によりタスクの難易度に関する認識を調べている。3.1.3 でも言及した Révész(2011) は，タスクの難

易度に関する認識に加え，タスクの動機，不安なども質問項目に含め調べた結果，言語関連エピソード(LRE)に見られる学習機会や言語形式(接続詞)の産出と個人差との関係は見いだせなかった。Révészは，学習者の熟達度レベルがすでに高く，個人差があまり影響しなかったのではないかと見ている。また，Ishikawa(2011)は，推論なしのタスクと単純な推論タスク，複雑な推論タスクを比較し，それぞれのタスクの難易度に関する質問紙の回答と言語産出との相関を調べている。その結果，どのタスクにおいても動機づけが高い方が言語がより流暢であった。また，複雑な推論のタスクで自らの言語運用に確信がある学習者ほど，より流暢で正確で，語彙にも多様性が見られた。三つのタスクで異なる傾向が見られたのがストレスとの関係で，ストレスを感じた学習者は，推論なしのタスクで流暢さが低く，複雑な推論タスクで流暢さと語彙の複雑さが低かったが，単純な推論タスクではストレスが語彙の複雑さを促進するという結果になっている。個人差要因も，複数の変数が絡み合っている可能性が高い。

その他に，学習者が異なるタスクを行った際のタスクの難易度に関する評価と，言語運用の中でも流暢さに特化して，タスクの難易度と発話の流暢さの関係を調べた研究もある。Prefontaine & Kormos(2015)は，カナダのフランス語を学ぶ，異なる5レベルからの学習者40人に三つのタスクを課している。一つ目は，関連性のない6枚の絵からストーリーを組み立てるナラティブ・タスク(タスク1)，二つ目は，学習者のL1(英語)で読み上げられた乗馬事故のストーリーをL2で再生するタスク(タスク2)，三つ目は，11コマの漫画に基づいてストーリーを話すタスク(タスク3)である。各タスクの終了後には，タスクの難易度に関する質問紙調査が行われた。質問紙にはタスク全般で感じた難易度や，プランニング，語彙検索，文法化，流暢に話すことについて感じた難易度の項目が含まれていた。さらに各タスクの難易度を学習者がどのように感じていたかを詳細に引き出すため，事後の内省的インタビューにより質的分析も行われた。流暢さは，構音速度(AR: articulation rate)，発声時間の割合(PTR: phonation-time ratio)，ポーズの頻度(PF: pause frequency)，平均ポーズ時間(APT: average pause time)の四つの指標で測定された。

この研究では，どのタスクにおいても語彙検索の難易度と流暢にタスクを行うこととの難易度との相関が高く，L2学習者にとって語彙検索がパフォーマンス全体の流暢さの一つの大きな鍵になりそうだということが明らかになった。また，タスクにより影響が現れる流暢さの指標が異なっていた。例えば，構音

速度(AR)に関してはタスク3が最も早く,次にタスク1,タスク2の順であった。タスク3はあらかじめストーリーがある絵が見せられ,つまり,概念化処理に処理資源を費やす必要がない。そのぶん,処理資源を言語形式の処理に使えるため,流暢さも高かったのではないかとしている。タスク1はストーリーを構築するためオンライン・プランニングに処理資源を消耗し,タスク2も翻訳作業で文法符号化や語彙検索に処理資源を費やし,流暢さも下がったと考察されている。また,学習者が感じるタスクの難易度との関係で見ると,タスク1と3では,タスク全般に感じる難易度とポーズの頻度にはやや強い相関が見られた。すなわち,難しいと感じるタスクほど,ポーズが頻繁に起きていたということである。タスク2は,注意資源が文法符号化や語彙検索に消耗されるため,流暢さに向ける注意資源が不足しているためか,タスクの難易度と流暢さとの関係は見いだされなかった。

さらに,Kim & Tracy-Ventura(2011)は,タスクの認知的複雑さと言語不安を関連づけて,韓国人学習者の英語(EFL)の過去形の発達との関係を調べている。教室におけるスピーキングの不安に関する質問6項目の回答から,不安が少ない学習者ほど言語が発達していたが,タスクの認知的複雑さと不安レベルとの関係は見いだせなかった。言語不安レベルよりむしろ,タスクの認知的複雑さの方が言語産出にインパクトがあったようだ。言語不安は,動機づけや学習者の熟達度とも関連性があるとされるので,調査の対象によっては異なる結果が出る可能性もある。

4.4.2 能力変数

タスクの難易度には,上述のような情意変数に加え,能力変数も含まれる。WMや言語適性など学習者の認知資源の個人差も,タスクの複雑さと相互作用しながら言語運用に影響を及ぼすと考えられる。Kormos & Trebits(2011)は,言語適性の一つであるWMの容量とナラティブ・タスクの言語運用との関係を調べている。ハンガリーの36人の英語学習者が,ストーリーラインのある6枚の漫画を描写する単純なタスクと,6枚の関連性のない写真からストーリーを構築し描写する複雑なタスクを行った。WMの容量は数字の逆唱課題で測定された。その結果,WMの容量が大きい学習者ほど,長めの節や従属節の使用につながっていたが,必ずしも正確さや語彙の多様性は高いわけではなく,また,対照的に平均的なWMの容量の学習者がタスク固有の言語形式の正確さが最も高いケースも見られ,WMの容量とナラティブの言語運用の明確

な関係は見いだせなかった。また，学習者の熟達度レベルが低かったためか，二つのタスクの言語産出に有意な差が現れなかったため，タスクの認知的複雑さとWMの容量との関係も明らかにできなかった。

そこで，Kormos & Trebits(2012)は，言語適性のどんな側面がタスクの認知的複雑さの違い，及びモダリティの異なる言語産出に影響を及ぼすのか再検証を行っている。ハンガリーの44人の高校の英語学習者を対象に，Kormos & Trebits(2011)と同様のタスクが用いられた。言語適性は，MLATをベースにハンガリー語の母語話者向けに開発されたテスト(音韻的感受性，帰納的能力，文法的アウェアネス，暗記学習能力)で測定された。その結果，学習者は，筆記モードで口頭モードより正確で多様性のある語彙を産出していたが，統語的複雑さに関しては違いがあまり見られなかった。また，タスクの認知的複雑さの影響は，口頭モードでは，漫画描写の方が写真のストーリー構築タスクより動詞の正しい形式が少なく，語彙はより多様であるという結果となった。筆記モードでは写真のタスクの方が統語的により複雑な言語を引き出していた。よって，Kormos & Trebitsは，筆記モードの写真のストーリー構築タスクでは，資源分散変数において認知的要求度が上がり，メッセージの概念化段階で複雑な認知的プランニングが要求されるので，学習者の注意が統語的複雑さに向かったのではないかとしている。ただし，言語的符号化レベルも含め，認知的な複雑さをランクづけする難しさも指摘している。

また，言語適性と言語運用の関係で見ると，口頭モードと筆記モードで異なる影響を与えているようである。口頭モードでは，漫画描写において文法的感受性と言語適性全体のスコアが高い方が統語的に複雑な言語を産出していたが，関係節の正確さや語彙的多様性に対して，言語適性は負の相関を示した。しかし，筆記モードでは，言語適性と言語産出との関係は見いだせなかった。筆記モードの方が，オンライン・プランニングが可能で，概念化レベルと言語符号化レベルで適切に注意資源が共有され，言語適性の高さによる違いが出なかった可能性が指摘されている。いずれにしても，言語適性は単一の構成概念から成るものではなく，タスクの実施条件によっては，学習者の言語適性が高いことが，必ずしもタスクの言語産出に有利に働くわけではないという可能性がある。

前述の4.1.4で言及したZalbidea(2017)も，モダリティの比較に加え，演算スパンテストで測ったWMの容量との関係を調べている。この研究では，複雑なタスクのみにWMの容量との相関が見られた。口頭モードでは，当該タスク

固有の言語形式である従属接続詞の産出と正の相関があり，WM の容量が大きい学習者ほど，従属節を生成する接続詞を多く産出したということになる。また，筆記モードでは名詞のジェンダーや数の一致の誤りと負の相関が見られ，特に学習者の L1 にはないジェンダーの誤りとの負の相関が顕著であった。すなわち，WM の容量が大きいほど，正確さに注意を向けていたということである。Zalbidea は，Kormos & Trebis(2011)で用いられた数字の逆唱課題より演算タスクの方が認知的負担が大きく，故に，WM と認知的に複雑な課題における言語運用に関連が見られたのだとしている。第 2 章で論じたように，WM には複数のサブコンポーネントや機能があり，WM の測定方法により研究結果が異なる可能性があり，いっそうの検討が必要であろう。

　その他に，タスクの認知的複雑さと WM との関係に加え，インターアクションにより促進される L2 学習との関係を探った Kim, Payant, & Pearson(2015) の研究がある。Kim 等は，タスク・ベースのインターアクションにおいて，リキャストへの気づきや英語の疑問文の発達を通して，タスクの認知的複雑さと WM との関係を検証したのである。参加者は，学術英語の集中プログラムを受講する L2 学習者81人で，推論の有無による単純なタスクまたは複雑なタスクのグループに割り当てられた。事前，直後，遅延テストのデザインで，処遇では三つのタスクを行い，母語話者である対話相手は，疑問文のみならずすべての言語形式の誤りについてリキャストを行い，目標言語形式を L2 学習者に悟られないようにしている。手がかり再生により学習者の目標言語形式への気づきを測り，タスクの後には，インターアクションの録画ビデオを再生しながら，タスクの最中に何を考えていたかを話す刺激再生法による内省データが収集された。

　その結果，タスクの認知的複雑さではなく，WM がリキャストへの気づきに有意に働き，WM の容量が大きいほど，リキャストを正確に復唱できていたことが明らかになっている。さらに，ロジスティック回帰分析を行ったところ，疑問文の発達を説明できるのは WM のみであることもわかった。疑問文の発達段階と WM の容量の散布図によると，WM の容量が大きいほど，複雑なタスクでインターアクションから恩恵を受けることも示された。単純なタスクを行った学習者は，WM の容量が大きくリキャストを正確に復唱していても，疑問文の発達が見られなかったのは特筆すべきことである。

　以上のように，学習者が認識するタスクの難易度と言語運用との関係や，タスクの認知的複雑さとの関係において，WM の容量や言語適性が，言語運用に

与えるインパクトなどを調べる研究が行われるようになっている。単独のインパクト，あるいはタスクの認知的複雑さなどとも絡み合う相互作用のインパクトを解き明かすのは一筋縄ではいかないようである。研究の余地が大いに残されていると言えるが，認知仮説の実証，さらにはタスクによる指導と個人差との関係が明らかにできれば，SLA 研究への貢献が大きい研究課題でもある。

5. 今後の課題

以上，海外の研究を中心にまとめてきたが，認知仮説の実証研究は日本語教育分野においてほとんどなされていない。教育的な示唆が大きいことを考えると，日本語でも SLA の新たな研究課題になり得るだろう。ここでは，タスクによる SLA 研究について，研究の厳密さという意味で，操作上の定義や測定方法に関する議論が行われているので，そのような研究動向を紹介する。

5.1 タスクの認知的複雑さの構成概念の妥当性

Robinson (2009, 2010, 2011) の三つの構成要素からなるタスクの枠組み (Triadic Componential Framework) により，タスクの認知的複雑さの基準として，推論の有無などの下位分類の変数が特定されている。しかし，Révész (2014) は，タスクの設計時に意図した「認知的負荷(cognitive load)」，すなわち「心的努力(mental effort)」を本当に生み出すタスクであったかどうかという検証はなされてこなかったことを指摘している[7]。実証研究では，ある変数の次元(例えば [±今ここ] など)に沿って認知的複雑さを操作し，単純なタスクと複雑なタスクの二つのタスクの言語運用が比較される。過去には，Robinson (2001b) が，認知的に複雑なタスクと単純なタスクを行った際に，学習者が感じたタスクの難易度に関する質問紙調査を行い，タスクの認知的複雑さと学習者が感じる難易度が一致していることを示していた。しかし，Révész は，Ronbinson の研究でも認知的負荷に対する質問項目は含まれていなかったと述べている。

認知的負荷や心的努力といった構成概念について，Sasayama (2016) は，定義をより明確にしている。タスクの認知的複雑さは，学習者の特徴と相互作用して実現される，タスク固有の認知的要求度と定義し，認知心理学でしばしば

---

[7] 4.3で言及した Baralt (2013) と Révész, Sachs, & Hama (2014) では，タスクの認知的複雑さの検証が行われている。

用いられる「認知的負荷」とほぼ同義語だとしている。一方,「心的努力」は,タスクの要求を満たすために実際に配分された資源の量と定義し,学習者が感じるタスクの難易度と関連があるものの,タスクの難しさを認識するだけでなく,実際にどれほどの努力を注いだかを問題にする点で,タスクの難易度と必ずしも一致するものではないと述べている。

　タスクの認知的複雑さを言語運用から独立した測定方法で検証する必要性を主張し,Révész(2014)は,方法論上の提案をしている。SLAのタスク研究では見過ごされてきたが,応用認知科学の分野では,課題の認知的負荷を示す証拠を得る方法がすでに用いられていて,SLAにも応用可能だとしている。そこで提示されているのが,四つの方法である。その一つが主観的な自己判定(self-rating)である。二つ目は主観的な時間判断(time estimation)である[8]。これは,参加者に当該タスクを遂行するのにかかった時間の長さを評価してもらうものである。認知的要求度が高いタスクの方が,実際にかかった時間より長い時間を要したと評価する傾向があるとされる。三つ目は,二重課題法(dual task methodology)である。これは,主要課題を行う中で同時に副次的な単純な課題を行うもので,副次的な課題の反応時間と正確さは,主要タスクの認知的負荷を反映しているとされる。四つ目は生理学的な方法で,心臓の活動や脳画像技術,アイトラッキングなどの方法を用いるものである。Révészは,どんなに客観的な測定方法を用いても個人差が存在することを念頭に置いた上で,これらの方法を組み合わせて使用することを勧めている[9]。

　より最近では,タスクの認知的要求度を測定し,タスクの認知的複雑さという構成概念の妥当性を高めようという実証研究も行われるようになっている。Révész, Michel, & Gilabert(2016)は,二重課題,学習者の自己評価尺度,専門家の判断という三つの方法で,タスクの認知的要求度を測定している。調査には,96人の学生(英語の母語話者48人,ESL学習者48人)と61人のESLの教師が参加した。96人の学生は,絵描写,地図,意思決定の3種類のタスクについて,それぞれ単純なタスクと複雑なタスクを行った。また,母語話者の半数,ESL学習者の半数は,二重課題の条件下でタスクを行い,残る参加者は,単一

---

8)　本章4.3で引用したBaralt(2013)は,タスクの認知的複雑さとリキャストの効果を調べた実験の中で,質問紙による自己判定と主観的時間判断を用いている。自己判定の質問紙より主観的な時間判断の方が,タスクの認知的複雑さを反映していると述べている。

9)　同じく本章4.3で引用したRévész, Sachs, & Hama(2014)でも,タスクの認知的複雑さの構成概念の妥当性を確認した上で,実験結果の分析を行っている。

課題の条件下でタスクを遂行し，一つ一つのタスクを終える度に即座に9段階で認識した心的努力及びタスクの難易度について判定を行った。二重課題では，主要課題は絵描写などのタスクで，副次的課題として，2500ミリ秒の間隔で色が赤か緑に変化するコンピュータの画面を見て，赤は無視し，緑に変化したら迅速に正確に反応するというもので，正確さと反応時間が記録された。ESLの教師は，専門家として予想される心的努力とタスクの難易度，及び判定を下した理由について回答した。

　分析の結果，二重課題の反応時間では単純なタスクと複雑なタスクとの違いが見られなかったが，正確さにおいては，単純なタスクの方が正答率が高く，複雑なタスクはRévész等が意図した通り，より高い認知的負荷がかかっていたことが明らかになっている。また，学生の自己評価では，複雑なタスクにより多くの心的努力を注ぎ，タスクもより難しく感じ，教師の難易度の判定も，タスクの認知的複雑さと概ね一致していることがわかった。二重課題の反応時間への影響が見られなかった理由として，主要タスクと副次的タスクの間の注意資源の競合が弱かったのではないかと考察されている。この研究では主観的な判断の学習者の自己評価と専門家教師の判断と，客観的な測定方法である二重課題を用いたことで，それらを統合して，タスクの認知的複雑さの妥当性が確認できたと述べられている。

　前述のSasayama(2016)は，妥当性の検証に，二重課題，タスクにかかった時間の自己判断，及びタスクの難易度と心的努力の自己判定の質問紙を用いている。53人の英語学習者である大学生，大学院生(L1：日本語)が実験に参加し，6枚の絵を用いた物語タスクを行った。タスクの認知的複雑さは要素の数(ここでは登場人物の数)で操作され，従来のタスク研究のような単純／複雑なタスク2種類ではなく，異なる複雑さの4種類のタスクの言語運用を調べている。二重課題では，副次的タスクとして，コンピュータにアルファベットのAの文字を黒で表示し，赤に変化したらスペースバーを押すというものであった。赤から黒への変化は無視するよう指示された。

　Sasayamaは4段階の認知的複雑さの異なるタスクを用意したが，認知的負荷の自己評価では最も簡単なタスクと最も複雑なタスクの間にのみ有意差が見られた。要素の数(登場人物の数)は，認知的複雑さの違いを生み出す変数であったと言えるが，認知的負荷の二重課題やタスクの時間判定で，有意差は見いだせなかった。Sasayamaは，今後の研究で単純なタスクと複雑なタスクを比較する場合，認知的複雑さの違いを大きくすることが重要だとしている。また，

参加者のコメントから，要素の数という変数以外に，話の筋の詳細や提示された絵の質，学習者にはなじみのない語彙の必要性なども，タスクの認知的複雑さに影響を及ぼした可能性があるとしている。この研究では，英語の熟達度の違いとの関連も調べており，熟達度が低い学習者ほど，認知的に複雑なタスクをより難しく，単純なタスクをより易しく感じていたが，二重課題や時間判断は効果的に機能していなかったことも明らかになった。今後の研究では，客観的な二重課題などの方法と組み合わせて，複数の測定方法でタスクの認知的複雑さを検証することが提唱されている。本章で概観してきたように，認知的複雑さを操作した実証研究では，まだ一貫性のある結果が出ていない。タスクの認知的複雑さの違いによる言語運用を比較する際には，操作した認知的複雑さの妥当性の検証をまず行うことが今後は求められるだろう。

5.2　タスクによる言語運用の測定方法

　タスクの認知的複雑さの構成概念の検証が求められるようになったのはつい最近のことであるが，その従属変数としての言語運用を測る指標についても信頼性や妥当性に関する議論が起きている。複雑さ(compleity)，正確さ(accuracy)，流暢さ(fluency)の三つのコンポーネントで言語運用を測ることは一般的になっていて，頭文字をとって"CAF"とも呼ばれる。しかし，このような言語運用の指標に問題がないわけではない(包括的な議論はHousen, Kuiken, & Vedder(2012a)の編集本や*Applied Linguistics*, 30, 4号(2009)を参照されたい)。Housen, Kuiken, & Vedder(2012b)は，研究間でCAFの操作上の定義や測定方法に一貫性がないことを指摘している。また，Pallotti(2009)も，研究者はグループ間あるいはタスク間で有意差が出た測定方法のみを有効な指標ととらえる傾向があるが，たとえ有意差がなくても妥当性のある測定方法は存在し得るとしている。つまり，測定方法が妥当性のあるものであれば，実験参加者の間に有意差が見られなくても，それは意味のある結果になり得るとしている。

　CAFは三つのコンポーネント自体が相互作用し，複雑に絡み合ったものだと考えられるが，それぞれのコンポーネントについても妥当性，信頼性に関する議論が絶えない。CAFの中でも複雑さの操作上の定義や測定方法が，最も問題をはらんでいるとする研究者(Bulté & Housen, 2012; Lambert & Kormos, 2014; Norris & Ortega, 2009; Palottie, 2009)は多い。Bulté & Housen(2012)は，複雑さとは広い概念で，命題的な複雑さ，談話及びインターアクションの複雑さ，言語的複雑さを含むものであるが，前者二つはまだそれほどの関心が

寄せられていない比較的新しいコンポーネントで，L2研究でしばしば用いられる言語的複雑さの指標にも改善の余地があるとしている。例えば，分析ユニットの長さを測定するのに，形態素の数が算出されるが，それは統語的複雑さの情報を提供するとともに，形態素の情報も含んでおり，全体的な言語の複雑さを示しているにすぎない。また，従属節の割合もしばしば用いられるが，それが中間言語の広範な発達過程のその時点の発達段階を示しているのか，事前／事後テストの時点の言語運用を示しているのか，明確に差別化できていないとしている。

　この点に関しては，Larsen-Freeman(2009)も，学習者の言語はU字型発達曲線に見られるように非線状な発達をする中で，一回のタスクの言語運用をどう解釈するかという難しさがあることを指摘している。これは，複雑さだけでなく正確さの問題でもある。Palottie(2009)は，中間言語の発達段階や新しい言語形式の習得は，CAFとは切り離して考えるべきだとしている。また，Palottieは，正確さのみならず，伝達目標達成の成否というような適切さ(adequacy)も見る必要があると主張している。より最近では，その適切さとCAFの関係を調べた研究もなされている。Révész, Ekiert, & Torgersen(2016)は，英語(ESL)学習者80人(四つの熟達度レベルの学習者を含む)と母語話者20人に五つの口頭タスクを課し，それを言語学の専門家と専門知識の背景のない一般の母語話者に伝達的適切さを判定させている。判定項目にはタスクには直接関係しない，話がわかりやすかったか，メッセージが明確に効果的に伝えられたかというような項目と，それぞれのタスク固有のタスクの完成度に関する項目が含まれた。それとは別に，通常のCAFの言語分析も行われた。その結果，フィラーの入ったポーズによって測定された流暢さが，伝達的適切さの最も強い予測因子であることが明らかになった。また，熟達度レベルによる違いも見られ，上級の学習者に限ると，出だしの失敗(false start)が少なくなるほど，伝達的適切さも高かったが，中級以下の学習者にそのような傾向は見られなかった。さらに，タスクの種類が異なっても，伝達的適切さとCAFとの関係は一貫していたことが報告されている。この研究から，伝達的適切さは，流暢さと強い関連があると言えるが，さらに実証を重ねる必要がある。

　Skehan(2009; Skehan & Foster, 2012)は，流暢さについての問題点を指摘している。Skehanは，母語話者と非母語話者の言語運用を比較して，ポーズが多いかどうかより，どの位置にポーズが現れるかに違いが現れることを見いだしている。母語話者は，スピーチの分析単位であるASユニットの終わりにポー

ズを取るが，節の途中でポーズが挟まれることはほとんどないという。しかし，非母語話者は節の途中でポーズを取ることが多いという。よって，ポーズの位置というのも流暢さの指標になり得ると言える。Skehan(2009)は，語彙についても，総語数に占める異なり語数の割合などで示す語彙の多様性はL2研究にしばしば使われるが，スピーチの長さにも影響されることが多い。そのためにテキストの長さを一定にして比較する方法があるが，もう一つの可能性として，低頻度の語がどの程度使用されたかという語彙の洗練度の指標をあげている。母語話者はプランニングの機会があると，語彙の洗練度が上がる傾向があり，これが構造的な複雑さとも相関が高いという。Skehan(2009)のデータでは，非母語話者には負の相関が見られ，母語話者とは異なる結果となったが，Skehanは，語彙の洗練度はCAFに加えるべき価値がある指標だとしている。

　タスクによるSLA研究では，タスクの認知的複雑さやプランニングの言語運用に対するインパクトを測るため，当然のように使用されるCAFの枠組みであるが，これ自体の信頼性，妥当性を高めることも重要だと言える。Larsen-Freeman(2009)は，基礎研究として，縦断的に学習者のCAFによる言語発達を調べ，それに照らしてタスクの言語運用を解釈していくことが必要だと述べている。このような主張に対して，この課題に取り組んだ最近の研究がある。Vercellotti(2017)は，アメリカのESLの66人の学生から3学期に渡り，モノローグの口頭タスクのサンプルを収集し，分析して，CAFの枠組みで分析している。その結果，英語の履修開始時の熟達度テストのスコアが高いほど，CAFの最初のスコアも高く，学習者の言語運用は直線的な発達を遂げることが報告されている。また，語彙の多様性から見た複雑さと文法的複雑さは関連性があり，誤用のない節の数で測った正確さが時間の経過とともに改善すると，語彙の多様性のスコアの上昇とも相関が見られた。語彙の多様性のスコアが高いと，より流暢であることも明らかになった。全体的には，CAFは直線的に発達していくことが明らかになったが，語彙の複雑さに関しては，最初は低下するが，そこから上昇していく傾向が見られた。さらに，参加者内の複雑さ，正確さ，流暢さの関係を調べると，相互に有意な正の相関が見られ，Vercellottiは，これらの三つのコンポーネントに対する注意資源が競合し，トレードオフが起きるというより，CAFが関連し合って同時に発達していくのだとしている。したがって，通常はL2学習者のCAFはともに直線的に発達していくが，タスクの認知的複雑さや遂行条件の操作により，CAFのいずれかの側面にインパクトを与えることが可能になるということだと思われる。通常のCAFの発達と，

1回きりのタスクの言語運用との関係は,さらなる検証が必要である。

　Norris & Ortega(2003)が,すでに SLA 研究の方法論の問題として指摘しているように,タスクによる認知仮説の検証を科学的に行っていくためには,独立変数であるタスクの認知的複雑さも,従属変数となる CAF も,構成概念の妥当性と操作上の定義,それらに基づく測定方法を慎重に検討した上で,実証研究がなされることが重要になる。TBLT に関わる SLA 研究は,科学的実証に基づいた教授法を提案するための重要な研究課題であり,研究の余地は大いに残されていると言えそうである。

引用文献

Abrahamsson, N., & Hyltenstam, K. (2008). The robustness of aptitude effects in near-native second language acquisition. *Studies in Second Language Acquisition*, 30, 481-509.
Abrahamsson, N., & Hyltenstam, K. (2009). Age of onset and nativelikeness in a second language: Listener perception versus linguistic scrutiny. *Language Learning*, 59, 249-306.
Adams, A. M., & Gathercole, S. E. (1996). Phonological working memory and spoken language development in young children. *The Quarterly Journal of Experimental Psychology*, 49A, 216-233.
Adams, A. M., & Gathercole, S. E. (2000). Limitations in working memory: Implications for language development. *International Journal of Language and Communication Disorders*, 35, 95-116.
Akakura, M. (2012). Evaluating the effectiveness of explicit instruction on implicit and explicit L2 knowledge. *Language Teaching Research*, 16, 9-37.
Anderson, M. (1992). *Intelligence and development: A cognitive theory*. Oxford: Blackwell Publishing.
安藤寿康・福永信義・倉八順子・須藤毅・中野隆司・鹿毛雅治（1992）.「英語教授法の比較研究―コミュニカティヴ・アプローチと文法的・アプローチ」『教育心理学研究』40, 247-256.
Anthony, J. L., Lonigan, C. J., Burgess, S. R., Driscoll, K., Philips, B. M., & Cantor, B. G. (2002). Structure of preschool phonological sensitivity: Over-tapping sensitivity to rhyme, words, syllables, and phonemes. *Journal of Experimental Child Psychology*, 82, 65-92.
Apple, M. T., Da Silva, D., & Fellner, T. (2013). *Language learning motivation in Japan*. Bristol, UK: Multilingual Matters.
Atkins, P. W. B., & Baddeley, A. D. (1998). Working memory and distributed vocabulary learning. *Applied Psycholinguistics*, 19, 537-552.
Au, S. Y. (1988). A critical appraisal of Gardner's social psychological theory of second-language (L2) learning. *Language Learning*, 38, 75-100.
Averart, S., & Nation, P. (1991). Fluency improvement in second language. *RELC Journal*, 22, 84-94.
Baddeley, A. D., Gathercole, S. E., & Papagno, C. (1998). The phonological loop as a language learning device. *Psychological Review*, 105, 158-173.
Baddeley, A. D., & Logie, R. H. (1999). Working memory: The multiple-component model. In A. Miyake & P. Shah (Eds.), *Models of working memory: Echanisms of active maintenance and executive control* (pp.28-61). Cambridege, UK: Cambridge University Press.
Baralt, M. (2013). The impact of cognitive complexity on feedback efficacy during online versus face-to-face interactive tasks. *Studies in Second Language Acquiition*, 35, 689-725.
Beckner, C., Blythe, R., Bybee, J., Christiansen, M. H., Croft, W., Ellis, N. C., Holland, J., Ke, J., Larsen-Freeman, D., & Schoenemann, T. (2009). Language is a complex adaptive system: Position paper. *Language Learning*, 59, Supplement 1, 1-26.
Bernaus, M., & Gardner, R. (2008). Teacher motivation strategies, student perception, student motivation, and English achievement. *Modern Language Journal*, 92, 387-401.
Berquist, B. (1997). Individual differences in working memory span and L2 proficiency: capacity or processing efficiency? In A. Sorace, C. Heycock & R. Shillcock (Eds.), *Proceedings of the GALA '97 Conference on Language Acquisition* (pp.468-473).

Edinburgh, UK: Human Communication Research Centre: University of Edinburgh.

Berry, D. C. (1998). *How implicit is implicit learning?* Oxford, UK: Oxford University Press.

Bialystok, E. (2002). On the reliability of robustness: A reply to DeKeyser. *Studies in Second Language Acquisition*, 24, 481-488.

Biedroń, A., & Szczepaniak, A. (2009). The cognitive profile of a talented foreign language learner. A case study. *Psychology of Language and Communication*, 13, 53-71.

Bigelow, M., Delmas, R., Hansen, K., & Tarone, E. (2006). Literacy and the processing of oral recasts in SLA. *TESOL Quarterly*, 40, 665-689.

Bolibaugh, C., & Foster, P. (2013). Memory-based aptitude for nativelike selection: The role of phonological short-term memory. In G. Granena & M. Long (Eds.), *Sensitive periods, language aptitude, and ultimate L2 attainment* (pp.205-230). Amsterdam/Philadelphia: John Benjamins.

Breen, M. P. (1987). Contemporary paradigms in syllabus design. *Language Teaching*, 20, 157-174.

Brooks, P. J. & Kempe, V. (2013). Individual differences in adult foreign language learning: The mediating effect of metalinguistic awareness. *Memory & Cognition*, 41, 281-296.

Bruck, M. (1992). Persistence of dyslexics' phonological awareness deficits. *Developmental Psychology*, 28, 874-887.

Bulté, B., & Housen, A. (2012). Defining and operationalising L2 complexity. In A. Housen, F. Kuiken & I. Vedder (Eds.), *Dimensions of L2 performance and proficiency: Complexity, accuracy and fluency in SLA* (pp.21-46). Amsterdam/Philadelphia: John Benjamins.

Bybee, J. (2008). Usage-based grammar and second language acquisition. In P. Robinson & N. C. Ellis (Eds.), *Handbook of cognitive linguistics and second language aquisition* (pp.216-236). New York: Roultledge.

Bygate, M. (2001). Effects of task repetition on the structure and control of oral language. In M. Bygate, P. Skehan, & M. Swain (Eds.), *Researching pedagogic tasks: Second language learning, teaching and testing* (pp.23-48). Harlow, UK: Pearson Education.

Bygate, M., & Samuda, V. (2005). Integrative planning through the use of task-repetition. In R. Ellis (Ed.), *Planning and task performance in a second language* (pp.37-74). Amsterdam/Philadelphia: John Benjamins.

Bylund, E., Abrahamsson, & Hyltenstam, K. (2010). The role of language aptitude in first language attrition: The case of pre-pubescent attriters. *Applied Linguistics*, 31, 443-464.

Cameron, J., & Epling, W. F. (1989) Succcessful problem solving as a function of interaction style for non-native students of English. *Applied Linguistics*, 11, 392-406.

Carpenter, P. A., Miyake, A., & Just, M. A. (1994). Working memory constraints in comprehension: Evidence from individual differences, aphasia, and aging. In M. A. Gernsbaher (Ed.), *Handbook of psycholinguistics* (pp.1075-1122). San Diego, CA: Academic Press.

Carroll, J. B. (1962). The prediction of success in intensive foreign language training. In R. Graser (Ed.), *Training, research and education*, (pp.87-136). NY: Wiley. (ERIC Document Reproduction Service No.ED038051)

Carroll, J. B. (1973). Implications of aptitude test research and psycholinguistic theory for foreign language teaching. *International Journal of Psycholinguistics*, 2, 5-14.

Carroll, J. B. (1981). Twenty-five years of research on foreign language aptitude. In K. C. Diller (Ed.), *Individual differences and universals in language learning aptitude* (pp.83-118). Rowley, MA: Newbury House.

Carroll, J. B. (1990) Cognitive abilities in foreign language aptitude: Then and now. In T.

S. Parry, & C. W. Stanfield (Eds.), *Language aptitude reconsidered* (pp.11-29). Englewood Cliffs, NJ: Prentice Hall.

Carroll, J. B., & Sapon, S. M. (1959). *Modern Language Aptitude Test*. New York: Psychological Corporation.

Chaudron, C. (1985). Intake: On models and methods for discovering learners' processing input. *Studies in Second Language Acquisition, 7*, 1-14.

Chaudron, C., Doughty, C. J., Kim, Y., Kong, D., Lee, J., Lee, Y., Long, M. H., Rivers, R., & Urano, K. (2005). A task-based needs analysis of a tertiary Korean as a foreign language program. In M. H. Long (Ed.), *Second language needs analysis* (pp.225-261). Cambridge, UK: Cambridge University Press.

Cheng, H. F., & Dörnyei, Z. (2007). The use of motivational strategies in language instruction: The case of EFL teaching in Taiwan. *Innovation in Language Learning and Teaching, 1*, 153-174.

Cherry, K. E., & Stadler, M. A. (1995). Implicit learning of a nonverbal sequence in younger and older adults. *Psychology and Aging, 10*, 379-394.

Chomsky, N. (1965). *Aspects of the theory of syntax*. Cambridge, MA: MIT Press.

Christofelles, I. K., de Groot, A. M. B., & Kroll, J. F. (2006). Memory and language skills in simultanious interpreters: The role of expertise and language proficiency. *Journal of Memory and Language, 54*, 324-345.

Ciero, C. A., & Royer, J. M. (1995). The development and cross-language transfer of phonological awareness. *Contemporary Educational Psychology, 20*, 275-303.

Cintrón-Valentín, M., & Ellis, N. C. (2015). Exploring the interface: Explicit focus-on-form instruction and learned attention biases in L2 Latin. *Studies in Second Language Acquisition, 37*, 197-235.

Clément, R., Dörnyei, Z., & Noels, K. (1994). Motivation, self-confidence and group cohesion in the foreign language classroom. *Language Learning, 44*, 417-448.

Clément, R., & Kruidenier, B. G. (1983). Orientations in second language acquisition: I. The effects of ethnicity, milieu and target language on their emergence. *Language Learning, 33*, 273-291.

Clément, R., & Kruidenier, B. G. (1985). Aptitude, attitude and motivation in second language proficiency: A test of Clément's model. *Journal of Language and Social Psychology, 4*, 21-37.

Comeau L., Cormier, P., Grandmaison, E., & Lacroix, D. (1999). A longitudinal study of phonological processing skills in children learning to read in a second language. *Journal of Educational Psychology, 91*, 29-43.

Conway, C. M., Bauernschmidt, A., Huang, S. S., & Pisoni, D. B. (2010). Implicit statistical learning in language processing: Word predictability is the key. *Cognition, 114*, 356-371.

Cowan, N. (1995). *Attention and memory: An integrated framework*. New York: Oxford University Press.

Cowan, N. (2001). The magical number 4 in short-term memory: A reconsideration of mental storage capacity. *Behavioral and Brain Sciences, 24*, 87-185.

Crombie, M. A. (1997). The effects of specific learning difficulties (dyslexia) on the learning of a foreign language in school. *Dyslexia, 3*, 27-47.

Crombie, M. A. (2000). Dyslexia and the learning of a foreign language in school: Where are we going? *Dyslexia, 6*, 112, 123.

Cromer, R. (1974). The development of language and cognition: The cognition hypothesis. In B. Foss (Ed.), *New perspectives in child development* (pp.184-252). Harmondsworth, UK: Penguin.

Cronbach, L. J. (1957). The two disciplines of scientific psychology. *American Psychologist,*

12, 671-684.
Crookes, G. (1989). Planning and interlanguage variation. *Studies in Second language acquisition*, 11, 367-383.
Crookes, G., & Schmidt, R. W. (1991). Motivation: Reopening the research agenda. *Language Learning*, 41, 469-512.
Crowell, S. E. (2004). The neurobiology of declarative memory. In J. H. Schumann, S. E. Crowell, N. E. Jones, N. Lee, S. A. Schubert & L. A. Wood (Eds.) *The neurobiology of learning: Perspectives from second language acquisition* (pp.75-110). Mahwah, NJ: Lawrene Erlbaum, 75-110.
Csizér, K., & Dörnyei, Z. (2005a). The internal structure of language learning motivation and its relationship with a language choice and learning effort. *Modern Language Journal*, 89, 19-36.
Csizér, K., & Dörnyei, Z. (2005b). Language learners' motivational profiles and their motivated language behavior. *Language Learning*, 55, 613-659.
Csizér, K., & Kormos, J. (2009). Learning experiences, selves and motivated learning behavior: A comparative analysis of structural models for Hungarian secondary and university learners of English. In Z. Dörnyei & E. Ushioda (Eds.), *Motivation, identity and the L2 self* (pp.98-119). Bristol, UK: Multilingual Matters.
Csizér, K., & Lukás, G. (2010). The comparative analysis of motivation, attitudes and selves: The case of English and German in Hungary. *System*, 38, 1-13.
Cummins, J. (1984). *Bilingualism and special education: Issues in assessment and pedagogy*. Cleveland, UK: Multilingual Matters.
Cutler, A., Mehler, J., Norris, D., & Segui, J. (1986). The syllable's differing role in the segmentation of French and English. *Journal of Memory and Language*, 25, 385-400.
Cutler, A., Mehler, J., Norris, D., & Segui, J. (1992). The monolingual nature of speech segmentation by bilinguals. *Cognitive Psychology*, 24, 381-410.
Daneman, M., & Carpenter, P. A. (1980). Individual differences in working memory and reading. *Journal of Verbal Learning and Verbal Behavior*, 19, 450-466.
Daneman, M., & Merinkle, P. M. (1996). Working memory and language comprehension: A meta-analysis. *Psychological Bulletin & Review*, 3, 422-433.
Darcy, I., Mora, J. C., & Daidone, D. (2016). The role of inhibitory control in second language phonological processing. *Language Learning*, 66, 741-773.
Day, R. R. (1984). Student participation in the ESL classroom or some imperfections in practice. *Language Learning*, 34, 69-102.
Day, R. R. (1985). The use of the target language in context and second language proficiency. In S. M. Gass & C. G. Madden (Eds.), *Input in second language acquisition* (pp.257-271). Rowley, MA: Newbury House.
Deci, E. L., & Ryan, R. M. (1985). *Intrinsic motivation and self-determination in human behavior*. New York: Plenum.
Deci, E. L., & Ryan, R. M. (2000). The "what" and "why" of goal pursuits: Human needs and the self-determination of behavior. *Psychological Inquiry*, 11, 227-268.
de Graaff, R. (1997). The Experanto experiment: Effects of explicit instruction on second language acquisition. *Studies in Second Language Acquisition*. 19, 249-276.
De Jong, N., & Perfetti, C. A. (2011). Fluency training in the ESL classroom: An experimental study of fluency development and proceduralization. *Language Learning*, 61, 533-568.
de Jung, P. F., Seveke, M-J., & van Veen, M. (2000). Phonological sensitivity and the acquisition of new words in children. *Journal of Experimental Child Psychology*, 76, 275-301.
DeKeyser, R. M. (1994). Implicit and explicit learning of L2 grammar: A pilot study.

TESOL Quarterly, 28, 189-194.
DeKeyser, R. M. (1995). Learning second language grammar rules: An experiment with a miniature linguitic system. *Studies in Second Language Acquisition*, 17, 379-410.
DeKeyser, R. (2000). The robustness of critical period effects in second language acquisition. *Studies in Second Language Acquisition*, 22, 499-533.
DeKeyser, R. M. (2003). Implicit and explicit learning. In C. J. Doughty & M. H. Long (Eds.), *The handbook of second language acquisition* (pp.313-348). Malden, MA: Blackwell.
DeKeyser, R. M. (2007). *Practice in a second language: Perspectives from applied linguistics and cognitive psychology*. Cambridge, UK: Cambridge University Press.
DeKeyser, R. M. (2012). Interactions between individual differences, treatments, and structures in SLA. *Language Learning*, 62, 189-200.
DeKeyser, R., Alfi-Shabtay, I., & Ravid, D. (2010). Cross-linguistic evidence for the nature of age-effects in second language acquisition, *Applied Psycholinguistics*, 31, 413-438.
Denhovska, N., Serratrice, L. & Payne, J. (2016). Acquisition of second language grammar under incidental learning conditions: The role of frequency and working memory. *Language Learning*, 66, 159-190.
Dörnyei, Z. (1994a). Understanding second language motivation: On with the challenge! *Modern Language Journal*, 78, 515-523.
Dörnyei, Z. (1994b). Motivation and motivating in the foreign language classroom. *Modern Language Journal*, 78, 273-284.
Dörnyei, Z. (2000). Motivation in action: Toward a process-oriented conceptualization of student motivation. *British Journal of Educational Psychology*, 70, 519-538.
Dörnyei, Z. (2001a). New themes and approaches in second language motivation research. *Annual Review of Applied Linguistics*, 21, 43-59.
Dörnyei, Z. (2001b). *Motivational strategies in the language classroom*. Cambridge, UK: Cambridge University Press.
Dörnyei, Z. (2002). The motivational basis of language learning tasks. In P. Robinson (Ed.), *Individual differences and instructed language learning* (pp.137-157). Amsterdam: John Benjamins.
Dörnyei, Z. (2003). Attitudes, orientations, and motivations in language learning: Advances in theory, research, and applications. In Z. Dörnyei (Ed.), *Attitudes, orientations, and motivations in language learning* (pp.3-32). Oxford, UK: Blackwell.
Dörnyei, Z. (2005). *The psychology of the language learner: Individual differences in second language acquisition*. Mahwah, NJ: Lawrence Erlbaum.
Dörnyei, Z. (2009a). Individual differences: Interplay of learner characteristics and learning environment. *Language Learning*, 59, Supplement 1, 230-248.
Dörnyei, Z. (2009b). The L2 motivational self system. In Z. Dörnyei & E. Ushioda (Eds.), *Motivation, identity and the L2 self* (pp.9-42). Bristol, UK: Multilingual Matters.
Dörnyei, Z. (2010). The relationship between language aptitude and language learning motivation: Individual differences from a dynamic system perspective. In E. Macaro (Ed.), *Continuum companion to second language acquisition* (pp.247-267). London: Continuum.
Dörnyei, Z. (2014). Researching complex dynamic systems: 'Retrodictive qualitative modelling' in the language classroom. *Language Teaching*, 47, 80-91.
Dörnyei, Z., & Chan, L. (2013). Motivation and vision: An analysis of future L2 self images, sensory styles, and imagery capacity across two target languages. *Language Learning*, 63, 437-462.
Dörnyei, Z., & Csizér, K. (1998). Ten commandments of motivating language learners: Results of an empirical study. *Language Teaching Research*, 2, 203-229.

Dörnyei, Z., & Kormos, J. (2000). The role of individual and social variables in oral task performance. *Language Teaching Research*, 4, 275-300.

Dörnyei, Z., & Ottó, I. (1998). Motivation in action: A process model of L2 motivation. *Working Papers in Applied Linguistics*, (Thames Valley University, London), 4, 43-69.

Dörnyei, Z., & Ryan, S. (2015). *The psychology of the language learner revisited*. New York: Routledge.

Dörnyei, Z., & Skehan, P. (2003). Individual differences in second language learning. In C. J. Doughty & M. H. Long (Eds.), *The handbook of second language acquisition* (pp. 589-630). Malden, MA: Blackwell.

Dörnyei, Z., & Tseng, W-T. (2009). Motivational processing in interactional tasks. In A. Mackey & C. Polio (Eds.), *Multiple perspectives on interaction: Second language research in honor of S. M. Gass* (pp. 117-134). New York: Routledge.

Doughty, C. (2001). Cognitive underpinnings of focus on form. In P. Robinson (Ed.), *Cognition and second language instruction* (pp. 206-286), Cambridge, UK: Cambridge University Press.

Doughty, C. J. (2003). Instructed SLA: Constraints, compensation, and enhancement. In C. J. Doughty & M. H. Long (Eds.), *The handbook of second language acquisition* (pp. 256-310). Malden, MA: Blackwell.

Doughty, J. (2004). Commentary: When PI is focus on form it is very good, but when it is focus on forms. In B. VanPatten (Ed.), *Processing instruction: Theory, research, and commentary* (pp. 257-270). Mahwah, NJ: Lawrence Erlbaum.

Doughty, C. J. (2013). Optimizing post-critical-period language learning. In G. Granena & M. Long (Eds.), *Sensitive periods, language aptitude, and ultimate L2 attainment* (pp. 153-175). Amsterdam/Philadelphia: John Benjamins.

Doughty, C. J. (2014). Assessing aptitude. In A. J. Kunnan (Ed.), *The companion to language assessment, Vol. 2* (pp. 23-46). Oxford, UK: Wiley-Blackwell.

Doughty, C., & Long, M. H. (2003). Optimal psycholinguistic environments for distance foreign language learning. *Language, Learning & Technology*, 7, 55-80.

Doughty, C., & Williams, J. (1998a). Pedagogical choices in focus on form. In D. Doughty & J. Williams (Eds.), *Focus on form in classsroom second language acquisition* (pp. 197-261). Cambridge, UK: Cambridge University Press.

Doughty, C., & Williams, J. (1998b). Issues and terminology. In D. Doughty & J. Williams (Eds.), *Focus on form in classsroom second language acquisition* (pp. 1-11). Cambridge, UK: Cambridge University Press.

Durgunoglu, A. Y., Nagy, W. E., & Hancin-Bhatt, B. J. (1993). Cross-language transfer of phonological awareness. *Journal of Experimental Psychology*, 85, 453-465.

Duvfa, M., & Voeten, M. J. M. (1999). Native language literacy and phonological memory as prerequisite for learning English as a foreign language. *Applied Psycholinguistics*, 20, 329-348.

Ellis, N. C. (1994a) Implicit and explicit language learning-an overview. In N. C. Ellis (Ed.), *Implicit and explicit learning of languages* (pp. 1-43). London, UK: Academic Press.

Ellis, N. C. (1994b). *Implicit and explicit learning of languages*. London, UK: Academic Press.

Ellis, N. C. (1996). Sequencing in SLA: Phonological memory, chunking, and points of order. *Studies in Second Language Acquisition*, 18, 91-126.

Ellis, N. C. (2001). Memory for language. In P. Robinson (Ed.), *Cognition and second language instruction* (pp. 33-68). Cambridge, UK: Cambridge University Press.

Ellis, N. C. (2002). Frequency effects in language processing: A review with implication for theories of implicit and explicit language acquisition, *Studies in Second Language*

Acquisition, 24, 143-188.
Ellis, N. C. (2005). At the interface: Dynamic interactions of explicit and implicit language knowledge. *Studies in Second Language Acquisition*, 27, 305-352.
Ellis, N. C. (2006). Selective attention and transfer phenomena in SLA: Contingency, cue competition, salience, interference, overshadowing, blocking, and perceptual learning. *Applied Linguistic*s, 27, 1-31.
Ellis, N. C. (2008). Usage-based and form-focused language acquisition: The associative learning of construction, learned attention, and the limited L2 endstate. In P. Robinson & N. C. Ellis (Eds.), *Handbook of cognitive linguistics and second language aquisition* (pp.372-405). New York: Roultledge.
Ellis, N. C. (2012). Formulaic language and second language acquisition: Zipf and phrasal bear. *Annual Review of Applied Linguistics*, 32, 19-44.
Ellis, N. C. (2015). Implicit AND explicit language learning: Their dynamic interface and complexity. In P. Rebuschat (Ed.), *Implicit and explicit learning of languages* (pp.3-23). Amsterdam/Philadelphia: John Benjamins.
Ellis N. C., & Larsen-Freeman, D. (2009). *Language as a Complex Adaptive System*. Malden, MA: John Wiley & Sons.
Ellis, N. C., & Sagarra, N. (2010a) The bound of adult language acquisition: Blocking and learned attention. *Studies in Second Language Acquisition*, 32, 553-580.
Ellis, N. C., & Sagarra, N. (2010b). Learned attention effects in L2 temporal reference: The first hour and the next eight semesters. *Language Learning*, 60, Suppl. 2 , 85-108.
Ellis, N. C., & Sagarra, N. (2011). Learned attention in adult language acquisition: A replication and generalization study and meta-analysis. *Studies in Second Language Acquisition*, 33, 589-624.
Ellis, N. C., & Schmidt, R. (1997). Morphology and longer distance dependencies: Laboratory research illuminating the A in SLA. *Studies in Second Language Acquisition*, 19, 145-171.
Ellis, N. C., & Sinclair, S. G. (1996). Working memory in the acquisition of vocabulary and syntax: Putting language in good order. *Quarterly Journal of Experimental Psychology*, 49A, 234-250.
Ellis, N. C., & Wulff, S. (2014). Usage-based approaches to SLA. In B. VanPatten & J. Wiiliams (Eds.), *Theories in second language acquisition: Introduction, 2nd edition* (pp.75-98). New York: Routledge.
Ellis, R. (1994). *The study of second language acquisition*. Oxford: Oxford University Press.
Ellis, R. (2003). *Task-based language learning and teaching*. Oxford, UK: Oxford University Press.
Ellis, R. (2005). Measuring implicit and explicit knowledge of a second language: A psychometiric study. *Studies in Second Language Acquisition*, 27, 141-172.
Ellis, R. (2009a). Implicit and explicit learning, knowledge and instruction. In R. Ellis, S. Loewen, C. Elder, R. Erlam, J. Philp & H. Reinders (Eds.), *Implicit and explicit knowledge in second language learning and teaching* (pp.3-25). Bristol, UK: Multilingual Matters.
Ellis, R. (2009b). Measuring implicit and explicit knowledge of a second language. In R. Ellis, S. Loewen, C. Elder, R. Erlam, J. Philp & H. Reinders (Eds.), *Implicit and explicit knowledge in second language learning and teaching* (pp.31-64). Bristol, UK: Multilingual Matters.
Ellis, R. (2015). Form-focused instruction and the measurement of implicit and explicit L2 knowledge. In P. Rebuschat (Ed.), *Implicit and explicit learning of languages* (pp.417-441). Amsterdam/Philadelphia: John Benjamins.
Ellis, R., & Barkhuizen, G. (2005). *Analysing learner language*. Oxford, UK: Oxford

University Press.
Ellis, R., Loewen, S., Elder, C., Erlam, R., Philp, J., & Reinders, H. (2009). *Implicit and explicit knowledge in second language learning, testing and teaching*. Bristol, UK: Multilingual Matters.
Engle, R. W., Laughlin, J. E., Tuholski, S. W., Conway, A. R. A. (1999). Working memory, short-term memory, and general fluid intelligence: A latent variable approach. *Journal of Experimental Psychology: General*, 128-309-331.
Erlam, R. (2005). Language aptitude and its relationship to instructional effectiveness in second language acquisition. *Language Teaching Research*, 9, 147-171.
Foster, P., Bolibaugh, C., & Kotula, A. (2014). Knowledge of nativelike selections in a L2: The influence of exposure, memory, age of onset, and motivation in foreign langauge and immersion settings. *Studies in Second Language Acquisition*, 24, 101-132.
Foser, P., & Skehan, P. (1996). The influence of planning and task types on second language performance. *Studies in Second Language Acquisition*, 18, 299-324.
Foster, P., Tonkyn, A., & Wigglesworth, G. (2000). Measuring spoken language: A unit for all reasons. *Applied Linguistics*, 21, 354-375.
French, L M. (2006). *Phonological working memory and L2 acquisition: a developmental study of Quebec francophone children learning English*. New York, NY: Edwin Mellen Press.
French, L. M., & O'Brien, I. (2008). Phonological memory and children's second language grammar learning. *Applied Psycholinguistics*, 29, 463-487.
Friedman, N. P., & Miyake, A. (2004). The relationship among inhibition and interference control functions: A latent-variable analysis. *Journal of Experimental Psychology: General*, 133, 101-135.
Ganschow, L., & Sparks, R. L. (1991). A screening instrument for the identification of foreing language learning disabilities. *Foreign Language Annals*, 24, 383-398.
Ganschow, L., & Sparks, R. L. (1995). Effects of direct instruction in Spanish morphology on the native-language skills and foreign-language aptitude of at-risk foreign-language learners. *Journal of Learning Disabilities*, 28, 107-120.
Ganschow, L., & Sparks, R. L. (2001). Learning difficulties and foreign language learning: A review of research and instruction. *Language Teaching*, 34, 79-98.
Ganschow, l., Sparks, R. L., Patton, J., & Javorsky, J. (1991). Identifying native language difficulties among foreing language learners in college: A "foreign lagnauge disability"? *Journal of Learning Disabilities*, 24, 530-541.
Gardner, R. C., (1983). Learning another language: A true social psychological experiment. *Journal of Language and Social Psychology*, 2, 219-239.
Gardner, R. C. (1985). *Social psychology and second language learning: The role of attitudes and motivation*. London, UK: Edward Arnold.
Gardner, R. C. (1988). The socio-educational model of second language learning: Assumptions, findings and issues. *Language Learning*, 38, 101-126.
Gardner, R. C. (2001). Integrative motivation and second language acquisition. In Z. Dörnyei & R. Schmidt (Eds.), *Motivation and second language acquisition* (pp.1-19). Honolulu, HI: University of Hawai'I, National Foreign Language Resource Center.
Gardner, R. C. (2010). *Motivation and second language acquisition: The socio-educational model*. New York: Peter Lang.
Gardner, R. C., Day, B., & MacIntyre, P. D. (1992). Integrative motivation, induced anxiety, and language learning in a controlled environment. *Studies in Second Language Acquisition*, 14, 197-214.
Gardner, R. C., & Lambert, W. E. (1959). Motivational variables in second language acquisition. *Canadian Journal of Psychology*, 13, 266-272.

Gardner, R. C., & Lambert, W. E. (1972). *Attitudes and motivation in second language learning*. Rowley, MA: Newbury House.
Gardner, R. C., & MacIntyre, P. D. (1991). An instrumental motivation in language study: Who says it isn't effective? *Studies in Second Language Acquisition*, 13, 57-72.
Gardner, R. C., & MacIntyre, P. D. (1993). On the measurement of affective variables in second language learning. *Language Learning*, 43, 157-194.
Gardner, R. C., Masgoret, A-M., Tennant, J., & Mihic, L. (2004). Integrative motivation: Changes during a year-long intermediate-level language course. *Language Learning*, 54, 1-34.
Gardner, R. C., Masgoret, A-M, & Tremblay, P. F. (1999). Home background characteristics and second language learning. *Journal of Language and Social Psychology*, 18, 419-437.
Gardner & Tremblay, P. F. (1994). On motivation, research agenda and theoretical frameworks. *Modern Language Journal*, 78, 359-368.
Gardner, R. C., Tremblay, P. F., & Masgoret, A-M. (1997). Towards a full model of second language learning: An empirical investigation. *Modern Language Journal*, 81, 344-362.
Gass, S. M. (1988). Integrating research areas: A framework for second language studies. *Applied Linguistics*, 9, 198-217.
Gass, S. M. (1997). *Input, interaction, and the second language learner*. Mahwah, NJ: Lawrence Erlbaum Associates.
Gass, S. M. (1998). Apples and oranges: Or, why apples ate not oranges and don't need to be. *Modern Language Journal*, 82, 83-90.
Gass, S. M., Behney, J. N., & Uzam, B. (2013). Inhibitory control, working memory and L2 interaction. In K. Drozdzial-Szelest & M. Pawlak (Eds.), *Psycholinguistic and sociolinguistic perspectives on second language learning and teaching* (pp.91-114). Heidelberg: Springer-Verlag Berlin Heidelberg.
Gass, S., Mackey, A., Fernandez, M., & Alvarez-Torres, M. (1999). The effect of task repetition on linguistic output. *Language Learning*, 49, 549-580.
Gass, S. M., & Selinker, L. (2001). *Second language acquisition: An introductory course*. 2nd ed. Mahwah, NJ: Lawrence Erlbaum Associates.
Gass, S. M., & Varonis, E. M. (1984). The effect of familiarity on the comprehensibility of nonnative speech. *Language Learning*, 34, 65-89.
Gass, S. M., & Varonis, E. M. (1985). Task variation and nonative/nonnative negotiation of meaning. In S. M. Gass & C. Madden (Eds.), *Input in second language acquisition* (pp.149-161). Rowley, MA: Newbury House.
Gathercole, S. E. & Adams, A. (1994). Children's phonological working memory: Contributions of long-term knowledge and rehearsal. *Journal of Memory and Language*, 33, 672-688.
Gathercole, S. E. & Baddeley, A. D. (1990). The role of phonological memory in vocabulary acquisition: A study of young children learning new names. *British Journal of Psychology*, 81, 439-454.
Gathercole, S. E. & Baddeley, A. D. (1993) *Working memory and language*. Hove, UK: Lawrence Erbaum.
Geva, E. (2000). Issues in the assessment of reading disabilities in L2 children —Beliefs and research evidence. *Dyxlexia*, 6, 13-28.
Geva, E., & Ryan, E. B. (1993). Linguistic and cognitive correlates of academic skills in first and second languages. *Language Learning*, 43, 5-42
Geva, E., Yaghoub-Zadeh, Z., & Schuster, B. (2000). Understanding individual differences in word recognition skills of ESL children. *Annals of Dyslexia*, 50, 123-154.
Gholamain, M., & Geva, E. (1999). Orthographic and cognitive factors in the concurrent

development of basic reading skills in English and Persian. *Language Learning*, 49, 183-217.

Gilabert, R. (2007a). Effects of manipulating task complexity on self-repairs during L2 oral production. *International Review of Applied Linguistics*, 45, 215-240.

Gilabert, R. (2007b). The simultaneous manipulation of task complexity along planning time and [+/−here-and-now]: Effects on L2 oral production. In M. del P. Garcia Mayo (Ed.), *Investigating tasks in formal language learning* (pp.44-68). Clevedon: Multilingual Matters.

Gilabert, R., Barón, J., & Levkina, M. (2011). Manipulating task complexity across task types and modes. In P. Robinson (Ed.), *Second language task complexity: Researching the Cognition Hypothesis of language learning and performance* (pp.105-138). Amsterdam/Philadelphia: John Benjamins.

Gilabert, R., Barón, J., & Llanes, A. (2009). Manipulating cognitive complexity across task types and its impact on learners' interaction during oral performance. *International Review of Applied Linguistics*, 47, 367-395.

Godfroid, A., & Winke, P. (2015). Investigating implicit and explicit processing using L2 learners' eye-movement data. In P. Rebuschat (Ed.), *Implicit and explicit learning of languages* (pp.325-348). Amsterdam/Philadelphia: John Benjamins.

Godfroid, A., & Uggen, M. S. (2013). Attention to irregular verbs by beginning learners of German: An eye-movement study. *Studies in Second Language Acquisition*, 35, 291-322.

Goldberg, A. E., & Casenhiser, D. (2008). Construction learning and second language learning. In P. Robinson & N. C. Ellis (Eds.), *Handbook of cognitive linguistics and second language acquisition* (pp.197-215). New York: Routledge.

Goo, J. (2010). Working memory and reactivity. *Language Learning*, 60, 712-752.

Goo, J., & Mackey, A. (2013). The case against the case against recasts. *Studies in Second Language Acquisition*, 35, 127-165.

Granena, G. (2013a). Cognitive aptitudes for second language learning and the LLAMA language aptitude test. In G. Granena & M. Long (Eds.), *Sensitive periods, language aptitude, and ultimate L2 attainment* (pp.105-129). Amsterdam/Philadelphia: John Benjamins.

Granena, G. (2013b). Individual differences in sequence learning ability and second language acquisition in early childhood and adulthood. *Language Learning*, 63, 665-703.

Granena, G. (2014). Language aptitude and long-term achievement in early childhood L2 learners. *Applied Linguistics*, 35, 483-503.

Granena, G., & Long, M. H. (2013). Age of onset, length of residence, aptitude and ultimate L2 attainment in three linguistic domains. *Second Language Research*, 29, 311-343.

Green, D. (1998). Mental control of the bilingual lexico-semantic system. *Bilingualism: Language and Cognition*, 1, 67-81.

Griffiths, C. (2008). *Lessons from good language learners*. Cambridge, UK: Cambridge University Press.

Grigorenko, E. L. (2002). Foreign language acquisition and language-based learning disabilities. In P. Robinson (Ed.), *Individual differences and instructed language learning* (pp.95-112). Amsterdam: John Benjamins.

Grigorenko, E. L., Sternberg, R. J., & Ehrman, M. E. (2000). A theory-based approach to the measurement of foreign language learning ability: The CANAL-FT theory and test. *Modern Language Journal*, 84, 309-405.

Guilloteaux, M. J., & Dörnyei, Z. (2008). Motivating language learners: A classroom-

oriented investigation of the effects of motivational strategies on student motivation. *TESOL Quarterly*, 42, 55-77.
Harley, B., & Hart, D. (1997). Language aptitude and second language proficiency in classroom learners of different starting ages. *Studies in Second Language Acquisition*, 19, 379-400.
Harley, B., & Hart, D. (2002). Age, aptitude and second language learning on a bilingual exchange. In P. Robinson (Ed.), *Individual differences and instructed language learning* (pp.301-330). Amsterdam: John Benjamins.
Hama, M., & Leow, R. P. (2010). Learning without awareness revisited: Extending Williams (2005). *Studies in Second Language Acquisition*, 32, 465-491.
Harrington, M. & Sawyer, M. (1992). L2 working memory capacity and L2 reading skill. *Studies in Second Language Acquisition*, 14, 25-38.
Havik, E., Roberts, L., Van Hout, R., Schreuder, R. & Haverkort, M. (2009). Processing subject-object ambiguities in the L2: a self-paced reading study with German L2 learners of Dutch. *Language Learning*, 59, 73-112.
Heckhausen, H., & Kuhl, J. (1985). From wishes to action: The dead ends and short cuts on the long way to action. In M. Frese & J. Sabini (Eds.), *Goal-directed behaveour: The concept of action in psychology* (pp.134-160). Hillsdale, NJ: Lawrence Erlbaum.
Henry, A. J. (2009). Gender differences in compulsory school pupils' L2 self-concepts: A longitudinal study. *System*, 37, 177-193.
Henry, A. J. (2010). Contexts of possibilities in simultaneous language learning: Using the L2 motivational self system to assess the impact of global English. *Journal of Multilingual and Multicultural Development*, 31, 149-162.
Henry, A., & Cliffordson, C. (2013). Motivation, gender, and possible selves. *Language Learning*, 63, 271-295.
Higgins, E. T. (1987). Self-discrepancy: A theory relating self and affect. *Psychological Review*, 94, 139-340.
Higgins, E. T. (1998). Promotion and prevention: Regulatory focus as a motivational principle. *Advances in Experimental Social Psychology*, 3, 1-46.
Hiver, P., & Al-Hoorie, A. H. (2016). A dynamic ensemble for second language research: Putting Complexity Theory into practice. *Modern Language Journal*, 100, 741-756.
Horwitz, E. (1987) Linguistic and communicative competence: Reassessing foreign language aptitude. In B. VanPatten, T. Dvorak & J. Lee (Eds.), *Foreign language learning: A research perspective* (pp.146-157). Cambridge, MA: Newbury House.
Housen, A., Kuiken, F., Vedder, I. (2012a). D*imensions of L2 performance and proficiency: Complexity, accuracy and fluency in SLA*. Amsterdam/Philadelphia: John Benjamins.
Housen, A., Kuiken, F., Vedder, I. (2012b). Complexity, accuracy and fluency: Definitions, measurement and research. In A. Housen, F. Kuiken & I. Vedder (Eds.), *Dimensions of L2 performance and proficiency: Complexity, accuracy and fluency in SLA* (pp.1-20). Amsterdam/Philadelphia: John Benjamins.
Hulstijn, J. (2003). Incidental and intentional learning. In C. Doughty & M. Long (Eds.), *The handbook of second language acquisition* (pp.349-381). MA: Blackwell Publishing.
Hummel, K. M. (2009). Aptitude, phonological memory, and second language proficiency in nonnovice adult learners. *Applied Psycholinguistics*, 30, 225-249.
Hu, C. F. (2003). Phonological memory, phonological awareness, and foreign language learning. *Language Learning*, 53, 429-462.
Hu, C. F. (2008). Rate of acquiring and processing L2 color words in relation to L1 phonological awareness. *Modern Language Journal*, 92, 39-52.
Hu, C. F., & Schuele, C. M. (2005). Learning nonnative names: The effect of poor native phonological awareness. *Applied Psycholinguistics*, 26, 343-362.

Hu, G. (2011). Metalinguistic knowledge, metalanguage, and their relationship in L2 learners. *System*, 39, 63-77.
Hu, G. (2011). Metalinguistic knowledge, metalanguage, and their relationship in L2 learners. *System*, 39, 63-77.
Hulme, C., Hatcher, P. J., Nation, K., Brown, A., Adams, J., & Stuart, G. (2002). Phoneme awareness is a better predictor of early reading skill than onset-rime awareness. *Journal of Experimental Child Psychology*, 82, 2-28.
Hulstijn, J. H. (2002). Toward a unified account of the representation, processing and acquisition of second language knowledge. *Second Language Research*, 18, 193-223.
Hulstijn, J. H. (2005). Theoretical and empirical issues in the study of implicit and explicit second-language learning: Introduction. *Studies in Second Language Acquisition*, 27, 129-140.
Hulstijn, J. H. (2015). Explaining phenomena of first and second language acquisition with the constructs of implicit and explicit learning: The virtues and pitfalls of a two-system view. In P. Rebuschat (Ed.), *Implicit and explicit learning of languages* (pp.25-46). Philadelphia/Amsterdam: John Benjamins.
Hulstijn, J. H., & de Graaff, R. (1994). Under what condition does explicit knowledge of a second language facilitate the acquisition of implicit knowledge? A research proposal. *AILA Review*, 11, 97-113.
Hwu, F. & Sun, S. (2012). The aptitude-treatment interaction effects on the learning of grammar rules. *System*, 40, 505-521.
Hwu, F., Pan, W. & Sun, S. (2014). Aptitude-treatment interaction effects on explicit rule learning: A latent growth curve analysis. *Language Teaching Research*, 18, 294-319.
飯高京子（2006）.『文字言語習得につまずく子どもの鑑別診断と指導プログラム開発の基礎的・臨床的研究』平成14～17年度科学研究費補助金（基盤研究（B）課題番号14310132）研究成果報告書
市川伸一（1995）.『学習と教育の心理学』岩波書店
Iwashita, N., McNamara, T., & Elder, C. (2001). Can we predict task difficulty in an oral proficiency test? Exploring the potential of an information-processing approach to task design. *Language Learning*, 51, 401-436.
岩立志津夫（1997）.「文法の獲得〈1〉」小林春美・佐々木正人編『子どもたちの言語獲得』大修館書店
Jackson, D. O., & Suethanapornkul, S. (2013). The cognition hypothesis: A synthesis and meta-analysis of research on second language task complexity. *Language Learning*, 63, 330-367.
Jiang, Y., & Chun, M. M. (2001). Selective attention modulates implicit learning. *The Quarterly Journal of Experimental Psychology*, 54A, 1105-1124.
Jiménez, L. (2002). Attention in probalistic sequence learning. In L. Jiménez (Ed.), *Attention and implicit learning* (pp.43-67). Amsterdam/Philadelphia: John Benjamins.
Jiménez, L. & Méndez, C. (1999). Which attention is needed for implicit sequence learning? *Journal of Experimental Psychology: Learning, Memory, and Cognition*, 25, 236-259.
Johnson, J., & Newport, E. (1989). Critical period effects in second language learning: The influence of maturational state on the acquisition of English as a second language. *Cognitive Psychology*, 21, 60-99.
Jourdenais, R. (2001). Cognition, instruction and protocol analysis. In P. Robinson (Ed.), *Cognition and second language instruction* (pp.354-375). New York: Cambridge University Press.
Juffs, A., & Harrington, M. (2011). Aspects of working memory in L2 learning. *Language Teaching*, 44, 137-166.

Julkunen, K. (2001). Situation- and task-specific motivation in foreign language learning. In Z. Dörnyei & R. Schmidt (Eds.), *Motivation and second language acquisition* (pp. 29-42). Honolulu, HI: University of Hawaii, Second Language Teaching & Curriculum Center.

門田修平・野呂忠司 (2001).『英語リーディングの認知メカニズム』くろしお出版

Kahn-Horwitz, J., Shimron, J., & Sparks, R. L. (2006). Weak and strong novice readers of English as a foreign language: Effects of first language and socioeconomics status. *Annals of Dyslexia*, 56, 161-185.

Kail, R., Hall, L. K., & Caskey, B. J. (1999). Processing speed, exposure to print, and naming speed. *Applied Psycholinguistics*, 2, 303-314.

Kane, M. J., Conway, A. R. A., Hambrick, D. Z., & Engle, R. W. (2008). Variation in working memory capacity as variation in executive attention and control. In A. R. A. Conway (Ed.), *Variation in working memory* (pp. 21-49). Oxford, UK: Oxford University Press.

Kane, N., & Engle, R. (2003). Working-memory capacity and the control of attention: The contributions of goal neglect, response competition, and task set to Stroop interference. *Journal of Experimental Psychology: General*, 132, 47-70.

Katz, W., Curtiss, S., & Tallal, P. (1992). Rapid automatized naming and gesture by normal and language impaired children. *Brain and Language*, 43, 623-641.

Kaufman, S. DeYoung, C., Gray, J., Jiménez, L., Brown, J., & Mackintosh, N. (2010). Implicit learning as an ability. *Cognition*, 116, 321-340.

Kawauchi, C. (2005). The effect of strategic planning on the oral narratives of learners with low and high intermediate L2 proficiency. In R. Elllis (Ed.), *Planning and task performance in a second language* (pp. 143-164). Amsterdam/Philadelphia: John Benjamins.

Kempe, V., & Brooks, P. J. (2008). Second language learning of complex inflectional systems. *Language Learning*, 58, 703-736.

Kim, Y. (2009). The effect of task complexity on learner-learner interaction. *System*, 37, 254-268.

Kim, Y. (2012). Task complexity, learning opportunities, and Korean EFL learners' question development. *Studies in Second Language Acquisition*, 34, 627-658.

Kim, Y., Payant, C., & Pearson, P. (2015). The intersection of task-based interaction, task complexity, and working memory: L2 question development through recasts in a laboratory setting. *Studies in Second Language Acquisition*, 37, 549-581.

Kim, Y., & Tracy-Ventura, N. (2011). Task complexity, language anxiety, and the development of the simple past. In P. Robinson (Ed.), *Second language task complexity: Researching the Cognition Hypothesis of language learning and performance* (pp. 287-306). Amsterdam/Philadelphia: John Benjamins.

King, J. & Just, M. A. (1991). Individual differences in syntactic processing: The role of working memory. *Journal of Memory and Language*, 30, 580-602.

Kintsch, W. (1998). *Comprehension: A paradigm for cognition*. Cambridge, UK: Cambridge University Press.

Kirby, J. R., Parrila, R. K., & Pfeiffer, S. L. (2003). Naming speed and phonological awareness as predictors of reading development. *Journal of Educational Psychology*, 3, 453-464.

Kormos, J. (2006). *Speech production and second language acquisition*. Mahwah, NL: Lawrence Erlbaum Associates.

Kormos, J. (2013). New conceptualizations of language aptitude in second language attainment. In G. Granena & M. Long (Eds.), *Sensitive periods, language aptitude, and ultimate L2 attainment* (pp. 131-152). Amsterdam/Philadelphia: John Benjamins.

(pp.179-196). Verlag Berlin Heidelberg: Springer.

Li, S. (2013). The interactions between the effects of implicit and explicit feedback and individual differences in language analytic ability and working memory. *Modern Language Journal*, 97, 634-654.

Lievan, E., & Tomasello, M. (2008). Children's first language aacquisition from a usage-based perspective. In P. Robinson & N. C. Ellis (Eds.), *Handbook of cognitive linguistics and second language acquisition* (pp.168-196). New York: Routledge.

Linck, J. A., Hughes, M. M., Campbell, S. G., Slbert, N. H., Tare, M., Jackson, S. R., Smith, B. K., Bunting, M. F., & Doughty, C. J. (2013). Hi-LAB: A new measure of aptitude for high-level language proficiency. *Language Learning*, 63, 530-366.

Lindsey, K., Manis, F., & Bailey, C. (2003). Prediction of first-grade reading in Spanish-speaking English-language learners. *Journal of Educational Psychology*, 95, 482-494.

Logan, G. D. (1988). Toward an instance theory of automatization. *Psychological Review*, 95, 492-527.

Long, M. H. (1980). *Input, interaction and second language acquisition*. Ph.D dissertation. University of California, Los Angeles.

Long, M. H. (1985). A role for instruction in second language acquisition: Task-based language teaching. In K. Hyltenstam & M. Pienemann (Eds.), *Modeling and assessing second language acquisition* (pp.77-99). Clevedon, UK: Multilingual Matters.

Long, M. H. (1991). Focus on form: A designing feature in language teaching methodology. In K. de Bot, D. Coste, C. Kramsch & R. Ginsberg (Eds.), *Foreign language research in crosscultural perspective* (pp.39-52). Amsterdam/Philadelphia: John Benjamins.

Long, M. H. (1996). The role of the linguistic environment in second language acquisition. In W. C. Ritchie & T. K. Bhatia (Eds.), *Handbook of second language acquisition* (pp.413-468). San Diego, CA: Academic Press.

Long, M. H. (2000). Focus on form in task-based language teaching. In R. L. Lambert, & E. Shohamy (Eds.), *Language policy and pedagogy* (pp.179-192). Amsterdam/Philadelphia: John Benjamins.

Long, M. H. (2015). *Second language acquisition and task-based language teaching*. Malden, MA: John Wiley and Sons.

Long, M. H., & Crookes, G. (1993). Units of analysis in syllabus design - The case for task. In G. Crookes & S. M. Gass (Eds.), *Tasks in a pedagogical context: Integrating theory & practice* (pp.9-54). Clevedon, UK:Multilingual Matters.

Long, M. H., & Robinson, P. (1998). Focus on form: Theory, research, and practice. In C. Doughty & J. Williams (Eds.), *Focus on form in classroom second language acquisition* (pp.15-41). Cambridge, UK: Cambridge University Press.

Loschky, L., & Bley-Vroman, R. (1993). Grammar and task-based methodology. In S. M. Gass & G. Crookes (Eds.), *Tasks and language learning: Integrating theory and practice* (pp.123-167). Clevedon, UK: Multilingual Matters.

Lyster, R. (1998). Recasts, repetition, and ambiguity in L2 classroom discourse. *Studies in Second Language Acquisition*, 20, 51-81.

Lyster, R., & Ranta, L. (2013). Counterpoint piece: The case for variety in corrective feedback research. *Studies in Second Language Acquisition*, 167-184.

Mackey, A. (2012). *Input, interaction and corrective feedback in L2 learning*. Oxford, UK: Oxford University Press.

Mackey, A., & Goo, J. (2007). Interaction research in SLA: A meta-analysis and research synthesis. In A. Mackey (Ed.), *Conversational interaction in second language acquisition: A collection of empirical studies* (pp.407-452). Oxford, UK: Oxford University Press.

Mackey, A., & Philp, J. (1998). Conversational interaction and second language development: Recasts, responses, and red herrings? *Modern Language Journal*, 82, 338-356.

Mackey, A., Philp, J., Egi, T., Fujii, A., & Tatsumi, T. (2002). Individual differences in working memory, noticing of interactional feedback and L2 development. In P. Robinson (Ed.), *Individual differences and instructed language learning* (pp.181-209). Amsterdam/Philadelphia: John Benjamins.

MacIntyre, P. D., Mackinnon, S. P., & Clément, R. (2009). The baby, the bathwater, and the future of language learning motivation research. In Z. Dörnyei & E. Ushioda (Eds.), *Motivation, identity and the L2 self* (pp.43-65). Bristol, UK: Multilingual Matters.

Mackey, A., Adams, R., Stafford, C., & Winke, P. (2010). Exploring the relationship between modified output and working memory capacity. *Language Learning*, 60, 501-533.

MacWhinney, B. (1987). The Competition Model. In B. MacWhinney (Ed.), *Mechanism of language acquisition* (pp.249-308). Hillsdale, NJ: Lawrence Erlbaum.

MacWhinney, B. (2001). The competition model: the input, the context, and the brain. In P. Robinson (Ed.), *Cognition and second language instruction* (pp.69-90). Cambridge, UK: Cambridge University Press.

MacWhinney. B. (2005). A unified model of language acquisition. In J. F. Kroll & A. M. B. de Groot (Eds.), *Handbook of bilingualism: Psycholinguistic approaches* (pp.49-67). Oxford, UK: Oxford University Press.

MacWhinney, B. (2008). A unified model. In P. Robinson & N. C. Ellis (Eds.), *Handbook of cognitive linguistics and second language aquisition* (pp.341-371). New York: Roultledge.

Maera, P. (2005). *LLAMA language aptitude tests.* Swansea, UK: Lognostics.

Malicka, A., & Levkina, M. (2012). Measuring task complexity: Does EFL proficiency matter? In A. Shehadeh & C. A. Coombe (Eds.), *Task-based language teaching in foreign language contexts: Research and implementation* (pp.43-66). Amsterdam/Philadelphia: John Benjamins.

Marchman, V. S., & Bates, E. (1994). Continuity in lexical and morphological development: A test of the critical mass hypothesis. *Journal of Child Language*, 21, 339-366.

Markee, L. (1997). Second language acquisition research: A resource for changing teachers' professional culture? *Modern Language Journal*, 81, 80-93.

Markus, H., & Nurius, P. (1986). Possible selves. *American Psychologist,* 41, 954-969.

Markus, H., & Nurius, P. (1987). Possible selves: The interface between motivation and the self-concept. In K. Yardley & T. Honess (Eds.), *Self and identity: Psychosocial Perspectives* (pp.157-172). Chichester: JohnWiley and Sons.

Martin, K. I., & Ellis, N. C. (2012). The roles of phonological short-term memory and working memory in L2 grammar and vocabulary learning. *Studies in Second Language Acquisition*, 34, 379-413.

Masgoret, A-M., & Gardner, R. C. (2003). Attitudes, motivation, and second language learning: A meta-analysis of studies conducted by Gardner and Associates. *Language Learning*, 53, 123-163.

Masoura, E. V., & Gathercole, S. E. (1999). Phonological short-term memory and foreign language learning. *International Journal of Psychology*, 12, 147-163.

Masoura, E. V., & Gathercole, S. E. (2005). Contrasting contributions of phonological short-term memory and long-term knowledge to vocabulary learning in a foreign language. *Memory*, 13, 422-429.

松見法男・邱學瑾・桑原陽子（2006）.「語彙の習得」縫部義憲（監）迫田久美子（編）『講座・日本

語教育学 第3巻 言語学習の心理』(pp.161-183)　スリーエーネットワーク
McDonough, K. (2006). Interaction and syntactic priming: English L2 speakers' production of dative constructions. *Studies in Second Language Acquisition*, 28, 179-207.
McDonough, K., & Chaikitmongkol, W. (2010). Collaborative syntactic priming activities and EFL learners' production of wh-questions. *Canadian Modern Language Review*, 66, 811-835.
McDonough, K., & Kim, Y. (2009). Syntactic priming and EFL learners' production os wh-questions. *Modern Language Journal*, 93, 386-398.
McDonough, K., & Mackey, A. (2006). Responses to recasts: Repetitions, primed production, and linguistic environment. *Language Learning*, 56, 693-720.
McDonough, K., & Mackey, A. (2008). Syntactic priming and ESL question development. *Studies in Second Language Acquisition*, 30, 31-47.
McDonough, K., & Trofimovich, P. (2016). The role of statistical learning and working memory in L2 speakers' pattern learning. *Modern Language Journal*, 100, 428-445.
McLaughlin, B. (1990). Restructuring. *Applied Linguistic*s, 11, 113-128.
McLaughlin, B. (1995). Aptitude from an information-processing perspective. *Language Testing*, 12, 370-387.
McLaughlin, B., & Heredia, R. (1996). Information-processing approaches to research on second language acquisition and use. In W. C. Ritchie & T. K. Bhatia(Eds.), *Handbook of second language acquisition* (pp.213-228). San Diego, CA: Acdemic Press.
McEown, M. S., Noels, K. A., & Saumure, K. D. (2014). Students' self-determined and integrative orientations and teachers' motivational support in a Japanese as a foreign language context. *System*, 45, 227-241.
McGroarty, M. (2001). Situating second language motivation. In Z. Dörnyei & R. Schmidt (Eds.), *Motivation and second language acquisition* (pp.69-91). Honolulu, HI: University of Hawaii, Second Language Teaching & Curriculum Center.
Mehnert, U. (1998). The effects of different lengths of time for planning on second language performance. *Studies in Second Language Acquisition*, 20, 52-83.
Meschyan, G., & Hernandez, A. (2002). Is native-language decoding skill related to second-language learning? *Journal of Educational Psychology*, 94, 14-22.
Metsala, J. L. (1999). Young children's phonological awareness and nonword repetition as a function of vocabulary development. *Journal of Educational Psychology*, 91, 3-19.
Michas, I. C. & Henry, L. A. (1994). The link between phonological memory and vocabulary acquisition. *British Journal of Developmental Psychology*, 12, 147-163.
Michel, M. C. (2011). Effects of task complexity and interaction on L2 performance. In P. Robinson (Ed.), *Second language task complexity: Researching the Cognition Hypothesis of language learning and performance* (pp.141-173). Amsterdam/Philadelphia: John Benjamins.
Michel, M. C. (2013). The use of conjunctions in cognitively simple versus complex oral L2 tasks. *Modern Language Journal*, 97,178-195.
Miller, G. A. (1956). The magical number seven, plus or minus two: Some limits on our capacity for processing information. *Psycholinguistic Review*, 63, 81-97.
Mitchell, R., Myles, F., & Marsden, E. (2013). *Second language learning theories. 3rd edition*. New York: Routledge.
Miyake, A., & Friedman, N. P. (1998). Individual differences in second language proficiency: Working memory as language aptitude. In A. F. Healy & L. E. Bourne (Eds.), *Foreign language learning: Psycholinguistic studies on training and retention* (pp.339-364). Mahwah, NJ: Lawrence Erlbaum.
Miyake, A., & Friedman, N. P. (2012). The nature and organization of individual

differences in executive functions: Four general conclusions. *Current Directions in Psychological Science*, 21, 8-14.
Morgan-Short, K., Deng, Z., Brill-Schuetz, K. A., Faretta-Stutenberg, M., Wong, P. C. M., & Wong, F. C. K. (2015). A view of the neural representation of second language syntax through artificial language learning under implicit context of exposure. *Studies in Second Language Acquisition*, 37, 383-419.
Morgan-Short, K. Faretta-Stutenberg, F., & Barlett-Hsu, L. (2015). Contributions of event-related potential research to issues in explicit and implicit second language acquisitin. In P. Rebuschat (Ed.), *Implicit and explicit learning of languages* (pp.349-383). Amsterdam/Philadelphia: John Benjamins.
Morgan-Short, K., Sanz, C., Steinhauer, K., & Ullman, M. T. (2010). Second language acquisition of gender agreement in explicit and implicit training conditions: An event-related potential study. *Language Learning*, 60, 154-198.
森下正修・苧阪直行(2005)「言語性ワーキングメモリにおける情報の貯蔵と処理」『心理学評論』48(4), 455-474.
森下正修・近藤洋史・苧阪直行(2000)「リーディングスパンテストにおける処理と保持」苧阪直行編『脳とワーキングメモリ』(pp.181-201). 京都：京都大学学術出版会.
Morris, C. D., Bransford, J. D., & Franks, J. J. (1977). Levels of processing versus transfer appropriate processing. *Journal of Verbal Learning and Verbal Behavior*, 16, 519-533.
Moskovsky, C., Alrabai, F., Paolini, S., & Ratcheva, S. (2013). The effects of teachers' motivational strategies on learners' motivation: A controlled investigation of second language acquisition. *Language Learning*, 63, 34-62.
Moskovsky, C., Assulaimani, T., Racheva, S., & Harkins, J. (2016). The L2 motivational self system and L2 achievement: A study of Saudi EFL learners. *Modern Language Journal*, 100, 641-654.
向山陽子(2009a).「第二言語習得において学習者の適性が学習成果に与える影響—言語分析能力・音韻的短期記憶・ワーキングメモリに焦点を当てて」『日本語科学』25, 67-90.
向山陽子(2009b).「学習者の適性プロフィールと学習成果の関連—クラスタ分析による検討」『第二言語としての日本語の習得研究』12, 66-85.
向山陽子(2010).「言語適性と第二言語の会話能力との関連—会話能力を予測する適性要素は何か」『言語文化と日本語教育』39, 60-69.
向山陽子(2012).「第二言語習得における会話能力の伸長と適性プロフィールとの関連」『お茶の水女子大学人文科学研究』8, 41-54.
向山陽子(2013).『第二言語習得における言語適性の役割』ココ出版
向山陽子(2017).「学習初期の習得に影響を与える適性要素は何か—外国語環境で学ぶ中国人学習者の場合」『グローバル・スタディーズ』1, 35-43.
村山航(2003).「テスト形式が学習方略に与える影響」『教育心理学研究』51(1), 1-12.
Nagata, H., Aline, D. & Ellis, R. (1999). Modified input, language aptitude and the acquisition of word meaning. In R. Ellis (Ed.), *Learning a second language through interaction* (pp.133-149). Amsterdam: John Benjamins.
並木博(1993).「教授・学習研究におけるATIパラダイムと適性理論」『教育心理学年報』32, 117-127.
並木博(1997).『個性と教育環境の交互作用—教育心理学の課題』培風館
Nassaji, H., & Geva, E. (1999). The contribution of phonological and orthographic processing skills to adult ESL reading: Evidence from native speakers of Farsi. *Applied Psycholinguistics*, 29, 241-467.
Nation, P., & McLaughlin, B. (1986). Novices and experts: An information processing approach to the "good language learner" problem. *Applied Psycholinguistics*, 7, 41-55.
成田高宏(1998).「日本語学習動機と成績との関係—タイの大学生の場合」『世界の日本語教育』8, 1-10.

Newell, A. (1990). *Unified theories of cognition.* Cambrdge, MA: Harvard University Press.

日本語教育学会 (1994). 『日本語テストハンドブック』大修館書店

Noels, K. A. (2001a). Learning Spanish as a second language: Learners' orientations and perceptions of their teachers' communication style. *Language Learning,* 51, 107-144.

Noels, K. A. (2001b). New orientations in language learning motivation: Toward a contextual model of intrinsic, extrinsic, and integrative orientation and motivation. In Z. Dörnyei & R. Schmidt (Eds.), *Motivation and second language acquisition* (pp. 43-68). Honolulu, HI: University of Hawaii, Second Language Teaching & Curriculum Center.

Noel, K. A. (2003). Learning Spanish as a second language: Learners' orientateons and motivateon. In In Z. Dörnyei (Ed.), *Attitudes, orientations, and motivations in language learning* (pp. 97-136). Oxford, UK: Blackwell.

Noels, K. A. (2005). Orientations to learning German: heritage language learning and motivational substrates. *Canadian Modern Language Review,* 62, 285-312.

Noels, K. A., Clément, R., & Pelletier, L. G. (1999). Perceptions of teachers' communicative style and students' intrinsic and extrinsic motivation. *Modern Language Journal,* 83, 25-34.

Noels, K. A., Pelletier, L. G, Clément, R., & Vallerand, R. (2000). Why are you learning a second language? Motivational orientations and self-determination theory. *Language Learning,* 50, 57-85.

Noels, K. A. (2013). Learning Japanese; learning English: Promoting motivation through autonomy, competence and relatedness. In M. T. Apple, D. Da Silva & T. Fellner (Eds.), *Language learning motivation in Japan* (pp. 14-34). Bristol, UK: Multilingual Matters.

Noels, K. A., Chaffee, K., Michalyk, M., & McEown, M. S. (2014). Culture, autonomy and the self in language learning. In K. Csizér & M. Magid (Eds.), *The impact of self-concept on second language acquisition* (pp. 111-154). Bristol, UK: Multilingual Matters.

Noels, K. A., Clément, R., & Pelletier, L. G. (1999). Perceptions of teachers' communicative style and students' intrinsic and extrinsic motivation. *Modern Language Journal,* 83, 23-34.

Noels, K. A., Clément, R., & Pelletier, L. G. (2001). Intrinsic, extrinsic, and integrative orientations of French Canadian learners of English. *Canadian Modern Language Review,* 57, 424-444.

Noels, K. A., Pelletier, L. G, Clément, R., & Vallerand, R. (2000). Why are you learning a second language? Motivational orientations and self-determination theory. *Language Learning,* 50, 57-85.

Norris, J. M., & Ortega, L. (2000). Effectiveness of L2 instruction: A research synthesis and quantitative meta-analysis. *Language Learning,* 50, 417-528.

Norris, J. M., & Ortega, L. (2003). Defining and measusreing L2 acquisition. In C. J. Doughty & M. H. Long (Eds.), *Handbook of second language acquisition* (pp. 717-761). Malden, MA: Blackwell.

Norris, J. M., & Ortega, L. (2009). Measurement for understanding: An organic approach to investigating complexity, accuracy, and fluency in SLA. *Applied linguistics,* 30, 555-578.

縫部義憲・狩野不二夫・伊藤克浩 (1995).「大学生の日本語学習動機に関する国際調査—ニュージーランドの場合」『日本語教育』86, 162-172.

Nunan, D. (1993). Task-based syllabus design: Selecting, grading and sequencing tasks. In G. Crookes & S. M. Gass (Eds.), *Tasks in a Pedagogical Context: Integrating theory & practice* (pp. 55-68). Clevedon, UK: Multilingual Matters.

Nunan, D. (2004). *Task-based language teaching.* Cambridge, UK: Cambridge University

Press.
Obler, L. K. (1989). Exceptional second language learners. In Gass, S., C. Madden, D. Preston & L. Selinker(Eds.), *Variation in second language acquisition: Psychological issues* (pp. 141-159). Avon: Multilingual Matters.
O'Brien, I., Segalowitz, N., Collentine, J., & Freed, B. (2006). Phonological memory and lexical, narrative, and grammatical skills in second language oral production by adult learners. *Applied Psycholinguistics*, 27, 377-402.
O'Brien, I., Segalowitz, N., Freed, B., & Collentine, J. (2007). Phonological memory predicts second language oral fluency gains in adults. *Studies in Second Language Acquisition*, 29, 557-582.
Onnis, L. (2012). The potential contribution of statistical learning to second language acquisition. In P. Rebuschat & J. N. Williams (Eds.), *Statistical learning and language acquisition* (pp.203-235). Boston/Berlin: Walter de Gruyter.
大石敬子（2001）．「学習障害」西村辨作編『ことばの障害入門』(pp.208-226) 大修館書店
大坪一夫（1995）．『パーソナルコンピュータを用いた外国人日本語学習者のための適性テストの開発』1993, 94年度文部省科学研究補助金　総合研究(A)　研究成果報告書(課題番号05301102)
Ortega, L. (1999). Planning and focus on form in L2 oral performance. *Studies in Second Language Acquisition*, 21, 109-148.
Ortega, L. (2005). What do learners plan? Learner-driven attention to form during pre-task planning. In R. Ellis (Ed.), *Planning and task performance in a second language* (pp.77-109). Amsterdam/Philadelphia: John Benjamins.
Ortega, L. (2009). *Understanding second language acquisition*. London: Hodder Education.
苧阪満里子（1998）．「読みとワーキングメモリ」苧阪直行編『読み—脳と心の情報処理』(pp.239-262) 朝倉書店
Osaka, M., & Osaka, N. (1992). Language-independent working memory as measured by Japanese and English reading span tests. *Bulletin of the Psychometric Society*, 30, 287-289.
Osaka, M., Osaka, N., & Groner, R. (1993). Language-independent working memory: Evidence from German and French reading span tests. *Bulletin of the Psychometric Society*, 31, 117-118.
苧阪満里子・苧阪直行・Groner, R.（2000）．「ワーキングメモリと第二言語処理，バイリンガルを対象としたリーディングスパンテストの結果」苧阪直行編『脳とワーキングメモリ』(pp. 243-254) 京都大学学術出版会
Oxford, R., & Shearin, J. (1994). Language learning motivation: Expanding the theoretical framework. *Modern Language Journal*, 94, 12-28.
Pallotti, G. (2009). CAF: Defining, refining and differentiating constructs. *Applied Linguistics*, 30, 590-601.
Pang, F., & Skehan, P. (2014). Self-reported planning behavior and second language performance in narrative retelling. In P. Skehan (Ed.), *Processing perspectives on task performance* (pp.96-127). Amsterdam/Philadelphia: John Benjamins.
Papagno, C., Valentine, T., & Baddeley, A. (1991). Phonological short-term memory and foreign-language vocabulary learning. *Journal of Memory and Language*, 30, 331-347.
Papagno, C., & Vallar, G. (1995). Verbal short-term memory and vocabulary learning in polyglots. *Quarterly Journal of Experimental Psychology Section A: Human Experimental Psychology*, 48, 98-107.
Papi, M. (2010). The L2 motivational self system, L2 anxiety, and motivated behavior: A structural equation modeling approach. *System*, 38, 467-479.
Papi, M., & Abdollahzadeh, E. (2012). Teacher motivational practice, student motivation, and possible L2 selves: An examination in the Iranian EFL context. *Language*

Learning, 571-594.
Papi, M., & Teimouri, Y. (2014). Language learner motivational types: A cluster analysis study. *Language Learning*, 64, 493-525.
Paradis, M. (1994). Neurolinguistic aspects of implicit and explicit memory: Implications for bilingualism and SLA. In N. C. Ellis (Ed.), *Implicit and explicit learning of languages* (pp.393-419). London, UK: Academic Press.
Paradis, M. (1997). The cognitive neuropsychology of bilingualism. In A. de Groot & J. Kroll (Eds.), *Tutorials in bilingualism: Psycholinguistic perspectives* (pp.331-354). Hillsdale, NJJ: Lawrence Erlbaum Associates.
Paradis, M. (2004). *A neurolinguistic theory of bilingualism*. Amsterdam/Philadelphia: John Benjamins.
Paradis, M. (2005). *Declarative and procedural determinants of second languages*. Amsterdam/Philadelphia: John Benjamins.
Pica, T., Holliday, J., Lewis, N., Berducci, D., & Newman, J. (1991). Language learning through interaction: what role does gender play? *Studies in Second Language Acqusitiion*, 13, 343-376.
Pica, T., Kanagy, R., & Falodun, J. (1993). Choosing and using communication tasks for second language instruction and research. In G. Crookes & S. M. Gass (Eds.), *Tasks and language learning: Integrating theory and practice* (pp.9-34). Clevedon, UK: Multilingual Maatters.
Pienemann, M. (1998). *Language processing and second language development: Processability theory*. Amsterdam/Philadelphia: John Benjamins.
Pimsleur, P. (1966). *Pimsleur Language Aptitude Battery PLAB*. New York: Harcourt, Brace, Jovanovich.
Plough, I., & Gass, S. M. (1993). Interlocutor and task familiarity: Effects on interactional structure. In G. Crookes & S. M. Gass (Eds.), *Tasks and language learning: Integrating theory and practice* (pp.35-56). Clevedon, UK: Multilingual Matters.
Porter, P. A. (1986). How learners talk to each other: Input and interaction in task-centered discussions. In R. Day (Ed), *Talking to learn: Conversation in second language acquisition* (pp.200-222). Rowley, MA: Newbury House.
Prefontaine Y., & Kormos, J. (2015). The relationship between task difficulty and second language fluency in French: A mixed method approach. *Modern Language Journal*, 99, 96-112.
Pretz, J., Totz, K., & Kaufman, S. (2010). The effect of mood, cognitive style, and cognitive ability on implicit learning. *Learning and Individual Differences*, 20, 215-219.
Rai, M. K., Loschky, L. C., Harris, R. J., Peck, N. R., & Cook, L. G. (2011). Effects of stress and working memory capacity on foreign language readers' inferential processing during comprehension. *Language Learning*, 61, 187-218.
Ravid, D., & Tolchinsky, L (2002). Developing linguistic literacy: A comprehensive model. *Journal of Child Language*, 29, 417-447.
Ranta, L. (2002). The role of learners' analytic ability in the communicative classroom. In P. Robinson (Ed.), *Individual differences and second language learning* (pp.159-180). Amsterdam/Philadelphia: John Benjamins.
Ranta, L. (2008). Aptitude and good language learners. In C. Griffiths (Ed.), *Lessons from good language learners* (pp.142-155). Cambridge, UK: Cambridge University Press.
Reber, A. S. (1989). Implicit learning and tacit knowledge. *Journal of experimental psychology: General*, 118(3), 219-235.
Reber, A. S. (1993). *Implicit learning and tacit knowledge: An essay on the cognitive unconscious*. Oxford: Clarendon Press.
Rebuschat, P. (2015). *Implicit and explicit leatning of languages*. Amsterdam/Philadelphia:

John Benjamins.
Rebuschat, P., Hamrick, P., Sachs, R., Riestenberg, K., & Ziegler, N. (2013). Implicit and explicit knowledge of form-meaning connections: Evidence from subjective measures of awareness. In J. Bergsleithner, S. Frota, & J. K. Yoshioka (Eds.), *Noticing and second language acquisition: Studies in honor of Richard Schmidt* (pp.249-269). Honolulu, HI: University of Hawai'i Press. National Foreign Language Resource Center.
Rebuschat, P., Hamrick, P., Riestenberg, K., Sachs, R., & Ziegler, N. (2015). Triangulating measures of awareness: A contribution to the debate on learning without awareness. *Studies in Second Language Acquisition*, 37, 299-334.
Reber, A. S., Walkenfield, F., & Hernstadt, R. (1991). Implicit and explicit learning: Individual differences and IQ. *Journal of Experimental Psychology: Learning, Memory and Cognition*, 17, 888-896.
Révész, A. (2009). Task complexity, focus on form, and second language development. *Studies in Second Language Acquisition*, 31, 437-470.
Révész, A. (2011). Task complexity, focus on L2 construction, and individual differences: a classroom-based study. *Modern Language Journal*, 95, Supplement, 162-181.
Révéz, A. (2012). Working memory and the observed effectiveness of recasts on different L2 outcome measures. *Language Learning*, 62, 93-132.
Révész, A. (2014). Towards a fuller assessment of cognitive models of task-based learning: Investigating task-generated cognitive demands and processes. *Applied Linguistics,* 35, 87-92.
Révész, A., Michel, M., & Gilabert, R. (2016). Measuring cognitive task demands using dual-task methodology, subjective self-ratings, and expert judgments: A validation study. *Studies in Second Language Acquisition*, 38, 703-737.
Révész, A., Ekiept, M., & Torgersen, E. N. (2016). The effects of complexity, accuracy, and fluency on communicative adequacy in oral task performance. *Applied Linguistics*, 37, 828-848.
Révész, A., Sachs, R., & Hama, M. (2014). The effects of task complexity and input frequency on the acquisition of the past counterfactual construction through recasts. *Language Learning*, 64, 615-650.
Révész, A., Sachs, R., & Mackey, A. (2011). Task complexity, uptake of recasts, and L2 development. In P. Robinson (Ed.), *Second language task complexity: Researching the Cognition Hypothesis of language learning and performance* (pp.203-235). Amsterdam/Philadelphia: John Benjamins.
Richards, J. D., Platt, J., & Platt, H. (1992). *Dictionary of language teaching and applied linguistics 2nd ed.*. Essex, UK: Longman.
Richards, J. C., & Rodgers, T. S. (2001). *Approaches and methods in language teaching.* Cambridge, UK: Cambridge University Press.
Roberts, L. (2012). Individual differences in second language sentence processing, *Language Learning*, 62, 172-188.
Robinson, P. (1995a). Attention, memory and 'noticing' hypothesis. *Language Learning*, 45, 283-331.
Robinson, P. (1995b). Task complexity and second language narrative discourse. *Language Learning*, 45, 99-140.
Robinson, P. (1996). Learning simple and complex second language rules under implicit, incidental, rule-search, and instructed conditions. *Studies in Second Language Acquisition*, 18, 27-67.
Robinson, P. (1997a). Generalizability and automaticity of second language learning under implicit, incidental, enhanced, and instructed conditions. *Studies in Second*

Language Acquisition, 19, 223-247.
Robinson, P. (1997b). Individual differences and the fundamental similarity of implicit and explicit adult second language learning. *Language Learning*, 47, 45-99.
Robinson, P. (2001a). Individual differenes, cognitive abilities, aptitude complexes and learning conditions in second language acquisition. *Second Language Research*, 17, 368-392.
Robinson, P. (2001b). Task complexity, cognitive resources and syllabus design: A triadic theory of task influences on SLA. In P. Robinson (Ed.), *Cognition and second language instruction* (pp.287-318). Cambridge, UK: Cambridge University Press.
Robinson, P. (2001c). Task complexity, task difficulty, and task production: Exploring interactions in a componential framework. *Applied Linguistics*, 22, 27-57.
Robinson, P. (2002a). Learning conditions, aptitude complexes and SLA: A framework for research and pedagogy. In P. Robinson (Ed.), *Individual differences and second language learning* (pp.112-131). Amsterdam/Philadelphia: John Benjamins.
Robinson, P. (2002b). Effects of individual differences in intelligence, aptitude and working memory on adult incidental SLA: A replication and extension of Reber, Walkenfeld and Hernstadt, 1991'. In P. Robinson (Ed.), *Individual differences and instructed language learning* (pp.211-266). Amsterdam/Philadelphia: John Benjamins.
Robinson, P. (2002c). Introduction: Researching individual differences and instructed learning. In P. Robinson (Ed.), Individual differences and instructed language learning (pp. 1 -12). Amsterdam/Philadelphia: John Benjamins.
Robinson, P. (2003). Attention and memory during SLA. In C. J. Doughty & M. H. Long (Eds.), *Handbook of second language acquisition* (pp.631-678). Malden, MA: Blackwell.
Robinson, P. (2005a). Aptitude and second language acquisition. *Annual Review of Applied Linguistics*, 25, 46-73.
Robinson, P. (2005b). Cognitive abilities, chunk-strength and frequency effects during implicit artificial grammar, and incidental second language learning: Replications of Reber, Walkenfeld and Hernstadt(1991) and Knowlton and Squire (1996) and their relevance to SLA. *Studies in Second Language Acuistiion*, 27-335-368.
Robinson, P. (2005c). Cognitive complexity and task sequencing: A review of studies in a componential framework for second language task design. *International Review of Applied Linguistics*, 43, 1-32.
Robinson, P. (2007). Task complexity, theory of mind, and intentional reasoning: Effects on speech production, interaction, uptake and perceptions of task difficulty. *International Review of Applied Linguistics*, 45, 193-214.
Robinson, P. (2009). Syllabus design. In M. H. Long & C. J. Doughty (Eds.) *The handbook of language teaching* (pp.294-310). Malden, MA: Wiley-Blacksell.
Robinson, P. (2010). Situating and distributing cognition across task demands: The SSARC model of pedagogic task sequencing. In M. Putz & L. Sicola (Eds.), *Cognitive processing in second language acquisition: Inside the learner's mind* (pp.248-268). Amsterdam/Philadelphia: John Benjamins.
Robinson, P. (2011). Second language task complexity, the Cognition Hypothesis, language learning and performance. In P. Robinson (Ed.), *Second language task complexity: Researching the Cognition Hypothesis of language learning and performance* (pp.3-37). Amsterdam/Philadelphia: John Benjamins.
Roehr-Brackin K. (2015). Explicit knowledge about language in L2 learning: A usage-based perspective. In P. Rebuschat (Ed.), *Implicit and explicit learning of languages* (pp.117-138). Amsterdam/Philadelphia: John Benjamins.
Roehr, K., & Gánem-Guitérrez, G. A. (2009). The status of metalinguistic knowledge in instructed adult L2 learning. *Language Awareness*, 18, 165-181.

Ross, S., Yoshinaga, N., & Sasaki, M. (2002). Aptitude-exposure interaction effects on wh-movement violation detection by pre-and-post-critical period Japanese bilinguals. In P. Robinson (Ed.), *Individual differences and second language learning* (pp.267-299). Amsterdam/Philadelphia: John Benjamins.

Rounds, P. L., & Kanagy, R. (1998). Acquiring linguistic cues to identify AGENT: Evidence from children learning Japanese as a second language. *Studies in Second Language Acquisition,* 20, 509-542.

Ryan, R. M. (1995). Psychological needs and the facilitation of integrative processes. *Journal of Personality,* 63, 397-426.

Ryan, R. M., & Deci, E. L. (2000). Self-determination theory and the facilitation of intrinsic motivation, social development, and well-being. *American Psychologist,* 55, 68-78.

Rysiewicz, J. (2008). Cognitive profiles of (Un)successful FL learners: A cluster analytical study. *Modern Language Journal,* 92, 87-99.

Rubin, J. (1975). What the "good language learner" can teach us. *TESOL Quarterly,* 9, 41-51.

齋藤智（2000）.「作動記憶」太田信夫・多鹿秀継編『記憶研究の最前線』(pp.15-40) 北大路書房

Sagarra, N. (2000). *The longitudinal role of working memory on adult acquisition of L2 grammar.* Unpublished Ph.D. dissertation, University of Illinois at Urbana-Champaign.

Sagarra, N. (2007). From CALL to face-to-face interaction: The effect of computer-delivered recasts and working memory on L2 development. In A. Mackey (Ed.), *Conversational interaction in second language acquisition: A collection of empirical studies* (pp.229-248). Oxford: Oxford University Press.

Sagarra, N. & Abbuhl, R. (2013). Optimizing the noticing of recasts via computer-delivered feedback: Evidence that oral input enhancement and working memory help second language learning. *Modern Language Journal,* 97, 196-216.

Samuda, V., & Bygate, M. (2008). *Tasks in second language learning.* New York, NY: Palgrave Macmillan.

Sanz, C., & Leow, R. P. (2011). *Implicit and explicit language learning: Conditions, processes, and knowledge in SLA and bilingualism.* Washington, DC: Georgetown University Press.

Sasaki, M. (1996). *Second language profieicney, foreign language aptitude, and intelligence.* New York, NY: Lang.

Sasayama, S. (2016). Is a 'complex' task really complex? Validating the assumption of cognitive task complexity. *Modern Language Journal,* 100, 231-254.

Sawyer, M., & Ranta, L. (2001). Aptitude, individual differences and L2 instruction In P. Robinson (Ed.), *Cognition and instructed second language instruction* (pp 319-353). Cambridge, UK: Cambridge University Press.

Scarcella, R. C. (1983). Developmental trends in the acquisition of conversational competence by adult second language learners. In N. Wolfson & E. Judd (Eds.), *Sociolinguistics and language acquisition* (pp.175-183). Rowley, MA: Newbury House.

Scarcella, R., & Higa, H. (1981). Input, negotiation and age differences in second language acquisition. *Language Learning,* 31, 409-437.

Schmidt, R. W. (1990). The role of consciousness in second language learning. *Applied Linguistics,* 11, 129-158.

Schmidt, R. W. (1994). Deconstructing consciousness in search of useful definitions for applied linguistics. *AILA Review,* 11, 11-26.

Schmidt, R. W. (2001). Attention. In P. Robinson (Ed.), *Cognition and second language*

instruction (pp.3-32). Cambridge, UK: Cambridge University Press.
Schumann, J. H. (1994). Where is cognition? Emotion and cognition in second language acquisition. *Studies in Second Language Acquisition*. 16, 231-242.
Schumann, J. H. (1997). *The neurobiology of affect in language*. Malden, MA: Blackwell.
Schumann, J. H. (2004a). The neurobiology of aptitude. In J. H. Schumann, S. E. Crowell, N. E. Jones, N. Lee, S. A. Schuchert & L. A. Wood (Eds.), *The neurobiology of learning: Perspectives from second language acquisition* (pp.7-21). Mahwah, NJ: Lawrence Erlbaum.
Schumann, J. H. (2004b). Introduction. In J. H. Schumann, S. E. Crowell, N. E. Jones, N. Lee, S. A. Schuchert & L. A. Wood (Eds.), *The neurobiology of learning: Perspectives from second language acquisition* (pp.1-6). Mahwah, NJ: Lawrence Erlbaum Associates.
Schumann, J. H., & L. A. Wood (2004). The neurobiology of motivation. In J. H. Schumann, S. E. Crowell, N. E. Jones, N. Lee, S. A. Schuchert & L. A. Wood (Eds.), *The neurobiology of learning: Perspectives from second language acquisition* (pp.23-42). Mahwah, NJ: Lawrence Erlbaum Associates.
Segalowitz, N. (1997). Individual differences in second language acquisition. In A. M. B. Groot & J. F. Kroll (Eds.), *Tutorials in bilingualism: Psycholinguistic perspective* (pp.85-112). Mahwah, NJ: Erlbaum.
Segalowitz, N. (2000). Automaticity and attentional skill in fluent performance. In H. Riggenbach (Ed.), *Perspectives on fluency* (pp.200-219). Ann Arbor, MI: University of Michigan Press.
Segalowitz, N., & Frenkiel-Fishman, S. (2005). Attention control and ability level in a complex cognitive skill: Attention shifting and second-language proficiency. *Memory and Cognition*, 33, 644-653.
Segalowitz, N., & Hulstijn, J. (2005). Automaticity in bilingualism and second language learning. In J. F. Kroll & A. M. B. de Groot (Eds.), *Handbook of bilingualism: Psycholinguistic approaches* (pp.371-388). Oxford, UK: Oxford University Press.
Serafini, E. J. (2017). Exploring the dynamic long-term interaction between cognitive and psychosocial resources in adult second language development at varying proficiency. *Modern Language Journal*, 101, 369-390.
Serafini, E. J., & Sanz, C. (2016). Evidence for the decreasing impact of cognitive ability on second language development as proficiency increases. *Studies in Second Language Acquisition*, 38, 607-646.
Service, E. (1992). Phonology, working memory, and foreign-language learning. *Quarterly Journal of Experimental Psychology*, 45A, 21-50.
Service, E., & Kohonen, V. (1995). Is the relation between phonological memory and foreign-language learning accounted for by vocabulary acquisition.? *Applied Psycholinguistics*, 16, 155-172.
Sharwood Smith, M. (1991). Speaking to many minds: On the relevance of different types of language information for the L2 learner. *Second Language Research*, 7, 119-132.
Sharwood Smith, M. (2013). Only connect: The interface debate in second language acquisition. In K. Drozdzial-Szelest & M. Pawlak (Eds.), *Psycholinguistic and sociolinguistic perspectives on second language learning and teaching* (pp.27-114). Heidelberg: Springer-Verlag Berlin Heidelberg.
Sheen, Y. (2007). The effects of corrective feedback, language aptitude, and learner attitudes on the acquisition of English articles. In A. Mackey (Ed.), *Conversational interaction in second language acquisition: A collection of empirical studies* (pp.301-322). Oxford: Oxford University Press.
篠ヶ谷圭太 (2008).「予習が授業理解に与える影響とそのプロセスの検討：学習観の個人差に

注目して」『教育心理学研究』56(2), 256-267.
Shoaib, A., & Dörnyei, Z. (2005). Affect in life-long learning: Exploring L2 motivation as a dynamic process. In P. Benson & D. Nunan (Eds.), *Leaners' stories: Difference and diversisty in language learning* (pp.22-41). Cambridge, UK: Cambridge University Press.
Skehan, P. (1986a). Where does language aptitude come from? In P. Meara (Ed.), *Spoken language* (pp.95-113). London, UK: Center for Information on Language Teaching and Research.
Skehan, P. (1986b). Cluster analysis and the identification of learner types. In V. Cook (Ed.), *Experimental approaches to second language learning* (pp.81-94). Oxford, UK: Pergamon.
Skehan, P. (1989). *Individual differences in second language learning*. London, UK: Arnold.
Skehan, P. (1991). Individual differences in second language learning. *Studies in Second Language Acquisition*, 13, 275-298.
Skehan, P. (1996). A framework for the implementation of task-based instruction. *Applied Linguistics*, 17, 38-62.
Skehan, P. (1998). *A cognitive approach to language learning*. Oxford, UK: Oxford University Press.
Skehan, P. (2001). Tasks and language performance. In M. Bygate, P. Skehan & M. Swain (Eds.) *Researching pedagogic tasks: Second language learning, teaching and testing* (pp.167-185). Essex, UK: Pearson Education.
Skehan, P. (2002). Theorising and updating aptitude. In P. Robinson (Ed.), *Individual differences and second language learning* (pp.69-93). Amsterdam/Philadelphia: John Benjamins.
Skehan, P. (2009). Modelling second language performance: Integrating complexity, accuracy, fluency, and lexis. *Applied Linguistics*, 30, 510-532.
Skehan, P., & Foster, P. (1999). The influence of task structure and processing conditions on narrative retelling. *Language Learning*, 49-93-120.
Skehan, P., & Foster, P. (2001). Cognition and tasks. In P. Robinson (Ed.), *Cognition and second language instruction* (pp.183-205). Cambridge, UK: Cambridge University Press.
Skehan, P., & Foster, P. (2005). Strategic and on-line planning: The influence of surprise information and task time on second language performance. In R. Ellis (Ed.), *Planning and task performance in a* second language (pp.193-216). Amsterdam/Philadelphia: John Benjamins.
Skehan F. & Foster, P. (2012). Complexity, accuracy, fluency and lexis in task-based performane: A synthesis of the Ealing research. In A. Housen, F. Kuiken & I. Vedder (Eds.), *Dimensions of L2 performance and proficiency: Complexity, accuracy and fluency in SLA* (pp.199-220). Amsterdam/Philadelphia: John Benjamins.
Slobin, D. (1993). Adult language acquisition: A view from child language study. In C. Perdue (Ed.), *Adult language acquisition: Crosslinguistic perspectives: Vol. 2. The results* (pp.239-252). Cambridge: Cambridge University Press.
Snow, R. E. (1987). Aptitude complexes. In R. E. Snow & M. J. Farr (Eds.), *Aptitude, learning, and instruction* (pp.11-34). Hillsdale, NJ: Lawrence Erlbaum.
Snow, R. E. (1991). Aptitude-Treatment interaction as a framework for research on individual differences in psychotherapy. *Journal of Consulting and Clinical Psychology*, 59, 205-216.
Snow, R. E. (1994). Abilities in academic tasks. In R. J. Sternberg & R. K. Wagner (Eds.), *Mind in context: Interactionist perspectives on human intelligence*, (pp.3-37). New York: Cambridge University Press.

Spada, N., & Fröhlich, M. (1995). *COLT Communicative Orientation of Language Teaching observation scheme: Coding conventions and applications*. Sydney, Australia: Macquarie University, National Centre for English Language Teaching Research.

Sparks, R. L. (1995). Examining the linguistic coding differences hypothesis to explain individual differences in foreign language learning. *Annals of Dyslexia*, 45, 187-219.

Sparks, R. L., & Ganschow, L. (1991). Foreign language learning difficulties: Affective or native language aptitude diferrences? *Modern Language Journal*, 75, 3-16.

Sparks, R. L., & Ganschow, L. (1993). Searching for learning a foreign language. *Annual Review of Applied Linguistics*, 77, 289-302.

Sparks, R. L., & Ganschow, L. (2001). Aptitude for learning a foreign language. *Annual Review of Applied Linguistics*, 21, 90-111.

Sparks, R. L., Ganschow, L., Artzer, M., & Patton, J. (1997). Foreign language proficiency of at-risk and not-at-risk learners over 2 years of foreign language instruction: A follow-up study. *Journal of Learning Disabilities*, 31, 92-98.

Sparks, R. L., Ganschow, L., & Javorsky, J. (1993). Perception of low and high risk students with learning disabilities about high school foreign language courses. *Foreign Language Annals*. 26, 491-510.

Sparks, R. L., Ganschow, L., & Patton, J. (1995). Prediction of performance in first-year foreign language courses: Connections between native and foreign language learning. *Journal of Educational Psychology*, 87, 638-655.

Sparks, R. L, Patton, J., Ganschow, L., Humbach, N., & Javorsky, J. (2006). Native language predictors of foreign language proficiency and foreign language aptitude. *Annals of Dyslexia*, 56, 129-160.

Sparks, R. L, Patton, J., Ganschow, L., Humbach, N., & Javorsky, J. (2008). Early first-language reading and spelling skills predicts later second-language reading and spelling skills. *Journal of Educational Psychology*, 100, 162-174.

Sparks, R. L, Patton, J., Ganschow, L., & Humbach, N. (2009). Long-term crosslinguistic transfer of skills from L1 to L2. *Language Learning*, 59, 203-243.

Sparks, R. L, Patton, J., Ganschow, L., & Humbach, N. (2011). Subcomponents of second-language aptitude and second-language proficiency. *Modern Language Journal*, 95, 253-273.

Speciale, G., Ellis, N. C., & Bywater, T. (2004). Phonological sequence learning and short-term store capacity determine second language vocabulary acquisition. *Applied Psycholinguistics*, 25, 293-321.

Sternberg, R. J. (1983). Components of human intelligence. *Cognition*, 15, 1-48.

Sternberg, R. J. (1984). Toward a triarchic theory of human intelligence. *Behavioral and Brain Sciences*, 7, 269-315.

Sternberg, R. J. (1997). What does it mean to be smart? *Educational Leadership*, 54, 6, 20-24.

Sternberg, R. J. (2002). The theory of successful intelligence and its implication for language-aptitude testing. In P. Robinson (Ed.), *Individual differences and instructed language learning* (pp. 13-44). Amsterdam/Philadelphia: John Benjamins.

Sternberg, R. J., & Grigorenko, E. L. (2002). *Dynamic testing: The nature and measurement of learning potential*. Cambridge, UK: Cambridge University Press.

Swain, M. (1995). Three functions of output in second language learning. In G. Cook & B. Seidlhofer (Eds.), *Principles & practice in applied linguistics* (pp. 125-144). Oxford, UK: Oxford University Press.

Taguchi, T., Magid, M., & Papi, M. (2009). The L2 motivational self system among Japanese, Chinese and Iranian learners of English: A comparative study. In Z. Dörnyei & E. Ushioda (Eds.), *Motivation, identity and the L2 self* (pp. 66-97). Bristol,

UK: Multilingual Matters.
Tarvin, W. L., & Al-Arishi, A. Y. (1991). Rethinking communicative language teaching: Reflection and the EFL classroom. *TESOL Quarterly*, 25, 9-27.
Tarone, E., & Bigelow, M. (2004). The role of literacy level in second language acquisition: Doesn't who we study determine what we know? *TESOL Quarterly*, 36, 689-700.
Tarone, E., & Bigelow, M. (2005). Impact of literacy on oral language processing: Implications for second language acquisition research. *Annual Review of Applied Linguistics*, 25, 77-97.
Taube-Schiff, M., & Segalowitz, N. (2005). Within-language attention control in second language processing. *Bilingualism: Language and Cognition*, 8, 195-206.
Tavakoli, P., & Foster, P. (2008). Task design and second language performance: The effect of narrative type on learner output. *Language Learning*, 58, 439-473.
Thompson, A. S. (2013). The interface of language aptitude and multilingualism: Reconsidering the bilingual/multilingual dichotomy. *Modern Language Journal*, 97, 685-701.
Thompson, A. S., & Vásquez, C. (2015). Exploring motivational profiles through language learning narratives. *Modern Language Journal*, 99, 158-174.
Tokowicz, N., & MacWhinney, B. (2005). Implicit and explicit measures of sensitivity to violations in second language grammar: An event-related potential investigation. *Studies in Second Language Acquisition*, 27, 173-204.
Tomasello, M. (1992). *First verbs: A case study of early grammatical development.* Cambridge, UK: Cambridge University Press.
Tomasello, M. (1999). *The cultural origins of human cognition.* Cambridge, MA.: Harvard University Press.
Tomasello, M. (2003). *Constructing a language. Cambridge*, MA: Harvard University Press.
Tomasello, M. (2008). *Origins of human communication.* Cambridge, MA: MIT Press.
Tomlin, R., & Villa, B. (1994). Attention in cognitive science and second language acquisition. *Studies in Second Language Acquisition*, 16, 183-204.
Tong-Fredericks, C. (1984). Types of oral communication activities in the language they generate: a comparison. *System*, 12, 133-146.
Tremblay, P. F., & Gardner, R. C. (1995). Expanding the motivation construct in language learning. *Modern Language Journal*, 79, 505-518.
Tremblay, P. F., Goldberg, M. P., & Gardner, R. C. (1995). Trait and state motivation and the acquisition of Hebrew vocabulary. *Canadian Journal of Behavioral Science*, 27, 356-370.
Trofimovich, P., Ammar, A., & Catbonton, E. (2007). How effective are recasts? The role of attention, memory, and analytical ability. In A. Mackey (Ed.), *Conversational Interaction in second language acquisition* (pp.171-195). Oxford: Oxford University Press.
Trude, A. M., & Tokowicz, N. (2011). Negative transfer from Spanish and English to Portuguese pronunciation: The roles of inhibition and working memory. *Language Learning*, 61, 259-280.
Turner, M. L. & Engle, R. W. (1989). Is working memory capacity task dependent? *Journal of Memory and Language*, 28, 127-154.
上淵寿（2004）．『動機づけ研究の最前線』北大路書房
Ullman, M. T. (2004). Contributions of memory circuits to language: The declarative / procedural model. *Cognition*, 92, 231-270.
Ullman, M. T. (2005). A cognitive neuroscience perspective on second language acquisition: The declarative/procedural model. In C. Sanz (Ed.), Mind and context

Ushioda, E., & Dörnyei, Z. (2009). Motivation, language identities and the L2 self: A theoretical overview. In Z. Dörnyei & E. Ushioda (Eds.), *Motivation, language identity and the L2 self* (pp.1-8). Bristol, UK: Multilingual Matters.

VanPatten, B. (1996). *Input processing and grammar instruction: Theory and research*. Norwood, NJ: Ablex.

VanPatten, B., Borst, S., Collopy, E., Qualin, A., & Price, J. (2013). Explicit information, grammatical sensitivity, and the first-noun principle: A cross-linguistic study in processing instruction. *Modern Language Journal*, 97, 506-527.

VanPatten, B., & Rothman, J. (2015). What does current generative theory have to say about the explicit-implicit debate? P. Rebuschat (Ed.), *Implicit and explicit learning of languages* (pp.89-116). Amsterdam/Philadelphia: John Benjamins.

VanPatten, B., & Smith, M. (2015). Aptitude as grammatical sensitivity and the initial stages of learning Japanese as a L2: Parametric variation and case marking. *Studies in Second Language Acquisition*, 37, 135-165.

Vasylets, O., Gilabert, R., & Manchón, R. M. (2017). The effects of mode and task complexity on second language production. *Language Learning*, 67, 394-430.

Verhagen, J., Leseman, P., & Messer, M. (2015). Phonological memory and the acquisition of grammar in child L2 learners. *Language Learning*, 65, 417-448.

Wade-Wooley, L. (1999). First language influences on second language word reading: All roads lead to Rome. *Language Learning*, 49, 447-471.

Wagner, R. K., Torgesen, J. K., & Rashotte, C. A. (1999). *The comprehensive test of phonological processing: Examiner's manual*. Austin, TX: Pro-Ed.

Walk, A. M., & Conway, C. M. (2015). Implicit statistical learning and language acquisition: Experience-dependent constraints on learning. In P. Rebuschat (Ed.), *Implicit and explicit learning of languages* (pp.191-212). Amsterdam/Philadelphia: John Benjamins.

Wang, Z. (2014). On-line time pressure manipulations: L2 speaking performance under five types of planning and repetition conditions. In P. Skehan (Ed.), *Processing perspectives on task performance* (pp.27-61). Amsterdam/Philadelphia: John Benjamins.

Waninge, F., Dörnyei, Z., & de Bot, K. (2014). Motivational dynamics in language learning: Change, stability, and context. *Modern Language Journal*, 98, 704-723.

Waters, G. S., & Caplan, D. (1996). The measurement of verbal working memory capacity and its relation to reading comprehension. *Quarterly Journal of Experimental Psychology*, 49A(1), 51-79.

Watson, R. (1995). *The philosopher's demise: Learning to speak French*. Columbia, MO: The University of Missouri Press.

Wells, G. (1981). *Learning through interaction*. Cambridge, UK: Cambridge University Press.

Wells, G. (1985). *Language development in the pre-school years*. Cambridge, UK: Cambridge University Press.

Wesche, M. (1981). Language aptitude measures in streaming, matching students with methods, and diagnosis of learning problems. In K. C. Diller (Ed.), *Individual differences and universals in foreign language aptitude* (p.119-154). Rowley, MA: Newbury House.

Wechsler, D. (1997). *Wechsler memory scale: Revised*. NY: Psychological Corporation.

Wickens, C. D. (1989). Attention and skilled performance. In D. Holding (Ed.), *Human skills* (pp.71-105). New York: Wiley.

Wickens, C. D. (2007). Attention to the second language. *International Review of Applied Linguistics*, 45, 177-191.
Wilkins, D. A. (1976), *Notional Syllabus*. Oxford, UK: Oxford University Press.
Williams, J. N. (1999). Memory, attention and inductive learning. *Studies in Second Language Acquisition*, 21, 1-48.
Williams, J. N. (2005). Learning without awareness. *Studies in Second Language Acquisition*, 27, 269-304.
Williams, J. N., & Lovatt, P. (2003). Phonological memory and rule learning. *Language Learning*, 53, 67-121.
Willis, J. (1996). *A framework for task-based learning*. London, UK: Longman.
Willis, C. S., & Gathercole, S. E. (2001). Phonological short-term memory contributions to sentence processing in young children. *Memory*, 9, 349-363.
Winke, P. M. (2005). *Individual differences in adult Chinese second language acquisition: The relationships among aptitude, memory and strategies for learning*. Unpublished Ph.D. thesis, Georgetown University.
Winke, P. M. (2013). The effect of input enhancement on grammar learning and comprehension: A modified replication of Lee (2007) with eye-movement data. *Studies in Second Language Acquisition*, 35, 323-352.
Wolf, M., & Bowers, P. G. (1999). The double deficit hypothesis for the developmental dyslexia. *Journal of Educational Psychology*, 91, 415-438.
Woltz, D. (2003). Implicit cognitive processes as aptitudes for learning. *Educational Psychologist*, 38, 95-104.
Wong-Fillmore, L. (1985). When does teachr talk work as input. In S. M. Gass & C. G. Madden (Eds.), I*nput in second language acquisition* (pp.17-50). Rowley, MA: Newbury House.
Wu, X. (2003). Intrinsic motivation and young language learners: The impact of the classroom environment. *System*, 31, 501-517.
You, C., Dörnyei, Z., & Csizér, K. (2016). Motivation, vision, and gender: A survey of learners of English in China. *Language Learning*, 66, 94-123.
山口真美 (2003).『赤ちゃんは顔を読む―視覚と心の発達学』紀伊國屋書店
Yilmaz, Y. (2012). Relative effects of explicit and implicit feedback: The role of working memory capacity and language analytic ability. *Applied Linguistics*, 34, 344-368.
Yopp, H. K. (1988). The validity and reliability of phonemic awareness tests. *Reading Research Quarterly*, 13, 159-177.
Yuan, F., & Ellis, R. (2003). The effects of pre-task planning and on-line planning on fluency, complexity and accuracy in L2 oral production. *Applied Linguistics*, 24, 1-27.
Yule, G., & MacDonald, D. (1990). Resolving referential conflicts in L2 interaction: The effect of proficiency and interactive role. *Language Learning*, 40, 539-556.
Zalbidea, J. (2017). 'One task fits all?' The role of task complexity, modality, and working memory capacity in L2 performance. *Modern Language Journal*, 101, 335-352.
Zietek, A. A., & Roehr, K. (2011). Metalinguistic knowledge and cognitive style in Polish classroom learners of English. *System*, 39-417-426.

索 引

A
AMTB 150, 151, 155, 157
AS ユニット 245

C
CAF 244, 245
CANAL-FT 42

F
Focus on Form 95, 203, 232, 236
Focus on Forms 204
Focus on Meaning 204
form-focuse instruction 205

H
Hi-LAB 80

L
L2 学習経験 180, 183, 185, 192
L2 動機づけのプロセスモデル 172
L2 動機づけの自己システム 179, 180, 183, 185, 188
LLAMA 41, 46, 107
LST 62, 65

M
MLAT 31, 88, 94
MOLT 178, 185

P
PLAB 88, 103
PSTM 51, 53, 54, 55, 57, 60, 67

R
RST 63, 65

S
Sawyer 82

T
TBLT 166

W
WM 36, 48, 62, 64, 76, 193
WTC 169, 170

あ
アウェアネス 15, 18, 20
アウトプット 114
アウトプット仮説 200
暗示的 90, 99, 101
暗示的学習 6, 11, 16, 35, 45
暗示的指導 16
暗示的知識 15, 18, 25
暗示的統計学習 13

い
維持リハーサル 6
イディオム化能力 53
意味記憶 4
イメージする能力 190
インターアクション仮説 200
インターフェース 25
インテイク 2, 126
インプット処理 114

え
エピソード記憶 4
エピソードバッファー 5
演繹的指導 101, 102
演算スパンテスト 62, 65

お

横断的・縦断的研究　133
オペレーション・スパンテスト　133
音韻意識　38, 50, 56, 57, 58, 59, 60, 136
音韻記憶　50
音韻処理能力　38, 51, 75, 76, 114
音韻的短期記憶　51, 135, 136, 192
音韻ループ　5, 51
音声符号化能力　32, 47
オンライン・プランニング　230, 232

か

ガーデンパス文　120
外国語学習障害　37, 39
外国語学習不安　78
外的調整　159, 161
外発的動機づけ　145, 158, 161
学習された注意　24
学習状況に対する態度　148, 151
学習状況への態度　155, 180
仮説検証　2
可能な自己　179, 182
関係性　158, 164
間接ルート　128

き

記憶力　114
気づき　1, 6
気づき仮説　1, 203
帰納的言語学習能力　32, 71
帰納的指導　101, 102
義務的自己　179, 182, 185, 190, 192
ギャップの気づき　91
教育的タスク　200
競合モデル　23
教室環境の評価　154
共同注意　9

く

クラスター分析　137

け

研究デザイン　96
言語関連エピソード　218, 223
言語授業の動機づけ志向性　178
言語処理　4, 34, 36, 114
言語喪失　41
言語的自信　154, 169
言語適性　30, 192, 239
言語的符号化相違仮説　37
言語不安　71, 171, 189, 193
言語分析能力　34, 44, 48, 71, 76, 114
検索　7, 115
現代言語適性テスト　31

こ

構成主義　9
構成体　9, 11, 12
構造化インプット指導　101
肯定証拠　2
行動制御理論　172
口頭モード　221
口頭模倣テスト（elicited imitation）　107
呼称速度　59, 60, 61
コミュニケーションの意欲　169, 189
コロケーション　53, 54

さ

再構築　3, 7, 117
作動記憶　4, 36, 48

し

シークエンス学習　14
シークエンス学習能力　45, 46, 47, 75
視空間記銘メモ　5
資源集約変数　235

索引　281

資源分散変数　235
自己概念　189
自己決定理論　158, 160
自己効力感　158, 169, 189
自己矛盾理論　179
事前プランニング　224
実行的動機づけ　172
自動化　3, 7
社会教育的モデル　147, 155
社会的動機づけモデル　152
修正アウトプット　66, 121, 222
縦断的研究　123
状況的動機づけ　166, 179
焦点的注意　6
処理速度　64
自律性　158, 162, 163, 164
迅速呼称　50
心的辞書　4
心的努力　241
心的表象　27

す

スキーマ　11, 12

せ

精緻化リハーサル　6
宣言的記憶　4
宣言的知識　16, 26
選択的動機づけ　172, 181

そ

創発主義　9
促進的道具性　185

た

ダイアローグ　217
体制化　115
態度／動機づけテスト・バッテリー　192
タイプ頻度　12

タスク　166, 169, 170, 171, 198
タスク従事度　169
タスク内プランニング　224
タスクの繰り返し　224
タスクの遂行条件　211, 214
タスクの難易度　211, 214, 236
タスクの認知的複雑さ　217, 219, 222, 239, 244, 246
タスクの複雑さ　211
タスク・ベースの教授法　166, 195, 198
短期記憶　4

ち

知覚段階　127
チャンキング　6, 54, 206
チャンク　6, 54, 116, 206
チャンク学習　7, 21, 206
注意実行機能　67
注意制御　68, 109
注意制御機能　66, 68, 70, 74
中央実行系　5
中央処理　114
長期記憶　4
直接ルート　128

て

ディスレクシア　37, 38
訂正フィードバック　106
適性処遇交互作用　82, 85, 110
適性の複合体　90
適性プロフィール　118, 137
手続き的記憶　4
手続き的知識　16, 26
転移適切性処理の原理　16, 204

と

同一視的調整　159, 161, 164, 165
動機減退　174
動機づけ　192

282　索　引

動機づけストラテジー 175, 178
道具性 156, 181, 182
道具的志向 146, 149
道具的動機づけ 145, 146, 150, 180
統計学習 12, 14, 47
統合性 148, 151, 155, 181, 182
統合的アプローチ 205
統合的志向 146, 149
統合的調整 159, 161
統合的動機づけ 145, 146, 150, 154, 180
統合的プランニング 225
統合モデル 23
トークン頻度 12
特性的動機づけ 166, 179
取入れ的調整 159, 161

な

内発的動機づけ 145, 158, 164, 165

に

認知仮説 210, 215, 218
認知的負荷 241
認知比較 2

の

ノン・インターフェース 25

は

パターン発見能力 10
発達段階 116
発話の記憶 91

ひ

筆記モード 220
否定証拠 2
ビリーフ 188
敏感期 44
頻度 11, 235

ふ

深い意味処理 93
複雑適応系 iii, 175, 185, 193
符号化 6, 115
付随的 99, 103
付随的・偶発的 90
普遍文法 72
プライミング 12, 23, 45
プライミング効果 12, 23
プランニング 223, 227, 229, 246
プロセスモデル 174
プロンプト 121
分析的アプローチ 205
分節化 11
文法の感受性 32, 71
文法性判断テスト 40, 41

ほ

防御的道具性 185
方略的プランニング 224, 227, 228

ま

丸暗記学習能力 32

む

無動機 159

め

明示的 90, 99, 101
明示的学習 6, 16, 27, 35
明示的指導 16, 134
明示的知識 15, 18, 25
明示的訂正 107
明示的フィードバック 106
メタ言語アウェアネス 104
メタ言語訂正 106
メタ言語的アウェアネス 56, 58, 77
メタ言語的知識 18, 22, 26
メタ言語的リハーサル 94

も

目標タスク 200
モノローグ 216

ゆ

有能性 158, 162, 163, 164

よ

用法基盤的アプローチ 8, 15, 235
容量制限仮説 208, 216
抑制機能 69

り

リーディング・スパンテスト 62
理解段階 127
リキャスト 106, 233, 234
リスニング・スパンテスト 62
理想的自己 179, 182, 183, 184, 185,
　　187, 189, 190, 192
リハーサル 224
流動性知能 67
臨界期仮説 35, 40

れ

連合学習 9

わ

ワーキングメモリ 119

［著者紹介］

小柳かおる（こやなぎ　かおる）

福岡県出身。ジョージタウン大学にて博士号（言語学）取得。（社）国際日本語普及協会（AJALT），アメリカ国際経営大学院，ジョージタウン大学等の日本語講師，上智大学助教授などを経て，現在，上智大学言語教育センター／大学院言語科学研究科教授。著書に，『日本語教師のための新しい言語習得概論』（単著，スリーエーネットワーク，2004），『認知的アプローチから見た第二言語習得』（峯布由紀氏との共著，くろしお出版，2016）など。

向山陽子（むこうやま　ようこ）

東京都出身。お茶の水女子大学大学院人間文化研究科にて博士号（人文科学）取得。上智大学講師，お茶の水女子大学講師などを経て，現在，武蔵野大学グローバル学部教授。著書に，『第二言語における言語適性の役割』（単著，ココ出版，2013），『ロールプレイで学ぶビジネス日本語』（村野節子・山辺真理子氏との共著，スリーエーネットワーク，2012），『日本語教育に役立つ心理学入門』（小林明子・福田倫子・鈴木伸子氏との共著，くろしお出版，2018）など。

第二言語習得の普遍性と個別性
―学習メカニズム・個人差から教授法へ―

2018年3月31日　第1刷発行

著　者	小柳かおる・向山陽子
発行人	岡野秀夫
発行所	株式会社　くろしお出版

〒113-0033　東京都文京区本郷3-21-10
電話：03-5684-3389　FAX：03-5684-4762　WEB：www.9640.jp

印刷所　三秀舎　　装丁　庄子結香（カレラ）

© Kaoru Koyanagi and Yoko Mukoyama, 2018
Printed in Japan　ISBN978-4-87424-762-4 C3081

本書の全部または一部を無断で複製することは，著作権法上での例外を除き禁じられています。

刊行物のご案内

認知的アプローチから見た第二言語習得
日本語の文法習得と教室指導の効果

小柳かおる／峯布由紀［著］
A5 判 306 ページ　3700 円＋税　978-4-87424-683-2 C3081

認知的アプローチによる教室における第二言語習得の研究の成果に焦点を当てる。この分野の研究では，教室指導の効果を探る研究が盛んだが，大雑把なマクロレベルで教授法を比較してもあまり違いが見られないため，これまでよりさらにミクロレベルでの教育的介入の効果を探る。そして，あるタイプの教室指導が有効なのかを説明するには，その背景に学習者の頭の中で何が起きているか，つまり認知的なメカニズムを考える必要がある。教育的介入が，そのメカニズムに合致しているのかについて，理論的に考察する。

日本語教育に役立つ心理学入門

小林明子／福田倫子／向山陽子／鈴木伸子［著］
A5 判 244 ページ　1800 円＋税　978-4-87424-753-2 C1081

日本語教育に関わる心理学的な知識を学ぶための入門書。日本語を教えるときや、学習者の考え方や行動を理解したり悩みの相談に乗ったりするときにも役に立つ。プレタスク・本文・確認・ポストタスク・読書案内からなる全12章で構成され、半期の授業で使える。日本語教育と心理学の関わり／記憶／単語の認知／文章の理解／外国語習得に関係する認知能力／言語適性と指導方法の適合／ビリーフ／動機づけ／第二言語不安／人の移動と異文化適応／文化的差異と異文化コミュニケーション／異文化摩擦を緩和する異文化トレーニング